SHELF LIFE

シェルフ・ライフ

カイロで革新的な書店を愛し育て、苦悩した記録

あらゆることを可能にしてくれた
父ラムズィと母ファイザへ。
すべての思いを受け止めてくれる姉ヒンドへ。
二人の娘たち、ゼインとライラへ。
私はベストを尽くした。

ファトマの家
E.G.Y.P.T.
カイロ国際空港支店
Diwan
ヘリオポリス 支店
サンシティ・モール支店
バロン・アンパン宮殿
CITY CENTRE
カルフール
シティセンター・モール(売店)
Welcome
to
DIWAN
ディーワーン
本書に登場する
ディーワーンの店舗
(2002〜2018)

ナイル川
本店
ゲズィーラ・スポーツクラブ支店
モハンデスィーン支店
ダウンタウン
タハリール広場
カイロ大学支店
サバの家
ムハンマド・アリー・モスク
マアーディ9番通り支店
ピラミッド
AND
スフィンクス
マアーディ254番通り支店

目次

いくつかの名前は仮名だが、
すべて実話である。

あなたは都市の7つや70の不思議に
喜びを感じるのではない。
あなたの問いに都市が与える答えに
喜びを感じるのだ。

イタロ・カルヴィーノ『見えない都市』

自分の心に従えば、道に迷うことはない。

エジプトの諺

プロローグ

一九八一年、ジハード団のメンバーがサダト大統領*1を暗殺し、副大統領だったムバーラク*2が大統領に就任した時、私は七歳だった。

二〇一一年、ムバーラクが大統領職から追われた時、私は三七歳で、一〇店舗、一五〇人の従業員を抱え、二つの修士号を持ち、前夫（これ以後「一番目の夫」と呼ぶことにしよう）と現夫（こちらは「二番目の夫」だ）、それから二人の娘がいる書店経営者だった。

私たちの物語は、エジプト革命が起こるはるか以前、「アラブの春」と呼ばれる一連の蜂起のずっと前から、始まっていた。

私は人生の大半を沙漠に囲まれた川に浮かぶ島、ザマーレクで暮らしてきた。座標は北緯三〇度、東経三一度。カイロの西にある地区で、ナイル川の中洲だ。カイロという名称は火星（アラビア語で「カーヒルの星」と呼ばれる）に由来するらしい。この町が建設された日、ちょうど火星が天空にのぼったという伝説がある。アラビア語でカイロは「アル＝カーヒラ」だが、これは「征服者（カーヒル）」という語の女性形でもある*3。

ザマーレクの中央を走る七月二六日通りに、ベーラー・マンション*4と呼ばれる一対の建物が

プロローグ

ある。高い天井、中庭、漆喰の装飾はかつての栄光を彷彿させるが、今ではバルコニーの欄干にエアコンの室外機が縛りつけられ、コードに泥や紙くずが絡みつき、物干しロープ*5に吊るされた洗濯物が暑熱の中で揺れている。

通り沿いにはいろいろな店舗が軒を連ねる。古美術商のノウビー、カフェのシラントロ、トーマス・ピザ、アレクサンドリア銀行。そして、角にあるガラス張りの店がディーワーンだ。この書店を、私は姉のヒンドと一緒に二〇〇二年に創業した。私たちは後に、エジプト国内の一六か所に支店を開くが、どの店舗も、ザマーレクにある一号店の外観や雰囲気を受け継いでいた。

ヒンドと私がディーワーンのことを思いついたのは、二〇〇一年のある晩だった。古い友人のズィアードとニハール、それからニハールの当時の夫アリーと食卓を囲んでいた時、誰かがこんな質問をした。

「何でも好きなことができるとしたら、何がしたい？」

ヒンドと私は同時に答えた。

「カイロで見たことがないような書店をつくりたい。」

私たちは父を残酷な運動ニューロン病で亡くしたばかりだった。大好きな読書で心を慰めようとしたが、カイロにはモダンな書店がなかった。

二〇〇〇年に入る頃、出版や流通、書籍販売は、数十年にわたる社会主義の失敗によって疲弊しきっていた。第二代大統領のナセル*6に始まり、三代目のサダト、四代目のムバーラクの時代には、人口の急増に国家が対応しきれず、結果として非識字や汚職の広がりや、インフラ不足といった問題が相次いだ。反対意見を封じ込めるため、どの政権も文化的な発信物を管理しようとした。作家は政府の職員となり、官僚機構に取り込まれたことで文学はゆっくりと死んでいった。

エジプトでは誰も、本を読んだり、文章を書いたりすることに興味がないようだった。文化が衰退する時代に書店を開くことなど不可能に思われた。でも同時にそれこそが必要だった。そして驚いたことに、食卓を囲んでいた誰もが、この話に同じくらい興味を示した。

その晩、私たち五人——ズィアード、アリー、ニハール、ヒンド、そして私——はビジネス・パートナーになった。その後の数カ月間、私たちはひっきりなしに話し合い、ネットワークを広げ、計画を練った。それから、ヒンド、ニハール、私の三人は、労苦をわかち合うことで、選ばれし女性たちである「ディーワーンの三姉妹」になった。

私たちは驚くほどタイプが違っていた。ヒンドは内向的でまじめ、ニハールは直観的でおおらか、私は行動派だった。ビジネス・パートナーとして、自分たちの個性を一番いい形で発揮しようとしたが、それが裏目に出ることの方が多かった。だから私たちは、それぞれの好みや情熱にしたがって仕事を分担することにした。

ヒンドと私は本を扱うことに長け、ニハールは人を扱うことが得意だった。とはいえ、完全に仕事を分けたわけではない。私たちには言葉に対する共通の思い入れがあった。それを大切に扱い、そのために仕事をしていた。それに私たちはエジプトの文化を誇らしく思っていて、それを皆とわかち合いたいと願っていた。ただそれだけで、ビジネスプランも、倉庫も、恐怖心すらなかった。資格もなく、前途多難だということも知らなかった。私は二七歳、ヒンドは三〇歳、ニハールは四〇歳。皆、若かったのだ。

それから二〇年、私たちは手を取り合いながら、結婚や離婚、出産、死別を経験してきた。男性中心的な社会で経営者になることの難しさにも直面した。そうする中で、ハラスメントや差別をも乗り越え、強権的な役人を丸め込む方法を学び、検閲に関するエジプトの法律に精通したのだ。

当初から、自分たちの書店をありきたりのものにしたくないと考えていた。だから目的と理想像が必要だった。店名をはじめ、あらゆる面で意図的である必要があった。


ある午後のこと、母のファイザが悩めるヒンドと私の話に耳を傾けてくれた。私たちが出した店名案に賛成できず、それに早く昼食に戻りたいという思いから、母は「ディーワーン」という名前を提案した。

この言葉にはたくさんの意味があるのよ、と母は言った。ペルシア語やアラビア語の詩集、集会所、民宿、ソファ、それに高位官僚の官職名。「ディーワーニー」と言えば、アラビア書道の書体の一つになるわ、と。そこでいったん間をおいた後、母はこうつけ加えた。

「それにこの名前なら、アラビア語でも英語でもフランス語でも発音しやすいでしょう。」

母は目の前の料理を食べ始めた。それで話は終わりだった。

名前が決まり、勢いを得たところで、グラフィック・デザイナーのミノウこと、ネルミーン・ハンマームにブランド立ち上げの手助けをして欲しいと依頼した。ミノウは強烈なユーモアの持ち主で、何もかもわかっているかのように笑った。ヒンド、ニハール、私の三人に向かって、ディーワーンを人にたとえて表現して欲しいと言った。

私たちは答えた。

ディーワーンは実際に一人の人間で、これは彼女の物語なの、と。

ディーワーンは、書かれた言葉に関心が向けられなくなった世界で、その反動として生まれた。誕生日は、二〇〇二年三月八日。偶然にも国際女性デーだった。

彼女はその空間以上に大きな存在だ。人々のあいだのあらゆる違いを歓迎して、尊重する。もてなし上手で、もう少しここにいてね、と客たちをカフェに誘う。基本的に彼女は禁煙派。もちろん、この国では、ほとんどの店でタバコが吸えるということも知っている。それでも、よりよい未来のためにと決意していた。置かれた環境に甘んじることなく、高邁な理想を抱いている。彼女は正直者だけれど、泥棒を罰したりはしない。誠実で、他の人々にもそうあって欲しいと願っている。

数字は好きじゃない。それから、自分を取り巻く二項対立の世界を好まない。むしろそんな世界を一冊分ずつ変えようとしている。北と南、東と西は、窮屈さを押しつける言葉だと考えている。だからこそ、彼女はアラビア語、英語、フランス語、ドイツ語の本を差し出す。人や思考を結びつけるために。


私たちの話を聞いたミノウは、それを一つのロゴに置き換えた。「D」、「i」、「W」、「a」のアルファベット四文字を奇抜な黒いフォントで描いて、アラビア語で「N」にあたる文字を加えたのだ。最後のアラビア文字ヌーン（ن）は女性《ニスワ》のNと女性《イナース》のNを暗示し、動詞や形容詞、名詞を女性形にする。さらに、ミノウは単語全体を発音記号《タシュキール》で囲んだ。

ミノウはロゴのデザインだけでなく、成長し、変化し続けるブランドをつくりあげた。バッグ、ブックマーク、カード、キャンドル、包装紙、ペン、鉛筆、壁紙など、ディーワーンを広めるための方法を考案した。ディーワーンのショッピングバッグは後に、カイロの街角で文化的なステイタスシンボルになった。ロンドンの通りやニューヨークの地下鉄で、そのバッグを見かけることもあった。そんな時私は興奮したものだ。

二〇一一年の革命の後、ムスリム同胞団が政権を取り、数年のあいだにカイロは見違えるような場所になった。私はここを離れることを考え始めた。それは辛い決断だったが、革命後の混乱の中でディーワーンの経営にたずさわった私は、空回りばかりしていた。カイロにいるかぎり、自分の書店のためだけに存在することになると気づき始めていた。解放されることはない。一四年間、私はこの店のために尽くしてきた。限界がどこにあるかを見極める必要があった。ディーワーンの経営者の一人としての役割を放棄しなければならなかった。

ドバイで二番目の夫と短期間暮らした後、ゼイン（現在一六歳）とライラ（現在一四歳）と私はロンドンに移住した。もうディーワーンの経営者ではないが（ニハールが引き継いだ）、あの頃のことを何度も思い出し、懐かしさと安堵感が入り混じった気持ちになっている。

一方で、私の魂の伴侶《ソウルメイト》であり救世主であるヒンドは、ディーワーンで過ごした日々のことを決して話さない。回想するよりも沈黙することを選んだのだ。

ディーワーンは私からエジプトに宛てたラブレターだった。それは、私自身、私のカイロ、私の国を探すための一部で、その糧でもあった。

この本は、私からディーワーンに宛てたラブレターだ。それぞれの章には、カフェから自己啓発本のセクションまで、書店の一角と、そこに出入りしていた人々——仕事仲間、常連客、一見客、泥棒、友人、そしてディーワーンをわが家《ホーム》と呼んだ家族——の姿が描かれている。

ラブレターを書く時、私たちは自分の想いが叶わないことを知っている。もちろん、何とかしようとはするが、うまくはいかない。すべては儚いものと悟りながら、避けられない結末に抗おうともがくのだ。

それでも、たとえそれがどんなに短いとしても、書くことで得られる最良の時間に感謝することを、私たちは選ぶのだ。

＊1　ムハンマド・アンワル・アッサーダート（サダト）（Muhammad Anwar Sadat/ Muḥammad Anwar al-Sādāt,1918年～1981年）はエジプトの軍人、政治家。ナセルの死後、大統領を務めた（1970年～1981年）。

＊2　ムハンマド・ホスニー・ムバーラク（Muhammad Hosni Mubarak/ Muḥammad Ḥusnī Mubārak,1928年～2020年）はエジプトの軍人、政治家。サダトの死後、30年間大統領を務めた（1981年～2011年）。

＊3　アラビア語は一つ一つの名詞に性がある。語尾にaの音（アラビア語の記号ではターマルブータと呼ばれるもの）がつくと女性形になる場合が多い。

＊4　ザマーレクが邸宅地として発達した1920年代から1930年代にかけて建設された洋式の建物。

＊5　エジプトの建物は、ベランダの欄干に洗濯物干し用のロープが数本張られていることが多い。

＊6　ガマール・アブドゥンナーセル（ナセル）（Gamal Abdel Nasser/ Jamāl ʻAbd al-Nāṣir,1918年～1970年）はエジプトの軍人で政治家。1952年、自由将校団を率いて王政を打倒し、革命によりエジプト共和国を樹立させた。同じく革命を主導したムハンマド・ナギーブ（Muhammad Naguib/ Muḥammad Najīb,1901年～1984年）に続く第二代の大統領。

第一章

カフェ

The Café

道行く人にとってディーワーンは、華やかな外観のベーラー・マンションの裏手にある店舗の一つに過ぎない。通り名が記された昔ながらの青い標識には、「七月二六日通り」とある。通りに面した正面の壁に、私たちは黒いロゴを掲げた。店の入口にはジャカランダの木が覆いかぶさるように葉を寄せている。角地に面した玄関のガラス扉には、モダンなアラブ・イスラーム式デザインが刻まれ、長いクロムメッキの取っ手がついている。

店内は、暑さと混雑から解放されたオアシスだった。アラブ・ジャズやウンム・クルスーム*1、ジョージ・ガーシュウィン*2の音楽が、エアコンの機械音と混ざり合いながら響いている。「おすすめ」「ベストセラー」「新刊」と書かれた壁の下には、アラビア語と英語のフィクションやノンフィクションが浮き棚から流れ落ちるように並べられている。

訪れた客は、右の扉からレジと文房具が置かれた空間を通り過ぎて書籍のコーナーに行くか、左の扉からマルチメディアコーナーに入るかのどちらかを選ぶ。マルチメディアコーナーには、実験的な作品からクラシックまで、東洋のものから西洋のものまで、ジャンルを超えた映画や音楽が集められている。

ディーワーンの立ち上げ準備の段階で読んだ記事によると、たいていの人は書店に入るとまず右手に進むという。この情報に影響された私たちは、入口から入って右手にある部屋を書籍コーナーにした。その部屋の窓は道路ではなく隣接する中庭に面していたため、そこは店内でもとくに静かな空間だった。高い天井には白熱灯が並び、マホガニー材の棚とマットなスチール製の裾板を照らしている。新しいものと旧いもののマリアージュだ。

書籍は二つのカテゴリーに分けた。向かって左側は、ヒンドが仕入れたアラビア語の本、右側は、私が仕入れた英語の本。フランス語とドイツ語の書籍も少しだけだがマルチメディアコーナーに置いた。入口近くの、この店の中心にあるカフェにつながる部分だ。

ディーワーンのユニフォームを着た接客担当のスタッフが各部屋を巡回する。紺のポロシャツの左胸にベージュのスティッチでディーワーンのロゴが入っていて、ベージュのズボンのポケットは、防犯のために縫い綴じられている。かれらは、自分たちの知識を活かしながら、熱意とプロらしい距離感をもって接客した。とくに開店したての頃は、ディーワーンのやり方を知らない客がほとんどで、他の書店と比べてスタッフの仕事量が多かった。

皆が慣れていないのは当然だった。

ディーワーンが開店する前、エジプトには三つのタイプの書店があった。経営状態の悪い政府系の書店、特定の出版社が経営する書店、それから新聞や文房具を主に売り、その傍らに書籍を置く地元の小売販売店である。中でもよく覚えているのが政府系の書店のことだ。

大学生の頃、私はタクシーでカイロの中心部《ダウンタウン》に通ったものだ。そこはかつて、アルメニア人が職人ギルドを、イタリア人がデパートを、ギリシア人が食料品店を経営していた場所だった。ザマーレクからダウンタウンに到達するには、七月二六日通りのように、歴史的な日付で命名された、いくつかの主要な道路を通った*3。

ダウンタウンに着いた私は、埃をかぶった本が並ぶ墓場のような店に入る。本棚は多いが、書籍の分類標示はほとんど見当たらない。店にはたいてい男性が一人いて、レジの前に座ってお茶をすすったり、新聞を読みながらうとうとしたりしている。欲しい本のタイトルを伝えると、彼はサンダルの中に素足を突っ込んで、ひび割れたかかとで床を鳴らす。ラジオの音量を下げることもなく、床をぎしぎし言わせながら身を起こすのだ。

カイロの書店はなぜこんなにも老朽化していたのか。

その答えの一つは歴史に見出すことができる。

エジプトでは過去が現在の中に息づいている。過去は時に姿を変えて現れ、完全に消え去ることはない。ディーワーンを開店するにあたって、私たちは期せずして出版と書店の歴史を知るようになった。過去の状況が現代の書店業界を支配し続けていることもわかった。

ナポレオンの遠征軍がエジプトに初めて二台の印刷機を持ち込んだのは一七九八年のこと。一台はアラビア語用でもう一台はフランス語用の機械だった。その後、一八二〇年にアルバニア出身でオスマン朝配下の支配者、近代エジプトの父と呼ばれたムハンマド・アリー*4が、ブーラーク（フランス語の「美しい湖」にちなんだ地名）に工業用印刷機を設置させた。出版がプロパガンダの道具になったのは彼の治世下だ。

政府が出版産業の独占の手をゆるめたのは一九世紀後半だった。やがて――とくに一八八二年に始まるイギリスによるエジプトの軍事占領*5以降――検閲も緩和された。結果として、上流階層の人々のあいだに、出版活動への投資に関心を寄せたり、実際に投資したりする者があらわれた。一九〇〇年までには、政治雑誌や社会派の雑誌、フェミニスト雑誌など、人々の意識高揚をはかるため、あるいは利益をあげるため、さらにはその両方を求めて、大量の雑誌の印刷が始まる。新聞や雑誌には、スピーチやマニフェスト、小説が掲載され、連載された記事は後に書籍化された。それから何十年ものあいだ、エジプトの巨匠たちによる数多くの力強い文章が生み出され続けた。

ところが一九五二年革命の後、すべてが変わってしまう。

一九五六年、信任投票によって大統領に就任したナセルは、エジプトの風景を大きく変える複数の政治的施策を開始した。住宅、教育、医療へのアクセスが飛躍的に向上した。その一方で、多くの外国人は市民権を剥奪され国外に追放された。イギリスの官僚制度が模倣され、市民の自由は縮小し、数十年にわたる軍事支配が確立されていった。

一九六〇年代になるとナセルは、エジプトの新たな社会主義的理想や壮大なアラブ・ナショナリズムを後押しするための書籍の刊行を求めるようになる。けれども、彼の政権はその目的を達成したり、理想をかなえたりするための基盤をもっていなかった。一九六六年までには、多くの出版社が膨大な赤字を抱えるようになるが、それは「六時間に一冊刊行せよ」という国家的な標語のもと、倉庫に売れ残りの本があふれるようになったからだ。

本は粗悪な紙に印刷され、薄っぺらな表紙は破れてしまうことも多かった。著作権を扱うエージェントも、ベストセラー・リストも、マーケティング部門もない。サイン会や出版記念会もない。出版社から出荷される本は、まとめられ、紐できつく縛られて、表紙にキズがついた状態で束にされるか、タバコの箱を再利用した厚紙の箱に入れられた。それが、ヒンド、ニハール、私の三人が足を踏み入れた時に目にした光景だった。私たちはそれでも挫けずに、無秩序な状態を何とか変えてみせようと仕事に着手した。

この時期、改革的な楽観主義が私たちを取り巻いていた。新しい投資法が制定されたことで証券取引所は活気を取り戻し、外国に留学していた多くのエジプト人が祖国の未来のために何かしようと意気込んで戻ってきたからだ。書店を含めて、基本的な設備は未整備のままだったけれど、芸術と文化のルネサンスが起ころうとしていることは明らかだった。

開店前から、実務家のヒンドは、目の前にあるすべての障害を体系的に捉えて、一つ一つ対処していた。彼女がすばやく問題を解決してくれたおかげで、私たちはこのルネサンスの波に乗ることができたのだ。ヒンドは他の書店や出版社を訪れて、どんな本を扱っているのかをメモしたり、店の人に尋ねたりした。偵察の際、ヒンドはなるべく控えめに振る舞い、自分たちを取るに足らない存在として見せた。書店の経営者たちは、ヒンドに疑い深い眼差しを向け、時に横柄な態度を取った。それでも、ヒンドは動じなかった。

出版社の担当者と話をするうちに、ヒンドは、小さな出版社の本にＩＳＢＮ（書籍に個別に付けられる国際標準図書番号）がついていないことに気がついた。エジプトでは、国立図書館がＩＳＢＮを一つずつ作成し、政府を敵に回さないような書籍にだけこれを付与するのだ。独立系の出版社は、ＩＳＢＮをまったく使わないか、すでに出版された図書のＩＳＢＮを「借用」するという独創的な方法で検閲を回避していた。検閲に煩わされないように、エジプトの作家が外国で出版することもあった。

扱う本にＩＳＢＮがないと、請求書の作成や、発送、書籍の追跡の過程などに、重大な間違いが起こる可能性が高まる。全国的なベストセラー・リストもつくれない。ディーワーンに戻ったヒンドは、この忌まわしい現実に持ち前の忍耐力をもって立ち向かった。英語仕様のコンピューター・

システムに入力するために、アラビア語の著者名や書名の音訳が打ち込めるよう工夫されたマニュアルを作成したのだ。この音訳システムのおかげで、アラビア語の書籍にハウスコードを付与できるようになった。

ヒンドは次に「売上高」という未知の世界に足を踏み入れた。

エジプトの書店では長らく、手動のレジスターか手書きの領収書が使われてきた。ただ、それではいったい何がどれだけ売れたのかがわからない。何を仕入れるべきかもわからない。販売数を把握する者がいても、その情報は秘密にしていた。

ヒンドはこの慣習に逆らい、数字をまとめてディーワーンのベストセラー・リストを公開した。そうすることで出版社や作家間の競争を煽り、また読者に新しい本を紹介することができたからだ。そしてこれはほんの始まりだったが、ヒンドの計画は、成功するまで私にすら知らされなかった。私たち二人は「話すよりも実行する方が先」をモットーにしていた。

カイロの書籍販売業界が衰える中で、主に二種類の読者層が育った。一方は破綻したシステムに甘んじる人々、もう一方は私たちのように、別の選択肢を熱望する人々だ。

ディーワーンを訪れる人は、書店に対してさまざまなイメージや期待を抱いていた。それを見抜き、時に追い払うことが私たちの仕事だった。

読書家にとってディーワーンは安住の地だった。新しい本を買い、古書を売り、勧めたい新刊書の話をしたり、他のいろいろな会話に加わったりする。私たち経営陣を探し出して、接客のミスや苦情を訴える人もいる。かれらはディーワーンが書店として成功し、高い水準を保ち続けることを願ってやまない。今でも私のメールアドレスやSNSには、ディーワーンの客たちから、発送の遅れやその他の問題についての苦情メッセージが届く。創業者の一人である私個人が、取引の一つ一つを監督することを望む人もいるのだ。

さほど善意のない人もいた。

典型的なやり取りはこんな感じだ。ニハールか、ヒンドか、私のところにやってきた客の一人が言う。

「オーナーと話がしたい。」

「私がその一人です。」

ニハールかヒンドが答える。こういう時、私はいつも、突発的に発生した仕事に忙殺されたふりをして、バックヤードに隠れるようにしていたからだ。

「この本を返品したい。」

「それは残念ですね。何か問題がありましたか。」

「買って読んでみたが気に入らなかった。返金してくれ。」

ここからのやり取りは対応者が誰かによって変わってくる。ニハールの場合、うなずきながら客の話を聞き、その後、やさしい口調でディーワーンは図書館ではないことを説明する。すると、多くの場合、客はここを図書館にすべきだと主張する。文化は共有財産ではないかというのだ。この時点で私は我慢できなくなり、話に加わってこう言う。そういう遅れた考え方があるからこそ、エジプトでこの店を開いたのです、と。同じようなやり取りを何度も繰り返すうちに、私はようやく口を噤《つぐ》むことを覚えた。

ニハールは丁寧な口調で、残念ながらディーワーンはそういう場所ではないのですと告げ、客の求めに応じられる政府系の図書館がたくさんあることを伝える。一方、無茶を好むヒンドは、客の論理の限界を試してみようと徹底的な議論に持ち込む。そうして、丁寧な口調で無邪気な様子を装いながら、客たちの言葉に鋭い反論を加えていく。

会話が退屈になると、ヒンドは腕時計に目をやり、丁寧に暇乞いをする。ヒンドは私が知るかぎり、最も時間を守らない人間だ。そのくせ、相手に割くべき時間がないと思えば、人知れぬ冷酷さをもって、さりげなく相手を切り捨てる。この点は母と似ている。

他の客たちは、慣れない場所で右往左往しながらも、私たちに対してもう少し気遣いがあった。そしてディーワーンの清潔さや、細部へのこだわり、装飾品、スタッフをほめてくれた。それでも、

「ここを図書館ではなくお店にしたのはなぜなの」という同じ問いが投げかけられた。店内に常駐していた私たちはこう答えたものだ。図書館にしてしまったら、この店舗の賃料も、スタッフの給料も、ユニフォーム代も、税金も、その他、中小企業にふりかかるさまざまな経費も、どれも支払えませんよ、と。

ディーワーンはムバーラク夫人*6の識字向上活動の一部なのかと聞かれることもある。いいえ、ディーワーンは大統領夫人とも、政府とも、関係ありませんよ、個人による活動ですと答えると、かれらは驚いて言う。

「書籍販売業のような斜陽産業に投資するなんて、あんたたち正気の沙汰じゃない。」

ディーワーンを開店する前から私たちのベンチャー事業は不信な目を向けられていた。

開店のための調査の段階で、アリー（ニハールの夫で共同創業者の一人）が、作家たちにどこで本を購入しているかを聞いてみようと提案した。カイロのドイツ系学校の一つ、ドイツ福音学校の卒業生であるアリーは、熱心な読書家で、人懐っこくて、よく笑う人だった。驚いたのは、彼が相手の年齢や出身地、政治的信条に関わりなく、誰とでも仲良くなる才能を持っていたことだ。

ある日の午後、私たちはアリーと一緒に、著名なエジプト人ジャーナリストを訪ねることになった。事業について説明するあいだ、その男性はヒンドと私をじろじろと眺めていた。そして、最終的に、私たちのことを時間とお金を無駄にするブルジョワの主婦だと言い放った。中産階級がいなくなったエジプトで、人々は本を読まなくなっているのだから、と。

「では、何もかも経済的に持続可能でなければ成り立たないのでしょうか。」

私は彼に尋ねた。

「政府は国の文化的な健全性を高めようと、庭園や博物館、図書館などの公共スペースを整備しています。それでも、個人が同じような目的で活動しようとすると、失敗するだろうとおっしゃるのはなぜでしょう。」

「あなた方のような若い女性は世間を知らない。私はわが子と話すような心持ちであなた方と話をしている。失望して欲しくないからね。あなた方は知らないだろうが、ビジネスに足を踏み入れるとたくさんの困難にぶつかる。本を読んでどうにかなるものじゃない。きっと取引先や顧客の食い物にされるだろう。」

私の失望はともかく、エジプトの失望はどうなるのだろうと私は思った。ダムや高速道路の建設を優先して、文化事業をおろそかにした国には、今後何が起こるのだろう、と。答えは明らかだった。エジプトの博物館はすでに墓場のようだった。わずかな強者を讃えるためにつくられた無為の空間だ。学校の教科書も、同じように嘘と隠蔽に満ちていた。

文化はエリートだけのものになったとそのジャーナリストは考えていた。貧困にあえぐ人々にとって本は意味をなさないというのだ。彼は間違ってはいなかった。それでも、私たちは自分たちの店や自分たちの本にできることがあると信じる他なかった。私たちエジプト人が自らの文化から遠ざけられてしまったら、今後どんな可能性があるのかもわからない。

こうした文化的景観の中で、現在と過去が交錯する地点に出現したのが、ディーワーンだった。ニハールは、夏休みに訪れたフランス西部のキブロンにあるティールームを参考にしながら、カイロの喧騒に似合うカフェを設計した。大理石のテーブルと、木とクロムメッキを合わせた椅子は、「公正さ《フェアネス》」というニハールのトレードマークを追求したものだった。彼女は当初、もっと座り心地のよい椅子を欲しがった。しかしそれでは顧客の回転が悪くなるというヒンドの意見に妥協する形でこの椅子を選んだ。

メニューの片側には、何種類かの飲物――カプチーノ、トルココーヒー、それから、カモミールやハイビスカス、シナモン、ミントなどのハーブティー――のリストがあった。もう片側には、チーズパテ、もちもちのピザ、キャロットケーキ、ブラウニー、チョコチップクッキーなどが並んでいた。ナイフとフォークは、ディーワーンのロゴ入りナプキンに包まれて準備された。

サービス担当のハサンはスーダンからの難民で、吃音があり、自分の発音を理解できない客に対してたびたび怒りを爆発させた。それでもニハールは、彼の笑顔と衛生管理に対する厳しい目を高く評価していた。ニハールはハサンとお客の両方をなだめすかした。やがてお客はハサンに慣れ、ハサンも自分の言葉に慣れていった。

ニハールのとりなしは自然で優雅だった。彼女は三姉妹の末っ子だが、私たち三人の中で誰よりも母性が強かった。ニハールの思い通りにならない状況が起きないものかと目を光らせてきたが、いまだにそれは起きていない。ラマダーン月のあいだ、一度も文句を言わずに断食するのは、私が知るかぎりニハールだけだ。私たちは二〇年間、喧嘩をしながら、二〇年間、許し合ってきた。

ニハールは、私たちの「上品な」カフェに集まる個性的な人々や振る舞いに独自の方法で対処した。とはいえ店内の他のスペースと同じく、カフェも、自らの意思を持った一つの空間だった。

ディーワーンの開店許可を申請した時のことだ。自治体の担当者に、私たちの店では本と映画と音楽と文房具を売り、カフェをやりたいと伝えた。担当者の男性はうつろな目でこちらを見た。それから書類に目を落としながら、退屈そうに「無理ですよ」と言った。

きちんと話を聞いてくれればいいのにと私は思いながら、反抗心と純朴さを織り交ぜた態度で尋ねた。

「なぜ無理なのですか。」

「空間は一つの活動についてしか認可されません。銀行と学校を一緒にやることはできません。どれか一つを選んでください。」

「昼間は教師、夜はベリーダンサーというのはだめですか。」

私は聞いてみた。彼は苦笑いを浮かべ、「二心を持つ者は嘘つき」*7というエジプトの諺を引くことで、私たちとの議論を打ち切ろうとした。

「ええ、うちは本屋です。」

私は宣言した。担当者はため息をつき、用紙の最後の行を文字で埋め、色あせた青いインクのスタンプを押して私に書類を返した。うちは、お客さんたちにお金だけでなく、時間も費やしてもらう予定の本屋なんですという、とっておきの返答をぐっと飲みこんだ。

二〇世紀後半のエジプトでは、皮肉なことに、人々の自由な時間が増える一方で、娯楽のための空間が少しずつ減っていた。

まず都市開発が街中の公園を侵食した。ナイル河畔の遊歩道やカフェは、軍人や政府系組合員のためのプライベートな社交場《クラブ》に姿を変えた。ドイツの哲学者ユルゲン・ハーバーマス*8が提唱した「公共圏」という空間的・理論的な概念は変容しつつあった。

ハーバーマスがいう公共圏は、人々が集まり、考えを共有する社会的な場や、私的な個人が集団に参加する場のことだ。この言葉は社会学者レイ・オルデンバーグ*9のサードプレイス（第一の場所である家庭、第二の場所である職場に続く、第三の場所という意味）をめぐる理論に影響を与えた。

サードプレイスはコミュニティを形成する場所で、オルデンバーグの定義によれば私たちのカフェもここに含まれる。エジプトの男性は、モスクや床屋のほか、アフワと呼ばれる喫茶店に行き、水煙草を吸ったり、バックギャモンやドミノに興じたり、ラジオを聞いたりテレビを見たり、ぼんやりしたりする。若い男性はスポーツクラブに行くこともある。他方、女性の居場所は家だが、そこもたいていは自分のものとは言い難い。


男性は何を成したかで定義され、女性は親子関係や夫婦関係で定義される。たとえば、エイダ・ラブレース*10は有名な数学者で、世界で最初のコンピューターのプログラマーとして知られる人物だが、おそらく同じくらい、バイロン*11の娘であることでも知られている。

開店してから数年たった頃、私は客や友人、知人から「ミセス・ディーワーン」と呼ばれるようになった。すべての時間をディーワーンに費やしていたからだ。夢にさえ見た。

たいていの日は、朝八時までにオフィスのデスクの前に座り、夜が更けた頃に帰宅した。午前と午後のシフトのメンバーと時間が重なるようにしたかったし、本社スタッフには出社時も退社時も、私がいるということを知っておいてもらいたかった。店舗にいない時も、ディーワーンのことばかり考えていた。確かに、私のアイデンティティは次第に、店のアイデンティティと区別がつかなくなった。そのことで一番目の夫との関係が危うくなったのだが、この話はまた後にしよう。それにしても、それが私の愛称だったとしても、ディーワーンが「男」で、私が自分でつくったものに従属させられているという考え方には腹が立った。

書店は私的な空間であると同時に公的な空間でもある。そこは私たちが世界から逃避する場所であるとともに、よりいっそう世界に参加するための場所でもある。ディーワーンのカフェは、そうした矛盾をことさらに体現していた。

友人たちが集まる場所。

座り心地がさほどよくない椅子だが、何時間でも居座れる場所。

週末にはわが家の娘たちもやってきた。

家のようで家ではない場所。

ディーワーンになる前、ここにはスポーツパレスという名の男性ホルモンたっぷりのスポーツジムがあった。男性性の神殿に代わって、女性たちが所有し経営する書店が開店したという皮肉はむしろ愉快だった。

ヒンドと私は、私たちを排除し続ける世界の中で育ってきた。そこに居場所はなかった。

子どもの頃、私たちは朝七時半に家を出て、静まりかえった大理石の廊下を歩いてエレベーターに向かった。私は何度も何度もエレベーターのボタンを押す。せっかちだったし、エレベーターがこちらの要求を理解しているかを疑っていたからだ。

私はネオンライトのついたスチール製の立方体が好きではなかった。以前、ここにはシンドラーのオリジナルの木製ボックスがあり、折りたたみ式のミニチュアバンケットや、ブロンズとクリスタルのドーム形の天井光があった。新しいエレベーターは嫌だったが、それでも毎朝、清掃中の石鹸水だらけの大理石の上を歩いて四階から一階まで降りていくというのも気が引けた。

待っていると病院で聞くような音色でエレベーターが到着を告げる。ドアの左側が右側に移動して、中から上の階の住人が姿をあらわす。火のついたタバコを口にくわえた年配の男性だ。私たち二人は、煙の輪を見ながらくすんだ銀色のボックスに入り、抗議の意味を込めて息を止める。もし、私が男だったら、人が入ってきた瞬間にタバコの火を消すだろうか。エレベーターは揺れながら一階の定位置で止まる。ドアが開くと同時に、私たちは新鮮な煙の下をくぐりぬけ、押し出されるように外へと飛び出す。

一〇代の頃に父と交わした会話が印象に残っている。何だったのかは忘れたが、ルール違反をした後で、私は父に女性を一定の場所に押しこめようとするこの世界について、不満をもらした。

父は私に次の世界（来世）があることを思い出させた。そして、イスラーム教の天国では、敬虔な男性には褒美として、フーリーと呼ばれる美しい処女が与えられるという考え方のことも*12。

「ここは男の世界だ。時間はかかるだろうが変えていくがいい。でも、それまではなんとかうまくやるんだ。」

父は不敵なまでの現実主義を貫いた。

「でも天国まで排他的なのはどうしてなの。それなのに現世でよい人になろうなんてどうして思えるの。結局、そこにはたくさんの処女がいるだけなのでしょう。」

私は泣いた。

「おまえに向けた語りではなかったんだよ。」

父は、私が考えていることを見透かしたように笑いながら言った。

「神のベストセラーに世界の半分が虜になっていることが問題なの。」

「いつだってそうだが、おまえは問題を取り違えている。」

父は長方形の眼鏡を鼻の縁にかけて新聞を手に取ると、こうつけ加えた。

「いつかおまえが（男中心の解釈によるベストセラーではなく）他のベストセラーを世に広めればいいじゃないか。」

私たちは、自分がディーワーンに尽くすのではなく、ディーワーンを自分のための空間にしようと決意した。やがて他の女性たちもディーワーンに安らぎを見出し始めた。家事から逃れられる場所、公共の場所ではあるものの、自分が存在しないと常に思い知らされることも、女性であることの重圧に悩まされることも、比較的少ない場所だったからだ。

エジプトで公衆トイレといえば、モスクや教会のものだった。政府は他の選択肢をほとんど提供しなかった。それでも男性はまだましだ。高架橋の下や建物の脇で、自由に小便できたからだ。女性用の公衆トイレは、地面にあけられた悪臭を放つ穴で、蛇口からの水が溢れて床はいつも水浸しだった。石鹸もトイレットペーパーもなく、誰もそれがあることを期待していなかった。本を読むという目的を持たなくとも、ディーワーンの曲がりくねった廊下の向こうに救いを求める女性たちが集まってきたのは、こうした現実のためでもある。

ディーワーンのトイレは七月二六日通りを訪れる女性たちのものになった。もともと設備のある店舗は少なかったし、あっても店主は客に使わせないのが普通だった。本で囲まれたカフェは、女性たちとセクハラ男たちのあいだの、その場しのぎの壁にもなった。私たちディーワーンの女性たちがそんな行為を許さないことをかれらも知っていたのだ。

ディーワーンのカフェは、異なる層にさまざまな用途で利用された。熱心な読書家は、集めた本の山に目を通し、自分好みの本を選んだ。一日のうちのいくらかの時間をゆったりと過ごすためにそこにやって来る人もいた。旧友や知り合いに会うという時、家に招く代わりに、カフェを利用する人もいた。大理石のテーブルの上で、占星術が始まったり、運勢が占われたり、家庭教師が生徒をなだめすかしたり、公式統計には入らない経済活動が繰り広げられた。

「あの女の人がいつもの席に戻ったわ。四時間でトルココーヒー一杯と水一本を頼んだだけ。」

ある日、ニハールが苛立った様子で言った。

「何か本を買ったの?」

ヒンドが尋ねた。

「いいえ。彼女はここで家庭教師をしているの。ああいう人のせいで、常連のお客さんの場所がなくなってしまう。」

「接客担当のスタッフが、「時間毎の最低料金を設定しました」と言ってはどうかと提案していたけれど、どう思う?」

私は試しに言ってみた。するとニハールは目を丸くして答えた。

「絶対にだめ。お客さんのためにつくったスペースに座るからってお金を取るなんて、ありえない。」

「レッスン代の一部を請求できないとしたら、他にどんな提案があるの?」

「あなたたちがカフェをつくったから、あの人たちは来た。飲み物の値段を上げたり、椅子の座り心地を悪くしたり、もっとうるさい音楽をかけたりすればいい。あなたたちのビジネスモデルをああいう人たちに押しつける方法を見つけるしかない。」

ヒンドはそっけなく言って、アラビア語の棚に向かった。

私はニハールの悲しげな視線から目を背けた。管理することが好きな人間として、彼女に共感していたからだ。居座る人々を追い出さずに、空間をもとの目的に見合うものとするためにはどうしたらいいのだろう。


毎晩のようにカフェを訪れる若い女性客がいた。私たちの店の本を読むのではなく、革表紙の手帳に何かを書き込みながら時を過ごしていた。昼間は何をしている人なのだろう、と私は思った。バレリーナのようなあどけない魅力を感じたので、私は彼女にパヴロヴァというあだ名をつけた。普段はお団子ヘアだが、時々髪をおろして背中に垂らしていた。彼女の目は遠くを向いていて、まるで魂が身体から離れているようだった。私たちはそっと会釈し合うようになった。

「カフェに座っている女性を知っていますよね。あなたのバレリーナですよ。」

ある日、シャヒーラが唇を尖らせて言った。ザマーレク店の最初期からいるシャヒーラは、一番古株のマネージャーの一人だ。一見、控えめだが、内面にはものすごいエネルギーを秘めた、意欲的な女性だった。彼女以前にも何人かのマネージャーがいたが、店員や客、カイロの道楽者たちのニーズを一度にうまく調和させることがあまりに大変で、入社後数週間で辞めていった。でもシャヒーラは違った。

「ええ、もちろん。誰が彼女を怒らせたの。」

私は眼鏡を置き、謝罪に出向く準備をしながら尋ねた。

「誰も怒らせていませんよ。清掃スタッフの一人が、彼女が下着をつけていないので、見たくないものを見せられてしまうと文句を言っているんです。どうやら七月二六日通りは彼女の仕事場で、ディーワーンは新しい釣り場のようです。」

「そんなはずないでしょう。」

私はそう言ったものの、このカフェを居間として使っている奇人たちのことを考えると、ためらう気持ちもあった。

「調査した後、結果を報告します。もしそれが本当ならば最後の手段が必要です。」

シャヒーラはそう告げた。私はそれが本当ではないことを願った。そして、もし本当ならば、そんなことには関わりたくなかった。パヴロヴァはその後もディーワーンに頻繁に出入りしたが、私たちの無言の会釈は前より短くなった。

彼女のことは、ディーワーンのスタッフのあいだで口さがなく囁かれていた。その週、シャヒーラは、近所の店主たちとお茶を飲みながら噂話をして、パヴロヴァとのやり取りを詳細に聞き出し、その疑念を裏づけてきた。報告を受けた私は、ゆっくりと時間をかけて、店が静まり、「観客」の少ない静かな夜がくるのを待った。

パヴロヴァのテーブルに近づくと、彼女は私を見上げた。自分が知っていることをどう告げていいのかわからないまま、私は口を開いた。

「当店のコーヒーがお口に合わないと伺いました。近所にある他のコーヒーショップをお勧めしてもよろしいでしょうか。」

私は礼儀正しく微笑みかけた。

「何かの間違いでは？　私はここが好きで、何の問題もありません。」

彼女は笑顔を返さなかった。私はためらった。それでも言葉は勢いづいた。

「悪気はないのです。私たちは皆、生活のために働いていて、どんな仕事も尊重されるべきです。ただ、あなたのお仕事はどこか別の場所でしていただきたいのです。あなたはもうここでは歓迎されません。二度と来ないでください。」

自分の発言がどんな影響を及ぼしたのかを見たくなかった私は、すぐさま退散した。翌朝、シャヒーラがやってきて「どうでしたか」と尋ねた。「うちのスタッフは噂話が過ぎる」と私ははぐらかそうとした。けれどシャヒーラがひるまなかったので、私はパヴロヴァとのやり取りについて話をした。

「なぜあなたが罪悪感を抱くのです？　彼女の方が私たちを利用していたのに。」

パヴロヴァは幼い頃、空を見上げて、「大きくなったら七月二六日通りで働くんだ」と願ったりはしなかったはずだ。私たちのカフェでは、個人教師などの他のサービスを提供することを許容していたが、パヴロヴァの仕事が性的なものだったので、私たちは自分たちが正しいと信じる行動をとった。でも、そんなふうに倫理観を振りかざしてもよいのだろうか。

自分たちがつくり出した第三の空間、つまり、強烈で私的な交流が展開される公共の場について、私はあれこれと考え始めた。さまざまな本や振る舞い、コーヒーカップや茶葉に囲まれて、私たちは皆、自分自身を、互いを、そして生き残るための手段を、探し求めている。

数日後、家に帰る途中、近くのコーヒーショップの二階の窓に、椅子に座るパヴロヴァの姿を見つけた。フリルのついたふんわりとしたスカートをはいた彼女の足が揺れていた。

本格的な事務所を構えるまで、ディーワーンのカフェは私たちの事務所代わりにもなった。ヒンド、ニハール、私の三人は、息が詰まるような奥の部屋（かつてのスポーツパレスのサウナ）で、交代しながら、本に値段やセキュリティタグを取りつけた。それ以外の時間は、店頭でスタッフを監督し、魅力的なディスプレイになるように心がけ、小さな出来事が大きなトラブルに発展しないように努めた。

客の多くは、私たちがドアの後ろに隠れず、いつも売り場にいたことを評価していたようだ。ただ、中には書店で干渉されないことに慣れきった人たちもいた。何もかも自分でやろうとする客は、本を棚に戻そうとして、時おり、間違った場所に置いてしまうことがある。書店員が「棚戻しをさせてください」と言うと、「こっちはちゃんとやるつもりなのに信じてもらえない」「無用な疑いをかけられた」と感じてしまうようだ。

カフェが事務所代わりだったことで、私はこうしたやり取りを観察し（ウェブカメラやモーションセンサーの楽しさを知るまでのあいだだが）、時には誤解がエスカレートする前に対処することができた。

正面玄関からやってくるトラブルもあった。課徴金を取るために何度も来ていると嘘をいう集金人や、返本が認められなかったことを逆恨みして、でっち上げの訴えの件で警察関連の話があると電話をかけてくる客もいた。

私たちは日に何度もテーブルを囲んでコーヒーを飲んだり、打ち合わせをしたり、メールの返信を打ったりした。母は、娘たちからの連絡が足りないと感じると、カフェに立ち寄った。自分が育て上げた二人の娘のどちらか、それとも、お気に入りのもう一人の「娘」のニハールがそこにいるはずだと考えたからだ。

こうして、今となっては考えられないほどの時間と労力を費やすうちに、本の売り上げは伸び、店の中も外も状況が変わっていった。瞬く間にあまりに多くのことが起きた。

ディーワーンの開店二年目は、私の三〇代の始まりでもあった。結婚して七年目の一番目の夫に「子どもをつくろう」と初めて言ってみた。彼は私の提案を受け入れ、二〇〇四年にゼインが生まれ、二〇〇六年、ディーワーンが四歳の誕生日を迎える直前にライラが生まれた。ヒンドは二〇〇五年に息子を生み、私たちの父の名をとってラムズィと名づけた。私たちはどうやってやりくりしていたのだろう。試練の連続で、身体が両側から引っ張られるようだった。

小さな喜びも、ほっとできる場所も見つかった。独立した事務所のスペースを確保し、当初は場当たり的に分担していた無限の仕事のための専任スタッフを雇用できたのだ。

ベーラー・マンションの一階に空きが出た。

そこは奇跡的に、すでにオフィスとして使用許可のある場所だった（事務所利用のための許可取得手続きは悪夢のようなものなのだ）。入口は大通りの裏側の中庭にあり、そこに置かれた木製のベンチに陣取った門番たちが来客の出入りを監視していた。この世話好きな人々は、警備人員や便利屋、買物代行、時には不動産屋まで、さまざまな役割を担った*13。

毎朝、挨拶をかわす門番頭のイブラヒームおじさんから、オフィスに空きが出たことを聞いた。

彼はぎこちないヌビア語*14の方言で話すため、何を言っているか私にはほとんど理解できなかった。それでもいつも笑いながら私たちは言葉を交した。毎月末になると、イブラヒームおじさんは、真っ白なガラベーヤ（長いワンピース状の衣服）を着て、白い縁なし帽をかぶった姿でディーワーンにやってきた。ビルのオーナーに支払う家賃を回収するためだ。新しい事務所に移るとそちらを訪ねてくるようになった。やがておじさんが亡くなると、息子がその仕事を引き継いだ。私たちの世界では、職業は受け継がれ、名前を知らずとも顔見知りになる。人間関係は、制度や法律よりもずっと重要だ。

私たちはモヒィという男性を「仕上げ係《ムハーラサーティ》」*15という、米国にはない職種で雇うことにした。彼は当初、事務所の清掃担当として採用されたが、後に来客サービス、小間使い、支払い、役所への書類提出などを担当するようになった。その明るい性格は、官僚主義と対峙する時に役立った。他店の店員から役人まで、誰もがすぐにモヒィを好きになったからだ。

電話番号を交換したり、気の利いたお礼をしたりして、必要があれば何かを頼めるような関係を彼は誰とでも築くことができた。コネを持たないモヒィは、助け合いの重要性を理解していた。また、彼は管理職や部長職ではなく、下っ端の人々を頼った。実際に仕事をするのはそうした人々だと知っていたからだった。

ディーワーンのすべてがそうだったように、新しい事務所も、慣習にとらわれず自由だった。

天井が高い大きな部屋には、ヒンド、ニハール、私という三人の共同経営者のデスクがあった。部屋の片側にある大きな本棚には、ディーワーンで人気の作家たちのサイン入りの本や、これから発売される本、子どもたちが遊びに来た時のおもちゃ、山積みの本のカタログが置かれていた。壁には、私たちのビジネスにとって節目となる出来事を伝えるもの——エジプトの新聞に掲載されたディーワーンのベストセラー・リストに関する記事、『モノクル』*16など海外の出版物に掲載された小さな記事、ザマーレク店の開店時に撮った写真など——が額装されてかかっていた。

私のデスクの後ろに置かれたコルクボードには「チャンスをつかめ！」「自分らしく」といった言葉とともに、娘たちと私の写真、以前のやることリストの残骸などが貼ってあった。それから、接客係が担当した最大の取引レシートが床に向けてぶら下がっていた。そこには、一万四千エジプト・ポンド相当の本のタイトルが、一・五メートル分も並んでいた。

部屋の中央には丸い会議用のテーブルが置かれていた。昼時になると、ここがビュッフェになる。各々が家から、カトラリーや食器、料理などを持ち寄り、スタッフや来客と一緒に食事をとった。

創業当初、ディーワーンのカフェでは、ニハールが自宅で焼いたチョコレートケーキやチョコチップクッキーを販売していた。ところが需要が高まるにつれてニハールの手には負えなくなり、外注の可能性を探ることになった。

カフェの常連客で、この仕事に興味を示した女性たちが名乗りをあげた。菓子づくりと値づけの腕前を試された中の一人がミリアムである。彼女は、その後一〇年以上、焼き菓子を提供し続け、「ケーキ・レディ」と呼ばれるようになった。後に、ミリアムが四児の母であり、焼き菓子で得た収入は子どもたちの教育資金になったことを私は知った。

ディーワーンの成長とともにミリアムの事業も拡大した。彼女は自宅での菓子づくりから始めて、他のビジネスにも対応できるケータリング会社を立ち上げた。

私たちのオフィスでは、問題を共有し、電話で互いの話に耳を傾け、互いの居場所をつくり合っていた。そんな折に、私たちの会計士は、数字に弱い女性三人組に、マーギドという中堅の経理担当者を雇うように勧めてきた。当時の店舗のスタッフはほとんどが男性だったが、本部の新しい事務所では主に女性がマーケティング、人事、イベント、データ、倉庫管理などの業務を分担していた。マーギドは、ヒンドのアラビア語書籍購入アシスタントのアミールと二人で、事務所で数少ない男性として働くことになった。

九カ月間経理を担当した後、彼は財務部長という、より名誉ある肩書きが欲しいと言い出した。出世願望のある男性として、数字と同じように肩書きも重要だと考えたそうだ。ディーワーンの成長に伴う痛みを何とか和らげてくれるならば、マーギドがどんな肩書きを持とうと私たちには関係なかった。彼は広いオフィスにこだわり、また仕事が「デリケート」なものであるのを理由に、オフィス空間を共有することを拒否した。それは、二〇年以上のあいだに、度重なる経済危機、通貨の切り下げ、そして革命が起き、本社の規模は財政難によって縮小していったとしても変わらなかった。

ミノウは、ディーワーンのカフェイン抜きのコーヒーを愛したのと同じ熱量で、会社の会議を嫌がった。

打ち合わせが必要な時は必ずカフェに集合した。ミノウは自分がつくったものを客たちがどう思っているのか、その様子を直に見たいと思っていた。ディーワーンのロゴはミノウの偉業だった。購入者に無料で配布されたディーワーンのショッピングバッグは、予想外な形でマーケティングを成功に導いた。

開店直前、創業資金もほとんど残っていない時期に、ミノウは美しいショッピングバッグのデザインを見せてくれた。大胆なロゴと、何層にも重なったタイポグラフィによる背景、アーストーンでモダンにアレンジされたアラブ・イスラーム模様。コーティングされた紙素材。糊はドイツから輸入したものを使用した。丈夫な黒い持ち手。コストは惜しまない。こうした彼女の提案は私の心を見事にとらえた。私は初回として、一万枚の印刷を依頼した。ヒンドとニハールは呆気にとられた。

私たちの店には一万冊も本がないのに！　袋を使い切るのに何年かかると思う？　どこに保管するの？　そして、その支払いはどうするの？

私が罪悪感を抱えていることは明らかだったので、二人はそれ以上の叱責を飲み込んだ。それは私の人生で「最高の誤算」だった。このマーケットでは前例のない広告形態をつくりだしたのだ。私たちは雑誌広告も看板広告も一切出さなかった。バッグがその役割を果たしてくれると信じていたからだ。在庫が少なくなると、ミノウと二人で、同じものを再版するか、別のスタイルを作るかと相談した。

「あのね、カワイコちゃん。」（本当はもっとひどいあだ名で私たちは呼び合っていた）

「あたしはアーティストで、あんたは本屋なの。」

ミノウは私の言葉をさえぎってこう言った。

「意見を言ってはだめだってこと？」

「あたしがつくって、あんたはそれを売りつけるの。あんたは他人の物を売ってその上前をはねてるの。売り物の中にはひどい内容のものもあって驚くわ。」

「それがお金になっているの。ショーペンハウアー*17の哲学では支払いはできないでしょう。」

「わかった。じゃあ、低俗なものはビニール袋に入れてちょうだい。あたしの紙バッグには入れないで。」

ミノウは微笑みながら言った。

「「お客様はいつだって正しい」という精神はどうしたの？」

私はショックを受けたふりをした。

「他人のケツをなめるほどの報酬はもらってない。」

ミノウはピシャリと言った。

「ディーワーンを真心のこもったプロジェクトにするために、あんたの会社がそうしてくれるのはありがたいけどね。」

「みんなに一袋ずつ持ってもらいたいの。」

私たちの会話を耳にした近くのテーブル客が不愉快そうにこちらを睨んだ。新人のスタッフたちはおびえていた。

ミノウはオフィス・マネージャーを雇い、私はマーケティング・マネージャーを雇った。二人のマネージャーは、いつの日かもう一人が辞めてしまい、自分だけで私たちの世話をする日がくるのではと明らかに恐れていた。

私たちにとって、互いにぶつけ合う罵詈雑言は、創造性と遊びの重要な源泉として大切なものだった。新しい企画や記念日があればカフェに集まり、悪口やアイデアを出し合って新しいバッグをつくった。どれも芸術品だった。ただし、ミノウにはいくつかのルールがあった。

「白い魔女を送り込まないで。彼女とは組めない。」

ミノウの口調は脅迫じみたものから、慎重なものへと変わった。

「ニハールのこと？　本当に？　いったい何なの。」

私は苛立ちをつのらせながら聞いた。

「あの人とは付き合えない。優しすぎる。あの人はあたしの飲み水に微量の毒薬を混ぜて、力が抜けたところで抜け目なく首をひねるの。あんたは気づかないだろうけど、それがあの人の力。」

「わかった。じゃあ、ヒンドはどう？」

「もちろん無理。あの人の静けさには騙されない。あれは影の中の生きもの。モノクロの服、ぺたんこの靴、人に気づかれないようにする方法。あんたの武器は騒音だけど、あの人の武器は静寂。あっちの方が怖い。ショッピングバッグが欲しいのなら私のルールに従いなさい。」

私は従った。バッグが欲しかったのは私だけではなかったからだ。客たちは文字通り、ディーワーンのバッグを蒐集し始めていた。


二〇〇七年、ディーワーンの創立五周年を記念して、ファーティマの手（五本指をあしらった魔除けの手のひら）を深いターコイズ色で表現したバッグを発表した。この時、カイロのオペラハウスの一角にあるエジプト現代美術館に、アニバーサリーイベントを開催させてもらえないかと打診した。ディーワーンの最初の五年間に得た友人やファンのうち、一部ですら、私たちの店には入りきらなかったからだ。ところが、美術館はパーティーのための空間ではないし、背景幕のように扱っては美術品に失礼だからと断られてしまった。

私たちは妥協して、オペラハウスの外にある野外大講堂で祝宴を開くことにした。現代美術館と噴水のある中庭で隔てられた場所だ。そこは客や友人でいっぱいになった。ある人は椅子に座り、ある人は地べたに座り、周りを囲むアーチに寄りかかる人もいた。

今思い出すのは、その日、この五年間を支えてくれたすべての人に感謝しながら空を見上げたことだ。私たちはディーワーンのお気に入りの作家のうち五人——ロバート・フィスク*18、バハー・ターヘル*19、アフダーフ・スウェイフ*20、ガラール・アミーン*21、アフマド・アイディー*22——を招待し、これまでの五年間と、これからの五年間について語り合った。この時、革命を望んだり、それが今にも起ころうとしていると予期したりする者など、一人もいなかった。

著名な作家たち四人と一緒に参加したアフマド・アイディーは、ヒンドが選んだ新進気鋭の若手作家だった。かつて彼は、開店したばかりのディーワーンの壁に貼られたベストセラー・リストを見上げて、そこに自分の本のタイトルがあることを思い描いたという。

ふと、ヒンドが踏ん張っていなければ、ＩＳＢＮがないために、ベストセラー・リストの存在も危ぶまれていたことを思い出した。

ディーワーンのカフェは、書店の中心部に置かれた、古風で牧歌的な安息地になるはずだった。でも訪れる客たちと同じように、カフェは独特の想いや考えを抱いていた。

スポーツパレスを自分たちの居場所にした私たちは、当初オフィス代わりでもあったカフェが手狭になったので、新しい事務所スペースを借りることにした。二号店の進出についての検討も始まった。女性を迎え入れる空間、ましてや気軽に立ち寄れるトイレなど、他にはほぼ皆無だった。だから、そういう場所を確保したいと思ったのだ。

ミセス・ディーワーンとして、私はエジプトで女性であることを、私自身や私のような人々にもあてはまるように、考え直そうと努めた。友人がフェイスブックで「ミセス○○と呼ばれることを誇りに思う」と書いた時、私は夫について、自分のアイデンティティを犠牲にできるほど誇りに思えないことに気がついた。でも、ディーワーンのためなら、喜んでそう呼ばれようではないか。

イギリス人作家のジャネット・ウィンターソン*23はこう書いている。

「自分自身と自分の世界がちょうどよい大きさであること、そして自分も自分の世界もその範囲は決して固まっていないことを知っておくのは、人が生き方を考える時に貴重な手がかりになるだろう。」

私はこの言葉を胸に刻んだ。見知らぬ旅人、無愛想な同僚、そして最終的には自分自身とも、思いがけない同盟関係を築き、そして妥協することを学んだ。自分を受け入れてくれる空間の中で、あるいは、そんな新しい空間をつくり出しながら、私は生きていこうとしていた。私たちは皆、そんなふうだった。


「ここに来るのが私の日課なの。ディーワーンが大好き。」

カフェの常連客が熱っぽい口調で言った。

「あなたは読書家なのね。」

ニハールは感心したように言った。

「キャロットケーキを食べに来るのよ。」

「それは素敵！」

ニハールは執拗な楽観主義を貫いた。

*12　イスラーム教の啓典クルアーン44章54節などを根拠に、来世で天国に入った男性信徒は美しい処女を配偶者にするという考え方がある。

*13　エジプト、とくにカイロなどの都市部では、建物の入口に「バウワーブ(bawwāb, 門番の意)」と呼ばれる人々が常駐している。多くは下層や地方出身者で、管理する建物の地階や屋上に家族で住んでいる場合もある。かれらは建物の管理や警備だけでなく、本文にもあるように、住人の必要に応じて便利屋になったり、買い物を代行したり、建物に空き家が出た場合には不動産のあっせんもする。

*14　エジプト南部からスーダン北部にかけてのナイル川沿いに暮らす先住民の言語。

*15　ムハーラサーテイ(mukhālaṣātī)は『エジプト・アラビア語辞典』(*A Dictionary of Egyptian Arabic*)によると「報酬を得て、税関の通関手続きや官僚の書類作成を円滑に行う者」という意味である。

*16　『モノクル(*Monocle*)』はイギリスのビジネス雑誌。

*17　アルトゥル・ショーペンハウアー(Arthur Schopenhauer, 1788年～1860年)は、ドイツの哲学者・思想家。

*18　ロバート・フィスク(Robert Fisk, 1946年～2020年)はイギリス・アイルランドの小説家、ジャーナリスト。

*19　バハー・ターヘル(Bahaa Taher/ Bahā' Ṭāhir, 1935年～2022年)はエジプトの小説家。代表作にヨーロッパに亡命中のエジプト人ジャーナリストを主人公にした『亡命者の愛』(原題*al-Ḥubb fī al-Manfī/ Love in Exile*, 1995年)や『日没のオアシス』(原題*Wāḥa al-Ghurūb/ Sunset Oasis*, 2007)などがある。

*20　アフダーフ・スウェイフ(Ahdaf Soueif/ Ahdāf Suwayf, 1950年～)はエジプトの小説家、社会文化批評家。『愛の地図』(原題*The Map of Love*, 1999年)などで知られる。ここで名前が挙がる5人のうち、唯一の女性。

*21　ガラール・アミーン(Galal Amin/ Jalāl Amīn, 1935年～2018年)はエジプトの経済学者、評論家。

*22　アフマド・アイディー(Ahmed Al-'Aidy/ Aḥmad al-'Āyidī, 1974年～)はエジプトの小説家、脚本家、監督、詩人。『アッバース・アブドになる』(原題*An Takūna 'Abbās al-'Abd/ Being Abbas el-Abd*、2003年)などで知られる。

*23　ジャネット・ウィンターソン(Jeanette Winterson, 1959年～)はイギリスの小説家、脚本家。引用は自身の過去の体験を書いた自伝的エッセイ、*Why Be Happy When You Could Be Normal?* (2011年)から。

第一章 カフェ

＊1　ウンム・クルスーム(Umm Kulthum/ Umm Kulthūm, 1898年～1975年)は20世紀エジプトの歌姫。アラブ圏の歌手としてもっとも有名な一人。

＊2　ジョージ・ガーシュウィン(George Gershwin, 1898年～1937年)はアメリカの作曲家。ジャズとクラシックを融合した曲調で知られる。代表作は『ラプソディ・イン・ブルー』、『サマータイム』など。

＊3　［本文より注へ移動］7月26日通りは、近代エジプト最初の国王フアード1世(Fouad I/ Fu'ād I, 1868年～1936年［在位1917年～1936年］)の名からフアード通りと呼ばれていた。1952年にナセルやナギーブら自由将校団が進めた「革命」において、当時の国王ファールーク(Farouk I/ Fārūq I, 1920年～1965年［在位1936年～1952年］、フアードの息子)が退位させられた上、王室のヨットで出国した日にちなんで「7月26日通り」と改名された。

＊4　ムハンマド・アリー(Muhammad Ali/ Muḥammad 'Alī, 1769年～1849年)はマケドニア地方出身の軍人。オスマン帝国の属州だったエジプトに派遣され、総督となる。ムハンマド・アリー朝(1805年～1953年)の創始者。

＊5　1870年代末、国家財政の破綻と、それに乗じた列強の干渉の中で、ウラービー(オラービー)大佐率いる大規模な民族運動が起こると、イギリスは、治安維持を理由にエジプトを軍事占領下に置いた。第1次世界大戦の勃発後、1914年に保護国化。1919年革命を経て形式的に独立し、1922年にエジプト王国が成立。フアード1世が初代国王となった。

＊6　スーザン・ムバーラク(Suzanne Mubarak/ Sūzān Mubārak, 1941年～)は、大統領夫人として、教育問題や女性や子どもの人権問題に積極的に取り組んだことで知られていた。

＊7　エジプトの諺については、竹村和朗「エジプト口語アラビア語の諺――「異文化」を見る窓として」『アジア・アフリカ言語文化研究』82(2011)145-217頁が参考になる。この諺については170頁を参照。

＊8　ユルゲン・ハーバーマス(Jürgen Habermas, 1929年～)は公共性論やコミュニケーション論の第一人者として知られる。

＊9　レイ・オルデンバーグ(Ray Oldenburg, 1932年～2022年)は米国の社会学者。

＊10　オーガスタ・エイダ・ラブレース(Augusta Ada Lovelace, 1815年～1852年)はイングランドの貴族で数学者。

＊11　ジョージ・ゴードン・バイロン(George Gordon Byron, 1788年～1824年)は19世紀イングランドの詩人。

第 二 章

エジプト・エッセンシャルズ

Egypt Essentials

当初からディーワーンには、アラビア語と英語、フランス語、ドイツ語の本を置こうと考えていた。それに、私たちは早い段階で、四つの言語や主題のジャンルを横断する「エジプト・エッセンシャルズ」というセクションをつくろうと決めていた。

私たちにはSF作家がもっているような想像上の世界があった。そこの本棚では、小説、伝記、歴史、経済、写真集を緯糸として、現代の神話が織りなされた。棚に置かれた本のうち、いくつかは定番となってとどまり、他は一時的にとめ置かれるだけで、しばらくすると元の棚に戻された。

このセクションの名称は、市場で売られている丸みを帯びた香水瓶入りのエッセンシャルオイルを思い出させる。その起源は秘密に包まれた遠い過去にあり、触れることもできない何かを一滴の内に蒸留し、香りをつくり出してきたのだ。エジプト・エッセンシャルズのセクションは、観光客や、エジプト通のグループに入りたいアウトサイダー、鍵穴からしか自分の国を見たことがないエジプト人など、多様な読者のためのものになった。

セクションの名称を複数形（エッセンシャルズ）にしたことには理由がある。エジプトを一つのものとして語る言葉はすべて嘘だからだ。そもそもカイロの物語は、少なくとも二つの都市世界の物語である。（経済学者のガラール・アミーンが指摘したように）一つはエジプト・ポンドの世界、もう一つは外貨の世界だ。

エジプト・ポンドで暮らす人々は、公立学校に通い、公共交通機関を利用し、貧困ラインの上に何とかとどまろうとする。かれらが何よりも大切にしているのは、政府が運営する販売店で食糧を購入できる補助金カードだ。「バラディ（地元の）」と呼ばれるパン一個の大きさと値段がその生活を支えている。そこで本は必需品ではなく贅沢品だった。

その一方で、私のように、米ドル建てで保護されたカイロに暮らす人々は、インターナショナルスクールに通い、時にアラビア語よりも英語やフランス語の方が得意になる。スーパーマーケットやショッピングモールで買物をして、輸入食品や医薬品を手に入れ、料理や掃除や運転をしてくれる人を雇う。

カイロはこうした人々の生活の場でもあるが、その土地の魂が常にその心中にあるとはかぎらない。自分の街はどこかと目を凝らす必要があるのだ。

こうした状況下、ヒンドと私はアラビア語と英語の本の販売をめぐって競い合った。私が調達した英語の書籍は外貨で購入したもので、為替レートで換算すると、エジプトで出版された本よりも高価になるため、ディーワーンの収益に大きく貢献した。

他方、ヒンドが担当するアラビア語の書籍は、量の面で私の英語書籍を凌駕した。ヒンドは、毎月のスタッフ会議のたびに、機会を見つけては、その事実を私に思い出させようとした。もちろん私も、ディーワーンが地域の中で一目置かれ、またエジプトのローカルな書店としての正当性を獲得したのはヒンドが選んだ本のおかげだと考えていた。そして、この競争によって、ディーワーンは、湾岸諸国を中心に近年広がりつつある国際的な書店の薄っぺらなフランチャイズとは一線を画すことができたのだ。

昔から私たち姉妹のあいだにはライバル意識があった。それで、いつも言い争っていた。ヒンドは戦略的で広い視野を持っていた。私は衝動を抑えるのが苦手で、どんな些細なことにも首を突っ込んだ。成長した私たちは、まるで戦士のように、それぞれの領土を守り、棚割りや本の回転率、新刊の陳列場所をめぐって争うことになった。

私は子どもの頃からヒンドに尊敬の念と憧れの気持ちを抱いていた。それで妹らしく執拗につきまとい、彼女を困らせたのだ。一〇代になると対等に怒りを爆発させ、破壊願望を芽生えさせるようになる。相手を締め出そうと、互いの目の前で乱暴にドアを閉めたりもした。

けれど私たちは、執拗なまでに女性差別的な風潮の社会の中で、姉妹愛の大切さも学んだ。ヒンドと私は友人になり、互いに支え合い、守り合うことを誓った。そうした時間を経て、私たちは誰よりもうまく相手を怒らせる方法も習得した。

学校では、ムハンマド・アリーやナセルよりも、ウィリアム征服王*1や護国卿となったオリバー・

クロムウェル*2の功績を学んだ。ローマやギリシアと並べて古代エジプトについても学ぶ機会があったが、現代の授業では、アラブ・イスラエル紛争に関する単元以外は、エジプトの話はほとんど出てこなかった。

シェイクスピアをはじめとする英語の古典教材は、イムルル・カイス（六世紀のアラビア半島で活躍した詩人）*3やハンサー（七世紀のアラブ女性詩人）*4のことを知る前に読んだ。貧弱な資金で運営される公立学校では、アラビア語の無償教育が行われていたが、経済的に余裕のあるエジプト人の家庭では、植民地主義やミッショナリー、外交努力の名残としていまだに栄えている外国語学校に子どもたちを通わせることが常だった。

私とヒンドも例にもれず、カイロのブリティッシュ・インターナショナル・スクールに通った。そこはカイロの生活からかけ離れた場所だった。

エジプトの週末は金曜日と土曜日だが、私たちの週末は土曜日と日曜日だった。校内ではアラビア語を話すことが禁じられ、懺悔の火曜日にはレモンと砂糖のパンケーキを食べ、ガイ・フォークスのお祝い*5をして、チャリティーイベントに参加した。そこはまるでイギリスだった。

「白人」の教師の給料はイギリス・ポンドで支払われていた。

小学四年生の時の担任パウエル先生のことを思い出す。怒ったような赤い顔、小さな青い目、獰猛な歯、そして口角が下に引っ張られたような口をしていた。ナポレオンのように腹の前で手を組んでいて、いつも酒臭かった。「この野郎、耳が悪いのか、頭が悪いのか、鈍いのか」と言うのが口癖だった。

外国語学校に通ったエジプト人の例にもれず、私とヒンドもアラビア語以外の言語で学習し、読書をした。古典アラビア語が文法的に複雑でとっつきにくいため、私たちは母語を失い、言語的な孤児になった。代わりに英語が養親となってくれたことを私たちは喜んだ。

両親は、娘たちが（エジプトが征服された後に使われ始めた）三つの言語を話すことを望んでいた。アラビア語、英語、フランス語だ。大人になってから英語を学んだ両親は、幼少期からの英語教育に利点があることを知っていた。それでも、母国語であるアラビア語が犠牲になったり、娘たちが言語上の移民になったりすることは願っていなかった。

私が一〇歳の時、両親は、かつてアラビア語の教員をしていた七〇代の女性、ナビーハ先生の協力をとりつけ、週に一度、娘たちに古典アラビア語の文法を学ばせた。それは七月二六日通りにある老舗パティスリーの「シモンズ」のチョコレートサブレにありつける機会だった。ナビーハ先生が家に来てから一〇分もたたないうちに、母は紅茶と一緒にサブレを運んでくるのだ。

ナビーハ先生からは忍耐強さと薬の匂いがした。重々しい胸は同じく豊かなお腹の上に垂れ下がり、大きな臀部がそれに続いた。ふくらはぎと足首はいつもむくんでいて、先生の隣の椅子に座ると、靴下に沿って膝のまわりに深いくぼみがあるのが見えた。

先生は親切だったが、アラビア語は違った。

フスハーと呼ばれる古典アラビア語は書き言葉で、話し言葉には使われない。トニ・モリスン*6が言うところの「自ら麻痺していることを賞賛する不屈の言語」であり、死語である。あらゆる文法的な定式化を網羅する規則があり、そこに遊び心や間違いが起こる余地はほとんどない。

語彙やその使い方に魅せられたヒンドは、ルールの内にある美を追求すればいいと言ったが、私にとってそのルールは自由の制限でしかなかった。フスハーはアラビア語のあらゆる方言の母であり、アラブ世界に多様極まりない子孫を残した。そのため、アラビア語の話者は自分たちが話す方言以外を理解することに苦労する場合がある。

エジプト方言《アーンミーヤ》は、エジプトの口語アラビア語で、やはりフスハーの落とし子の一人だが例外的な存在だ。それはエジプトの巨大な映画産業で使用される言語であるため、アラブ圏で誰もが馴れ親しんでいる。そうして銀幕やテレビ画面や日々の生活の中で、エジプト方言が広く使われているにもかかわらず、たいていの本はフスハーで書かれている。これら二つの言語のあいだでエジプト人は引き裂かれ、読者はその隙間からこぼれ落ちていく。

母国語との複雑な関係のもとに育ったヒンドと私は、自分たちが祖国から遠ざかっていることを自覚していた。だから大学生になって自由を手に入れると、私たちは祖国と自分自身を探し始めた。ヒンドは政治学を学び、趣味でアラブ文学を読んだ。私は英文学と比較文学を勉強した。授業が終わると、私たちは新鮮な息吹に満ちた見知らぬ街角を探索した。再利用された建物や路地、蚤の市、古本市、音楽祭、実験的演劇場など。原点を探し求めた経験と、その過程での出会いは、ディーワーンに不可欠なものになった。

しだいにわかってきたのは、ディーワーンを訪れる読者の多くが、同じようにルーツから離れ、言語的な行き来の中で迷子になった人々だったということだ。私たちは、かれらを懲らしめることなく、ただ、招き入れたかった。

エジプト・エッセンシャルズのセクションは古代エジプトに関する本から始まっている。そこには、大判で見栄えのいいコーヒーテーブル本から、特定の遺跡や地域についてのガイドブック、そしてフィクションまで幅広く含まれた。

脚光を浴びていたのは、ザンビア人の作家ウィルバー・スミス*7だった。彼の本の世界的な売り上げは、ジョン・グリシャム*8やスティーヴン・キング*9といったミステリー作家やホラー作家によって霞んでいたが、ディーワーンでは、古代エジプトを愛する人たちからの圧倒的な支持を得ていた。

スミスの本の表紙には、ピラミッドやラクダ、夕日が描かれている。本の中で、王や王国について語り手となるのは、賢くて野心的な宦官で元奴隷、将軍、それからファラオの顧問も務めるタイタ（複数の小説に登場する人物）である。

スミスの本を読むまで、祖先に関する私の知識は、七千年の歴史、何人かの神々、ラムセス二世、ハトシェプスト、それにオシリス、イシス、ホルスの三位一体に加えて、神殿や書記、象形文字といった大雑把なものだった。死と死後の世界の重要性は知っていた。でも自分の祖先がどのように暮らし、料理をしたり、大地を耕したり、人を愛したりしていたのかは、まったく知らなかった。

文化的植民地主義の支配者で、かつその恩恵を受けてきたフランス人の中には、よく知られた古代エジプトの愛好家がいる。世界的なベストセラー作家であり、エジプト学者でもあるクリスチャン・ジャック*10はその一人だ。

ディーワーンの棚に並ぶ英仏文学を手に取る人々は、ジャックの本を貪るように読んだ。私は客が求めるものを理解しようと彼の人気シリーズの一つである『光の石』を読んだ。舞台は上エジプトのナイル川西岸。王家の谷の近くで、墓づくり職人たちが住んでいる場所だ。実在の人物や歴史上の出来事をフィクションの世界に織り込んでいくジャックの作品は、さほど厳密ではない他の作家のものとは明らかに違っていた。

エジプト人である私が自分の国の歴史を知るために、フランス人の作品を手に取るというのは、残念な事実を映し出している。一部の例外を除いて、エジプト人が古代エジプトを舞台にした小説を書くことはほとんどないのだ。

植民地主義は、私たちを過去から引き剝がしただけでなく、過去に関する知識を植民地支配者に求めさせるという、二重の皮肉をもたらした。西洋人がエジプト学をつくり出し、それをエジプト人に教えた。一九世紀半ばに古代の遺物取引を管理するために始まった政府系組織、エジプト考古局の場合と同じだ。同局は、新植民地主義の延長として機能してきた。組織を主導したのはフランス人の学者で、エジプト人の考古学者の大半は、自国での発掘の許可さえ与えられず、一九五〇年代になるまで、エジプト人が考古局の責任者に任命されることはなかった。

私自身も、大人になって初めて、ネフェルティティの胸像をベルリンのノイエス博物館で見た。ロゼッタストーンを所蔵する大英博物館は、五万点以上の古代エジプトの美術品を所蔵するなど、エジプト国外では最大のコレクションをもっているが、今でもそれらの遺物の返還を拒み続けている。なんともひどい話だ。

輸入された知識に頼ることで私たちの想像力がいかに制限されてしまうのかと考え込む。贈られた知識を疑うことなく受け入れて、その真実性やそれにまつわる関係性を問わない。それほどまでに、植民地化された文化の中で私たちは他者化されることに慣れてしまったのだろうか。

西洋の作家が東洋の経験を語るほどに、東洋の作家が西洋の経験を語ることはない。過去とはいったい誰のものなのか。物語をつくった者か、それを消費する者か。植民地時代の文化的疎外から生じた隙間を埋める責任は誰にあるのだろう。作家か、読者か。


「クリスチャン・ジャックの『エジプトのシャンポリオン』が見つからない。」

ある日の午後、常連客のメドハト博士が言った。赤毛で青い目をした老齢の紳士だ。

「在庫はあるのかな。棚には見当たらない。」

茶色の角縁の眼鏡をはずした博士は、困り果てていた。その様子を見て、アガサ・クリスティのミステリーを読み終えて次の作品を探していた一二歳の自分を思い出した。私はカフェの近くにあるコンピューター端末の方へと歩き出した。棚を再確認するのは博士に対する侮辱になるとわかっていたからだ。

「あの本はお勧めだよ。」

博士はそう言いながら後をついてきた。私が無言で画面を見つめていたので、博士は私が本に興味を持ったと勘違いしたようだ。

「古代エジプトを知ることで、今のエジプトについても多くがわかる。エジプトで「車輪の再発明」

があったことを知っているかい？」

私は疑い深い目を向けたが、博士は嬉しそうに話を続けた。

「ある王朝で車輪が発明されたが、その技術はじきに失われた。その後何世紀も経ってから、車輪はもう一度発明された。」

博士の魅力的な話は、私の限られた知識を覆すものだった。私はこう答えた。

「らしくないと思いませんか。古代エジプト人は、夢中で物事を書き留めていたのでしょう。呪文、遺言、医療処置、納税記録など。記録したものを見てごらんなさい。細々としたことを好んだり、官僚主義を愛したり。結局のところ、私たちはかれらに倣っているのです。」

「君の言うことは一理あるが、車輪に関しては確信がある。」

博士の手はポケットに深く潜り込み、まるで地面に錨をおろして体を固定したかのようだった。そして周囲を見渡して、そばにあった新刊書が置かれたテーブルに目をやった。

そこにはアラー・アスワーニー[*11]のアラビア語の短編小説集『味方の誤射《フレンドリーファイア》』[*12]があった。表紙には古代エジプト人が殺虫剤「フリット」の缶の前に並ぶ様子が描かれていた。これがメドハト博士の「誤りではない射撃」を誘発した。

「何と不謹慎なことだろう。よくもまあ、われわれの栄光の歴史を侮辱してくれたものだ。栄光が退廃に向かうなんて、とんでもない！」

メドハト博士は興奮した様子でテーブルのそばを歩き回った。

「アスワーニー博士に悪意はないと思いますよ。彼はただ、過去の栄光に浸るのをやめて、現状の改善に目を向けようと言っているだけです。私たちはピラミッド計画の犠牲者になっています。「われわれはピラミッドを建てた」と気分がよくなる薬を飲み込んだ瞬間、目の前で自分たちの家が崩れ落ちていくということです。」

私はこの上なく魅力的な笑みを浮かべた。笑顔で告げれば、誰に何を言っても許されると父に教えられたからだ。私はさらに続けた。

「ピラミッドを建てた人々の子孫が、崩壊寸前の赤レンガのひどい建物に住んでいる。こんなことが許されるのでしょうか。」

「しかし、プラトンですら、エジプト人に比べれば、ギリシア人は幼稚な数学者に過ぎないと考えていたのだよ。」

博士は改めて熱く語った。

「メドハト先生、お目にかかれてよかったです。『エジプトのシャンポリオン』が到着次第、カスタマー・サービスからお電話を差し上げます。」

私はもう一度笑顔を浮かべて会話を終えた。

その時のことは今でも覚えている。愛国心と読書癖ゆえに、博士は自分が熱望してやまない知識からますます遠ざかっていくように思われた。もしかすると、博士は過去五〇年間の政府による失態に失望していたのかもしれない。しかし、歴史は生き物で、解釈に左右される。文学も同じだ。

なぜ読むのか、読書がどんな欲求を満たすのかを知っておくのはよいことだろう。現実逃避のためか、隠された過去とつながれるからか、ナショナリズムの誇りを再燃させるためか。しかし、それよりも重要なのは、「どのように」読むかである。物事の本質を見抜く力は戸惑いや不安から生まれるものだが、メドハト博士がそれに対応できているのか、はなはだ疑問だった。

エジプト・エッセンシャルズの棚には、イスラーム化以前のコプト時代の聖人、修道院、芸術、文明を扱った書籍も入っていた。三世紀から七世紀にかけて、古代エジプトの宗教的慣習はコプト・キリスト教の文化へと移行した。現在でも、コプト教徒はエジプトで最大のキリスト教人口を占めている。それにもかかわらず、この本棚に並んだ本に対して不愉快なコメントが向けられることがあった。

「コプト教徒に関する本が多過ぎる、イスラーム教徒に関する本が足りない、とお客様から苦情が寄せられています。」

私が一番苦手な接客係の一人、ホサームは口の端に唾液の塊をためてそう言った。

「それがお客様の声なのか、あなた自身の声なのか、どちらだろうと誰にでも言い分はある。私の言い分はこうよ。何と比べて「多過ぎる」のか。キリスト教がエジプトに伝えられたのは西暦三三年のこと。「コプト」の語源は、ギリシア語で「エジプト人」を意味する言葉なの。古代エジプト人はヒクソス、ヌビア、アッシリア、リビア、ペルシア、ギリシア、ローマに攻め入られたけれど、コプト教徒は、たぶん古代エジプト人の子孫にもっとも近い人々よ。じゃあイスラーム教は、いったい、いつこの地域に伝わったのだと思う？」

私は冷静さを取り戻そうとその場を離れた。

ホサームに言いたいことはもっとたくさんあった。ただ、何度もこの手の議論をしてきたので、言ってもどうにもならないこともわかっていた。彼の発言は一見無害に見えるが、文化的理解をめぐる大きな隔たりが私たちのあいだにあることを示していた。エジプトでのイスラームの覇権を追い求めるあまり、異なるものや、歴史そのものを完全に否定しているのだ。

ローマ帝国時代のエジプトに、アムル・イブン・アル＝アース*13率いるイスラーム軍が入ったのは、紀元六四〇年頃である。数年におよぶ包囲と戦闘の末、エジプトは陥落し、徐々に国家公認でのイスラーム化が始まった。まず、イスラーム教に改宗しない者に課される重税である人頭税《ジズヤ》が登場した。続いて言語に変化が起きた。コプト語やギリシア語（ギリシアとローマがエジプトを支配していた時代の言語）に代わり、アラビア語が現地で支配的な言語となり、やがて法的にも国家の言語となった。

一九一九年、エジプトでイギリスの植民地支配に対抗するために立ち上がった革命家らは、三日月と十字架のシンボルを街頭に掲げてイスラーム教徒とキリスト教徒の団結を表現した。一九二三年から一九五三年まで、エジプトの国旗は三日月に三つの五角星をあしらったものだった。三日月はイスラーム教の象徴とされ、三つの星はエジプト、ヌビア、スーダンの三つの国、あるいはイスラーム教、キリスト教、ユダヤ教の三つの信仰の平和的共存を示すものだった。

そんな歴史があるにもかかわらず、ホサームのような人々は、少数派である非イスラーム教徒の存在におびえている。実際のところ、エジプト人の一〇人に一人がコプト教徒だというのに。

この緊張関係は、私の中に個人的な感情を呼び覚ました。私自身は、連帯と団結の約束のもとに育ってきたのだ。母はコプト教徒で父はイスラーム教徒だった。

二人はエジプトの歴史をひと続きのものとして語った。アラビア語も、フランス語も、英語も、同じく、土着の言語ではなく、数千年にわたるエジプトの被征服史の中の、最近の主流言語なのだと教えられた。どれもエジプト固有のものではなく、植民地化によるものだ、と。けれどここ数十年、人々の間では、他者を受け入れたり、宗教的な違いに寛容であったりするという意識が薄れつつある。

寛容さは、読書と同じく、幼い頃からの習慣として身につくものなのか。ヒンドと私がそうだったように。他の人たちはきっと、そんな幸運に恵まれなかったのだろう。

エジプト・エッセンシャルズのセクションに蘇ったのは、カイロやアレクサンドリアの国際色あふれる歴史であり、そこに暮らしたギリシア人やアルメニア人、イタリア人、フランス人の影響だった。

ルセット・ラグナード*14の『白いシャークスキン・スーツを着た男』は、女性作家のユダヤ系家族に関する物語だ。一九五六年に始まるナセルの粛清*15の後、一家はエジプトから脱出する。コレット・ロザント*16の回想録『ナイルの杏《あんず》――レシピつき回想録』には、戦間期のカイロで、エジプト系ユダヤ人家庭に育った著者の姿が描かれている。一九三〇年代と四〇年代のエジプトが舞台のペネロピ・ライヴリー*17著『オレアンダー、ジャカランダ』では、入植者一家の子どもの目を通してカイロでの生活体験が語られる。イギリス人の少女は、裸足で走りまわる農民の子どもたちの自由な様子に憧れ、その貧しささえ気にならない。

国家や国民の物語が多様で複雑だと示すこれらの込み入った回想録を通して、読者は、ノスタルジアに陥ることなく思索を深められる。こうした異なる声に、「不愉快だと思っても耳を傾けてみて」と促されることで、ホサームのような読者の意識がほんの少しでも変わることを私は期待していた。

イスラーム教の棚についてはディーワーン独自のスタイルを貫いた。

宗教論争を持ち込むことは拒否した。他の書店に溢れるような、ハディースと呼ばれる預言者の伝承録や、イスラーム法学の諸学派に関する書物は置かないことにした。代わりに、聖人の生誕祭や、スーフィズム、詩、カリグラフィー、建築、木工、絨毯、陶芸などの芸術に関する本をそろえた。歴史を、生気のない直線的な記録ではなく、変化する実在として読むように呼びかけた。私たちは断片的な歴史の断片的な部分を探求する方法を示し、促したのだ。

エジプトの諺に関する本も置くことにした。『アヒルの子は泳ぎ上手』、『自分のロバの荷をおろせ』、『明日は杏《あんず》』*18など、よく聞く言い回しが直訳されてタイトルになったものだ。諺はシンプルで説得力がある。格言は、世代を超えて人々の知恵を伝える保管庫のようなものだ。

大衆の口語アラビア語で書かれ、話された内容を英語に翻訳した諺の本は、広い読者層を引きつけた。ただし、文化的な背景の説明を欠いた直訳は、魅力こそあれ、意味を持たない。それでも言語間を行き来するあいだに生まれた硬さや、摩擦によるいびつな質感が、ある種の真実を表現するようになった。

ヒンド、ニハール、私の三人は、エジプトのノーベル文学賞受賞作家で「カイロ三部作」の著者であるナギーブ・マフフーズ*19の作品なしに、エジプト・エッセンシャルズのセクションは完成しないと考えた。

マフフーズの小説が店舗に届いた時、私のお気に入りの販売員のアフマド——整った身なりと魅力的な笑顔、頭の回転のよさが特徴の天性のセールスマン——は、アルファベット順に作品を並べていった。私はアフマドの仕事ぶりを眺めながら、彼の後ろに立った。すると彼は振り向くことなく、まるで本棚に話しかけるかのように、「なぜこのセクションにはユーセフ・イドリース*20の本がないのでしょう」と私に尋ねた。私はこう答えた。

「ユーセフ・イドリースは、個人的には一番好きな作家の一人よ。アラブ人でノーベル賞候補者になった四人のうちの一人だったけれど、受賞はできなかった。」

「なぜです?」

「当時、アラブ文学翻訳の第一人者だったデニス・ジョンソン＝デイヴィス*21は、イドリースの作品がフランス語や英語にそれほど翻訳されてこなかったからだと言っていたわ。他にも、彼は短編小説の名手で、スウェーデン人は長編小説を好んだからだと言う人もいた。」

「それはフェアじゃない。」

「私のおばは世界一のバスブーサ（アラブ菓子）を作るけれど、心のこもらない菓子を売るツェッパス（有名な菓子店）の方が、チェーン店をたくさんもっている。問題は公平さではなくて、客を得られるかどうかなの。」

アフマドはうなずいた。この話はこれでおしまいだとわかっていたのだ。

実のところ、おばのバスブーサはひどい味だった。右の話は、五人のビジネス・パートナーの一人だったズィアードから借用したもので、彼は私を黙らせるために何度もこのたとえを使っていた。ズィアードは、私がこれまで会った中で唯一、汚い言葉を発したことのない人物だ。そのことを含めて彼には特筆すべき点が多い。ズィアードの礼儀正しさがいつか崩れ落ち、その口から罵詈雑言が飛び出す日が来るかどうか、私はヒンドと賭けをした。幸いなことに、この賭けには期限がない。

翻訳は重要だ。翻訳された文学に触れる中で想像力が養われ、強化される。ユーセフ・イドリースやナギーブ・マフフーズのように、英語以外の言語で執筆し、主流になることを望む作家にとってはなおさらそうだろう。

デニス・ジョンソン＝デイヴィスは、アリーファ・リファアト*22の短編小説を滅びの淵から救い出したことで評価された。逆に、翻訳がうまくなかったために、言葉の墓場へと追いやられた本も数多く目にしてきた。

ユーセフ・イドリースの不在についてアフマドが質問したことで、エジプト・エッセンシャルズの方針はいっそう明らかになった。ここの本棚は流動的でなければならない。

私は自分の家族の習慣の延長上にあるものをイメージしていた。わが家では毎週末の金曜日の昼食に一族が集まり、順番にゲストとして友人たちを招いて食卓を囲むのが常だった。

私は自分自身に言い聞かせた。このセクションで――あるいはディーワーン全体をもってしても――エジプトに関して書かれたすべての本を網羅することはできない。それでも、私たちは立体派の芸術家のように、同じテーマをさまざまな角度から見せることができる。ここにある本は、作家や読者、それからその本が読まれる歴史的瞬間の交差によって、ある種の文学的体験を読者に与えるはずだ。同じ本でも、決して同じ読み方はされない。

実利的な理由もあって、私たちはガラール・アミーンのアラビア語のベストセラーと、その英訳『エジプト人にいったい何が起きたのか』*23を注文した。

ガラール博士のことは学生時代から知っていた。カイロ・アメリカ大学での講義に参加していたからだ。がっしりとした、陽気な博士が教壇に立つ姿を今でも鮮明に覚えている。天まで伸びた髪や、鋭い観察眼。学生の質問を聞きながら、指を額に当てて円を描くようにする。博士はエジプトの最近の歴史について解説する。ピラミッドの建設者で、数学や灌漑、天文学の発明者という古代での地位から、私たちがいかに大きく転落したのかを、時折、おかしそうに笑いながら話してくれた。挑発的な話になればなるほど楽しそうだった。最初の本の大成功の後、博士は続編を出版した。タイトルは『エジプト人にさらに何が起きたのか』*24だ。

ガラール博士——大学卒業後も、私はその肩書きを省略する気にはなれなかった——は、衰退の危機に瀕するエジプトについて語った。テレビ、電話、恋愛、誕生日、サーカス、列車など、さまざまな主題の歴史を通して、社会経済的な力によって形成されたこの国のことを考察した。

二〇一一年の革命からしばらく経った後、ディーワーンを訪れた博士に、私はこのシリーズのさらなる続編のタイトルを提案したいと言った。博士は好奇心いっぱいにこちらに身を寄せてきて、耳をそばだてた。私はささやいた。

「エジプト人にこれ以上どんなやばいことが起こりうるのか。」*25

博士は頭をのけぞらせて大笑いした。彼に会ったのはこの日が最後だった。二〇一八年、博士はこの世を去った。

シリーズ二作目の最終章「現世と来世」という部分で、博士は著名な学者だった父親*26のスピーチを引用した。それは博士が小学生の頃のもので、宗教がいかにあきらめの文化を強要し、死後の世界に救いを見出すことを奨励して、政治や社会の進歩を阻んでいるかを論じたものだった。

古代エジプト人が死に対して執着するのも同じような力学からなのか。私たちの祖先は死者を祀るためにピラミッドを建設した。そして、『エジプトの死者の書』*27（死後の世界へ行く際に役立つ呪文集の総称）を著した。

イスラーム教徒とキリスト教徒が死を扱う方法は、古代エジプト人の儀式に端を発している。ただし現代のエジプト人は、死について書いたり読んだりすることに、昔ほどの関心を抱くことも、慰めを感じることもない。

古代でも現代でも、死をめぐって四〇日という時間軸が繰り返される。私たちの祖先にとって、それはミイラ化の第一段階（脱水）に割り当てられた時間だった。現代のイスラーム教徒やコプト・キリスト教徒は、四〇日間を喪の期間として、近親者の女性は黒を着る。四〇日目は追悼のための日である。一七世紀には、病気やペスト感染が疑われる船を隔離する期間が四〇日間だった。これが「隔離《クアランティン》」という言葉の語源でもある。

ガラール博士の棚の数段下に、アガサ・クリスティの『ナイルに死す』が置かれている。一九三〇年代のカイロと上エジプトを舞台にした代表的な殺人ミステリーだ。

ベルギー人の探偵エルキュール・ポアロは、豪華なナイルクルーズ船で奇妙な人々と時を過ごす。そのうちの一人で、巨額の財産を相続するアメリカ人女性が殺害される。ポアロと相棒のレイス大佐は同行者を調べるが、どの人物にも十分な動機があるように思われた。この本はエジプト・エッセンシャルズのセクションに「家族」ではなく、「訪問者」として加えられた。

ファンタジーやSFと同じく、ミステリーは二〇〇〇年代初頭のアラブ圏の読者にほとんど受けなかった。小説や歴史もの、政治もの、伝記、詩など、人気のあるジャンルとは一線を画していた。それでも『ナイルに死す』は例外だった。ディーワーンの読者のうち、両親や祖父母の語りに登場するエキゾチックな一九三〇年代のエジプトを懐かしむ層を惹きつけた。

エジプト人の多くの心には郷愁が棲みついている。だから本が売れるのだ。

ミノウはいつも、彼女がデザインした紙バッグに入る本のことで私に難癖をつけてきた。悩める乙女たちがうるわしいヒーローに救われる歴史ロマン小説。自己啓発マニュアル。デートガイド。白人男たちの暴力を見過ごす本はすべてが非難の対象だった。もちろん、かつて植民地支配者がしたように、エジプトの風景をうっとりと眺めるような写真集に対しても、ミノウは否定的だった。

そして私はいつも通り、彼女を無視して、エジプト・エッセンシャルズのセクションに、アラン・ブロティエール*28の『ヴィンテージ・エジプト——旅の黄金時代にナイルを遊航する』とアンドリュー・ハンフリーズ*29の『エジプトのグランド・ホテル』、さらにその続編『旅の黄金時代にナイルを行く』を仕入れた。売れることがわかっていたからだ。

これらのコレクションは、一九世紀末から二〇世紀はじめにエジプトを旅した名高い旅行者たちの目録だ。アメリア・エドワーズ*30、ラドヤード・キプリング*31、フローレンス・ナイチンゲール[*32]、アーサー・コナン・ドイル[*33]、ジャン・コクトー[*34]。こうした面々がエジプトで何をしたのか、どこに泊まったのかが記されている。

毎年、何千人もの外国人が夢を抱きながらエジプトに向けて出航し、すでに西洋化していたエジプトの上流階層や、カイロやアレクサンドリアで暮らすヨーロッパ人のサークルに加わった。かれらの嗜好に合わせた店やレストランがオープンした。写真も残っている。沙漠をラクダで疾走し、ピラミッドのふもとでブガッティ（ドイツ車）に乗って競争し、メナハウスホテル（ギザのピラミッド近くの高級ホテル）でお茶を飲み、ダハビーヤと呼ばれる蒸気船でナイル川を下った時に撮影したものだ。

一〇代の頃、オールセインツ大聖堂[*35]の図書館でアガサ・クリスティの小説を借りたことがある。この女性作家が一〇年ほど前に亡くなっていたことを知った私は突然、作家たちが死すべき運命にあることに対する悲しみでいっぱいになった。そして、彼女が書いたものを全部読もうと決心した。それをきっかけに、私は生涯にわたって本をため込み、書庫をつくる習慣をもつようになった。『ナイルに死す』は、彼女の小説の中で今でも一番好きな作品だ。イギリス至上主義を堂々と掲げる学校に通うエジプト人の子どもとして、アガサが上エジプトをこの小説の舞台に選んだことが誇らしかった。一二歳の頃の話だ。

後に知ったことだが、チママンダ・ンゴズィ・アディーチェ*36は、わずか九歳の時に、普段読んでいた英語の本に登場するだけで、ナイジェリアの日常にはないものばかりの物語を書いていたという。白人の登場人物がリンゴを食べて、ジンジャービールを飲み、雪の中で遊ぶという話だ。数十年後、私はチママンダが「唯一の物語がもつ危険性」について語るのを聞き、その意味をわがこととして理解した。母国語以外で教育を受けた私は、白人の文学の中にエジプトやエジプト人は存在し得ないと考えていたのだ。なぜなら、かれらの文学は私たちのものではないし、私たちの文学は、もともと何の興味も持たれないものだと思っていたから。

ディーワーンを訪れた観光客は『ナイルに死す』を買い求めた。その際、ナイルクルーズに出かける計画があると興奮気味に話す人もいた。ルクソールのカタラクト・ホテルのベランダで、ポワロやレイス大佐になりきったり、アガサがかつて泊まったというスイートルームの前を通りかかり、彼女の名前を見つけたりするのだ。観光客がそうした古典劇に興じるのを見て私は微笑んだ。

子どもの頃、ヒンドと私は母に連れられて、ナイル川南部の都市アスワンを訪れた。私たちが古代の歴史に触れ、その土地を体験し、自分たちの遺産を誇らしく思うようにさせたいと母は考えたのだ。後に、私は自分の娘たち——当時一〇歳のゼインと八歳のライラ——を連れて、同じ旅に出た。

カタラクト・ホテルのベランダの日陰で、アガサや彼女の探偵たち、それに数え切れない観光客らがこれまでそうしてきたように、ナイル川に映る太陽の光を眺めた。私は娘たちに古代エジプト人が太陽を熱、光線、本質の三位一体として崇拝したことを説明した。二人はうなずきながらレモネードを飲んでいた。私の方は、パッケージにサッカーラの階段ピラミッドが描かれたビール「サッカーラ・ゴールド」を手に取り、グラスに注ぎ足した。

最後に私は『ナイルに死す』の映画版を一緒に観ようと提案した。この作品を初めて観たのは、一九八〇年代半ば、当時のわが家には真新しいVHSプレーヤーがあった。ビデオテープの厚紙製の箱には、ポアロ役のピーター・ウスティノフが、堂々たるスフィンクスを背に地平線を見つめる姿が描かれていた。背後には、ピラミッドや、ナイル川を漂うフェラッカ船（小型帆船）、トーマス・クックのために一九〇四年に建造された外輪船メムノン号など、ハリウッドがエジプトの真髄と認めたものが描かれていた。そして出演者たちの顔が周囲に並んでいた。ベティ・デイヴィス、ミア・ファロー、アンジェラ・ランズベリー、デヴィッド・ニーヴン、マギー・スミス、サム・ワナメイカー。かれらはエジプトに来て、カタラクト・ホテルに泊まり、ギザのピラミッドや、ルクソールの神殿での撮影に加わったのだと私は教えた。けれど娘たちは、これらのハリウッド・スターの名前を聞いたことがなかった。

自身の文化に価値はあるのかという、幼い頃の不安が、私の心の奥底からわき上がってきた。

ただし今回は、自分が両親と一緒に観ていたハリウッドの偉人たちを擁護したいという思いからだった。私はスマートフォンを取り出して、映画について調べて、娘たちの興味を引くような話題がないかと探してみた。

「ウェイン・スリープがタンゴの振り付けをしたんだって。」

私は興奮気味に告げた。

「タンゴって何?」

ゼインは興味なさそうに尋ねた。

「ウェイン・スリープって誰?」

ライラも調子を合わせて言った。

「日差しが五四度になる昼間の撮影を避けるために、朝四時からメイクを始めたんだって。」

二人は無言だった。

「この映画は一九七〇年代後半に撮影されたのだけど、一九三〇年代の雰囲気を出したかったそうよ。」

「ママ、こう言うのも何だけど、もっと現代的なバージョンはないの?　たとえばララ・クロフト[*37]が出演しているのとか。」

「ララ・クロフトなんて馬鹿げたこと言わないで。」

私は負けまいとして言った。インターネットのおかげで世界を自由に行き来する子どもたちにとって、帰属意識や価値観の問題など、もはや時代遅れなのだろう。二人は文化的に否定されたり、劣位に置かれたりというポリティクスに遭遇しえない世代として育ってきたのだ。世界には現在しかなく、過去に何があったとしても、それに縛られることはない。二人の人生は、ある種整然としていた。人に見せられるように企画され、デジタル化され、不純物が除去されているのだ。

娘たちと同じく、ディーワーンもグローバルな環境の中で成長していった。

配架された英語の本のほとんどは、遠くの国々からやってきて、故郷には二度と戻らない旅行者のようだった。私たちはイギリスやアメリカから、国際販売代理店の複雑なネットワークを介して本を注文していた。倉庫に集められた本が、費用的に一番効率のよい量になると、空路や海路で、カイロ国際空港かアレクサンドリア港に送られてきて、そこで税関と検閲を通過する。赤いテープやピンクの伝票、読みにくい青いインクと出合うのはこの時だ。

ディーワーンの倉庫に到着した数百個のダンボール箱が開封されると、それぞれの本にセキュリティタグやバーコード、値段がつけられる。輸入本は、エジプトで出版されたアラビア語の本と比べて高値で取り引きされた。

二〇〇〇年代はじめ、エジプトの平均的な小説は二〇エジプト・ポンド（約六〇〇円）で販売されていたが、八・九九ドル（約一〇七八円）で仕入れた『ナイルに死す』は、五四ポンド（約一六二〇円）で販売された*38。それが二〇一六年一一月のポンド切り下げ後は、なんと一六二ポンドにまで跳ね上がったのだ*39。値引き、正味価格、荷物と請求書の不一致などに関するメールや交渉、口論が、出荷のたびに増えていった。

さらなる試練は、注文してから倉庫に入るまでの時間の長さだった。一冊の本がディーワーンの棚に収まるまで、四週間から四カ月かかることもあった。

目的地に到着した本は、疲れた旅人をもてなすように優しく扱った。対照的に配置された本と本のあいだで会話が弾むように、入り組んだディスプレイをつくりあげた。書店もまた対話の場である。そこには言葉を交わそうとする人、会話に参加する人、割り込む人、耳を傾ける人など、さまざまな人間がいる。書店員は職種の垣根を超えて、後見人や仲人になったり、流行をつくりだしたり探ったりと、異なる役割を行き来していた。

読書は旅行と似ている。私たちは「違い」を知るために遠い場所を訪れる。そして、カメラのレンズをのぞき込むかのように、経験を通して自分自身を知る。

私が好きなエジプトの描写の一つが、ワギーフ・ガーリー*40の『スヌーカークラブでビールを』にある。英語で書かれ、一九六四年に刊行されたこの作品の舞台は、ナセル支配下のエジプトだった。語り手はエジプト人のラム。イギリスから戻ってきたばかりの彼は、エジプトを理解しようと必死だ。この主人公のモデルは作者自身だったが、そのワギーフは同書が刊行された五年後に自死した。

『スヌーカークラブでビールを』は当初、移民文学の傑作として評価されたが、数十年間忘れ去られ、絶版後二〇年経ってから再版された。エジプト・エッセンシャルズの他の本と同じく、この本も、私たちがそこにあると思っている「国境」の意味を曖昧にしている。故郷であるエジプトを英語で語る際、ワギーフは、エジプトが何であるかを説明する必要を感じていない。その代わり、彼は読者が共有する経験、つまりどこかに所属したいという願望と、自分を置き去りにすることへの恐怖について語った。

ワギーフの物語は、母の子ども時代のことを思い出させた。母は、カイロの高級レストラン兼カフェ、パティスリー、デリカテッセンのグロッピー*41という店で、夏はアイスクリームを、冬は絶品のガトーを家族で食べたと話してくれた。同じ店で、ラム——ワギーフの語り手——はウイスキーを片手に友人と集った。

母とラムは、ザマーレクからピラミッドの方向に走る同じ一五番の路面電車に乗った。それは当時のフアード一世通りにあったベーラー・マンションの前を通っていた。カイロ市内の移動にはバスか路面電車を使い、他の都市への移動には列車を利用したらしい。どれにも一等車と二等車があった。いま、公共交通機関を利用するのは、自動車という、必要かつ贅沢な代物を手に入れられない人たちだけだ。

英語の棚には二種類のベストセラーが置かれた。一つは、『ニューヨーク・タイムズ』やロンドンの『サンデー・タイムズ』で紹介された最新の作品で、もう一つは『ナイルに死す』『スヌーカークラブでビールを』など、エジプトにまつわる古くからの名作である。地元客も自分自身を見つめ直したいかのように、そうした本を買っていった。

私にはその気持ちがわかる。エジプトが世界的に有名になったことを誇りに思う。けれど、その喜びはほろ苦くもある。英語とフランス語で教育を受けたために、アラビア語がうまく使えないとなると、再生と救済を約束するエジプトの魂について、他人の言葉を通してしか知ることができないのだから。

エジプト・エッセンシャルズは、小さなセクションだが、いくつもの問いを投げかける。ただし、答えは求めない。何かを探しながら、私は自分の故郷の残像を一箇所に集めたのだ。

私たちの多彩なコレクションは、植民者と被植民者を、歴史家と小説家を、地元民とそうではない者を同じ場に引き合わせた。そこにはエジプトの矛盾する現実があった。

極端な保守主義と出自を持たない自由主義、不快な貧しさといっそう不快な豊かさ。

これまでもそうだったし、これからもそうなのだろう。私の記憶の中のカイロの街角と同じように、現在は過去を完全に追放することはないし、過去と現在が一つに溶け合うこともない。喧嘩中の隣人のように、不和の中にあっても、隣り合わせで存在すること自体を楽しんでいくのだ。

*15 1956年、国民投票によって大統領となったナセルは、7月26日の革命記念日の演説でスエズ運河の国有化を発表した。大株主であった英仏はこれに反発し、イスラエルとともにスエズ運河に侵攻した(第2次中東戦争)。ナセルは国際世論を味方につけてこの動乱を収め、一躍アジア・アフリカの雄となった。この後ナセルは外国企業の国有化を進めるとともに市民の自由を制限し、望む集団から市民権を剥奪し追放する政策をとった。この時、外国出身者だけでなく、エジプト出身のユダヤ教徒も排除の対象となった。

*16 コレット・ロザント(Colette Rossant, 1932年～)はフランス系アメリカ人作家、ジャーナリスト、翻訳家、レストラン経営者。『ナイルの杏――レシピ付き回想録』(原題*Apricots on the Nile: A Memoir with Recipes*, 2001年)は、フランス生まれの著者が、1937年にカイロにある父方の祖父母の家に滞在した時の回想とレシピが収められている。

*17 ペネロピ・ライヴリー(Penelope Lively, 1933年～)はイギリス人の小説家。エジプトのカイロに生まれる。『トーマス・ケンプの幽霊』や『ムーンタイガー』など、小説や児童小説で知られる。『オレアンダー、ジャカランダ』(原題*Oleander, Jacaranda*, 1994年)は幼少時にカイロで暮らした記憶にもとにした回想録である。

*18 Primrose ArnanderとAshkhain Skipwithの共著による諺三部作。アラビア語と英語のバイリンガル。『アヒルの子は泳ぎ上手』(原題*The Son of a Duck is a Floater*, 2001年)、『自分のロバの荷をおろせ』(原題*Unload Your Own Donkey*, 2002年)、『明日は杏』(原題*Apricots Tomorrow*, 1993年)。

*19 ナギーブ・マフフーズ(Naguib Mahfouz / Najīb Maḥfūẓ, 1911年～2006年)はエジプトの作家・小説家。1988年にアラビア語圏の著述家として初めてノーベル文学賞を受賞。20世紀前半、カイロの旧市街に暮らした商人一家三代を描いた「カイロ三部作」は代表作の一つ。邦題は『張り出し窓の街』、『欲望の裏通り』、『夜明け』(いずれも塙治夫訳、国書刊行会、2011年～2012年)。他にも1940年代の庶民の人間群像を軽妙に描いた作品『ミダック横町』(香戸精一訳、2023年)などがある。

*20 ユーセフ・イドリース(Youssef Idris/ Yūsuf Idrīs, 1927年～1991年)はエジプトの脚本家、小説家。口語を交えた文体とリアリズムが特徴。作品に『禁忌』(原題*al-Ḥarām / Haram* 邦訳『ハラーム』、奴田原睦明訳、1959年)、『肉の家』(原題*Bayt min Laḥm*, 1971年)など。

*21 デニス・ジョンソン=デイヴィス(Denys Johnson-Davies, 1922年～2017年)はカナダ生まれの翻訳家。ナギーブ・マフフーズの作品をはじめ、アラビア語・英語の翻訳を数多く手がける。

第二章 エジプト・エッセンシャルズ

＊1　ウィリアム1世(William I, 1027年〜1087年)はイングランドを征服し、ノルマン朝を開いた。現在のイギリス王室の開祖。

＊2　オリバー・クロムウェル(Oliver Cromwell, 1599年〜1658年)はイングランドの政治家で軍人。イングランド共和国の初代護国卿(Lord Protector)。

＊3　イムルル・カイス(Imru' al-Qays, 501年〜544年)。

＊4　ハンサー(al-Khansā', 575年頃〜646年頃)。

＊5　1605年に起きた火薬爆破未遂事件を記念して、イギリスで毎年11月5日に行われるお祭り。

＊6　トニ・モリスン(Toni Morrison, 1931年〜2019年)はアメリカの作家、編集者。女性。黒人文学を定着させた。

＊7　ウィルバー・スミス(Wilbur Smith, 1933年〜2021年)は南アフリカの冒険小説家。古代エジプトに関する小説『リバー・ゴッド』、『秘宝』、『ファラオ』などが有名。

＊8　ジョン・グリシャム(John Grisham, 1955年〜)はアメリカの小説家。著書は『法律事務所』、『ペリカン文書』、『依頼人』など多数。

＊9　スティーヴン・キング(Stephen Edwin King, 1947年〜)はアメリカの小説家。ホラーの帝王の異名を持つ。著書には『キャリー』、『スタンド・バイ・ミー』、『IT』など多数。

＊10　クリスチャン・ジャック(Christian Jacq, 1947年〜)はフランスの作家、エジプト学者。古代エジプトを舞台にした『太陽の王ラムセス』シリーズなど多数の著作で知られる。

＊11　アラー・アスワーニー(Alaa Al-Aswany/ 'Ālā' al-Aswānī, 1957年〜)はエジプトの小説家。代表作に『ヤコビアン・ビルディング』(原題 *'Imāra al-Ya'qūbiyān / The Yacoubian Building*, 2002年)、『シカゴ』(原題*Shīkāghū / Chicago*, 2007年)など。

＊12　2004年。原題は*Nīrān Ṣadīqa*（英訳*Friendly Fire*)。

＊13　アムル・イブン・アル=アース('Amr ibn al-'Āṣ, 573年頃〜664年)は初期イスラーム時代の軍人。

＊14　ルセット・ラグナード(Lucette Lagnado, 1956年〜2019年)は、エジプト系アメリカ人の小説家。2007年に刊行した自伝『白いシャークスキン・スーツを着た男』(原題*The Man in the White Sharkskin Suit: My Family's Exodus from Old Cairo to the New World*)で注目された。

*33 アーサー・コナン・ドイル(Arthur Conan Doyle, 1859年〜1930年)はイギリスの作家、医師。『シャーロック・ホームズ』シリーズの推理小説で知られる。

*34 ジャン・コクトー(Jean Cocteau, 1889年〜1963年)はフランスの芸術家。詩や小説、評論、脚本などの作品で知られる。

*35 北アフリカのエピスコパル/アングリカン教区の拠点。ザマーレクのマリオットホテル近くにある。

*36 チママンダ・ンゴズィ・アディーチェ(Chimamanda Ngozi Adichie, 1977年〜)はナイジェリアの作家。邦訳に『パープル・ハイビスカス』、『半分のぼった黄色い太陽』、『男も女もみんなフェミニストでなきゃ』などがある。

*37 ララ・クロフトは、ゲーム『トゥームレイダー』シリーズなどに登場する架空のイギリス人女性。トレジャーハンターでエジプトを舞台とするゲームもある。

*38 2003年1月時点、エジプト・ポンドは約30円、1ドルは約120円で計算した。

*39 エジプト・ポンドの額面は3倍になっているが、通貨価値は大幅に下落しており、1ポンドは2016年11月には6.5円程度だった。つまり、当時の162ポンドは約1050円に相当した。

*40 ワギーフ・ガーリー(Waguih Ghali/ Wajīh Ghālī, 1920年頃〜1969年)はエジプトの著述家。コプト教徒の家に生まれる。英語による小説『スヌーカークラブでビールを』(原題*Beer in the Snooker Club*)はストックホルムとドイツで暮らした時に書いたものである。スヌーカーはビリヤード競技の一種。

*41 スイス出身のジャコム・グロッピー(Giacomo Groppi, 1863年〜1947年)が1920年代に開業したカフェ・レストラン。ダウンタウンのタラアト・ハルブ広場他にある。

＊22 アリーファ・リファアト(Alifa Rifaat/ Alīfa Rif'at, 1930年〜1996年)はエジプトの作家。イスラーム教の信仰をもつ、名もなき女性たちの視点から、エジプト社会や人々の感情の機微を描いた。ジョンソン=デイヴィスは、1983年、彼女の短編集を翻訳、*Distant View of a Minaret and Other Stories*と題して出版した。リファアトの作品については、岡真理『アラブ、祈りとしての文学』(みすず書房、2008年)所収の「アッラーとチョコレート」を参照されたい。

＊23 英タイトルは*Whatever Happened to the Egyptians? Changes In Egyptian Society Across Half A Century*(2000年)。

＊24 英タイトルは*Whatever Else Happened to the Egyptians? From Revolution to the Age of Globalization*(2004年)。

＊25 著者が提案したタイトルの原文は次のとおり。"*What the Fuck Else Can Happen to the Egyptians?*"

＊26 アフマド・アミーン(Aḥmad Amīn, 1886年〜1954年)。エジプトの思想家、歴史学者。文芸誌の編集者や寄稿者、近代イスラームの歴史を描いた作品で知られる。

＊27 『エジプトの死者の書』(*The Egyptian Book of the Dead*)は、古代エジプトで紀元前16世紀以降に編纂された文書集。墓に納められ、死者を守り、来世での助けになると信じられていた呪文や呪術からなる。

＊28 アラン・ブロティエール(Alain Blottière, 1954年〜)はフランスの作家。『ヴィンテージ・エジプト』では、20世紀初頭のカイロやアレクサンドリアの様子を、写真と文章で紹介する。英タイトルは*Vintage Egypt: Cruising the Nile in the Golden Age of Travel*(2003年)。

＊29 アンドリュー・ハンフリーズ(Andrew Humphreys, 1965年〜)はジャーナリスト、著述家、旅行作家。エジプト旅行の歴史を、ホテルを軸に描く『エジプトのグランド・ホテル』の原題は*Grand Hotels of Egypt: In the Golden Age of Travel* (2011年)。ナイル就航によるさまざまな旅を紹介する『旅の黄金時代にナイルを行く』の原題は*On the Nile in the Golden Age of Travel* (2015年)。

＊30 アメリア・エドワーズ(Amelia Edwards, 1831年〜1892年)はイギリスの作家、エジプト学者。

＊31 ラドヤード・キプリング(Rudyard Kipling, 1865年〜1936年)はイギリスの小説家、詩人。インド生まれ。『ジャングル・ブック』など児童文学でも知られる。

＊32 フローレンス・ナイチンゲール(Florence Nightingale, 1820年〜1910年)はイギリスの近代看護教育の母と呼ばれる。クリミア戦争で志願して従軍、看護にあたった。

第三章

料理

Cookery

料理本はディーワーンのカフェの壁際に並んでいた。そのささやかな陳列スペースからは想像できないほどに、ここの本は私たちの生活にとって重要な意味をもっていた。

英語の料理本のセクションをつくるにあたって、私は家族や友人にお気に入りの本を紹介してもらった。名前が挙がったのは、ジュリア・チャイルド*1、メアリー・ベリー*2、ナイジェラ・ローソン*3、ジェイミー・オリヴァー*4、アイナ・ガーテン*5、マドゥール・ジャフリー*6、ケン・ホム*7などの本だ。有名なシェフ以外にも、『モモ・クックブック』*8や『リバー・カフェ』*9シリーズで有名なレストラン・ブランドに注目した本もあった。

母はディーワーンの本棚に『ラルース料理大事典』*10がないことに愕然とした。そこで私は半信半疑でこの本を入手したのだが、その重厚さや説明の細かさにもかかわらず、売れ行きは好調だった。やがてさまざまな味やスタイル、方向性があることを理解したところで、定番の料理本とローカルな料理本を並べて置くことにした。

中東地域やエジプトの本について調べ始めてすぐに、クラウディア・ローデン*11が女王として君臨していることがわかった。一九三六年、エジプトで生まれたローデンは、『中東料理の本』*12でデビューして以来、業界の頂点に立ち続けてきた。ローデンがいかに一人勝ちしていたかは、『クラウディア・ローデンの地中海料理へのいざない』*13や『クラウディア・ローデンの必ず作れる地中海料理』*14、さらには、より詩的なタイトルの『タマリンドとサフラン――中東のお気に入りレシピ』[*15]といった書名を見てもわかるだろう。エジプト人の中には、ローデンのことをエジプトの料理大使と呼ぶ者もいたが、彼女はエジプト料理だけに特化した本を出していない。周辺地域の国すべての料理を、一つの多国籍土鍋《タジン》でまとめる方法を取ってきたのだ。

　エジプト料理のみを扱う英語の本を探したところ、サミア・アブデンヌールが一九八五年に出した『エジプトの料理――実用ガイド』[*16]しか見つけられなかった。ただし、回顧録や伝記など、他のジャンルの本の中で、料理がスパイスのように味を加えていることもわかってきた。エジプト・エッセンシャルズの棚にあるコレット・ロザントの『ナイルの杏《あんず》』がその始まりだ。この本を読むと著者の子ども時代の味と匂いを感じる。こうした本がもっと欲しかった。

　そんなおり、二〇〇六年にマグダ・メヘダーウィの『エジプト人のおばあちゃんの台所』[*17]が刊行された。この本の中では、一家に伝わるレシピやオーラルヒストリーに加えて、古代エジプト人のワイン醸造技術、文化的な解説や物語、特別な祝宴の日のメニューなどが紹介された。

　祝祭は宴席で何を食べるかによって定義される。シャンム・ネシーム（春のそよ風）は、紀元前二七〇〇年頃からエジプトで行われてきたお祭りで、春の訪れを告げる行事だ。人々はピクニックで、フィシーフ（ボラを乾燥して塩漬けし、発酵させた料理）、リンガ（ニシンの燻製）、卵、ネギを食べる。この祝祭はコプト教の復活祭の翌日にあたるが、宗教に関係なく、あらゆるエジプト人によって祝われる。

イスラーム教徒のお祭りであるイード・アル＝アドハー（犠牲祭）では、アブラハムが神の命令に従うために、息子を犠牲にしようとしたことが讃えられる。神は彼に息子の代わりに犠牲となる子羊を与えた。イードの礼拝の後の明け方、エジプト中の子羊が犠牲として屠られる。その肉は三つに分けられ、一つは家族のため、一つは友人や親戚のため、そしてもう一つは貧しい人々のためのものとなる。

私たちの文化から料理は切り離せないはずなのに、エジプトの料理本を探し出すのにはかなり苦労した。見つからないことに不満をつのらせながら、私は料理上手な母に、そのすばらしい腕前をどうやって身につけたのかと尋ねた。

「あなたのお父さんが料理する様子を見ていたの。ほら、得意な料理があったでしょう。ラム肉のシナモン風味、キュウリとカブのピクルス、タヒーナ（練胡麻）とフール（ソラマメの煮物）。」

「でも結婚したばかりの頃はどうだったの？」

「料理本はアブラ・ナズィーラのものを一冊だけもっていたわ。嫁入り道具には欠かせないものだった。友だちも皆もっていたはずよ。」

母は当時を思い出しながら言った。

「アブラ・ナズィーラの料理本を使っているのに、自分は使っていないと言い張る友人もいたわね。

別の友人は、少し違う意味でずるがしこかった。私がレシピを尋ねると、彼女はとても詳しく教えてくれるの。でも、ある時わかった。その人はいつも絶対に必要な材料を一つ、わざと言わなかったの。だから誰も彼女の料理みたいに美味しくつくることはできなかった。」

「賢い人。」

するると母は言い返した。

「私たちが騙されているうちはね！」

ナズィーラ・ニコラ*18は、何世代にもわたり、エジプトやアラブの女性たちからアブラ・ナズィーラ（「アブラ」は先生という意味。年上の女性に対する敬称）*19と呼ばれ、親しまれてきた。その著書『調理の基礎』*20は、アラブ世界初のレシピの百科事典だ。

アブラ・ナズィーラはカイロの学校の家政学部で学び、一九二六年、同じ学校の他の成績優秀者とともに教育省の派遣による海外留学に旅立った。女性は家に留まるべきという慣習に逆らい、家族はナズィーラがイギリスのグロスターシャー家政学教員養成カレッジに行くことを許可した。そこで三年間、調理法と裁縫を学び、エジプトに戻った彼女は、女子のための教員養成学校であるサニーヤ校で教鞭をとり、後に教育省の監察官になった。

バーヒヤ・オスマーンとの共著による有名な『調理の基礎』は、教育省が企画した料理教科書コンテストの中で生まれた本である。一九五三年に出版された同書は、何度も改訂され、現代風にアレンジされたり、新しいレシピやスタイルを紹介する章が追加されたりしながら、アラブ世界の料理本のひな型になった。

一九四〇年代以降、アブラ・ナズィーラはエジプトのラジオに度々出演し、四一年から五二年にかけて、料理や家政学の教科書を六冊、共著で出版した。一九七三年、女性教育の分野での功績が認められ、彼女に勲章が授与された。それは百年前の一八七三年に、初の公立女子学校が開校したことを記念したものだった。一九九二年に九〇歳でこの世を去るまで、アブラ・ナズィーラは皆に親しまれ、世代を超えて影響を与え続けた。

ヒンドはアラビア語の料理セクションにアブラ・ナズィーラの本を置いた。古典的なアラビア語の流麗な文章で記された同書には、イラストがまばらにしか入っていない。英語版は出ていないのかと思い、目録やデータベースで探したが見つからなかった。私はヒンドのアシスタントのアミール（彼は後に私たちの書籍仕入れ担当になる）に、英語版を探して欲しいと頼んだ。どこかの小さな出版社が翻訳しているのではないかと期待したのだ。

二〇〇〇年代初頭のアラビア語の出版界では、データベースは「(三つの願いを叶える）魔人」のようなものだった。誰もがその名を聞いたことがあり、出合ってみたいと思っていたが、それは叶わないだろうこともわかっていた。

「この本を探すのは、ディーワーンのため？ それともあなた個人のため？」

アミールは戸惑いながら私に尋ねた。

「両方よ。なぜ？」

「あなたがエプロンをつけてコンロの前に立つ姿が想像できないから。」

その通りだった。当時、私がつくれる料理は、ゆで卵とスクランブルエッグくらいだった。パンやケーキを焼くという作業には、税務署員の訪問を受ける時と同じくらいのストレスを感じた。

一番目の夫はアメリカ人だったが、忘れがたいラザニアをつくってくれたことがある。

結婚する時、アメリカのサウスカロライナ州に暮らしていた彼の母親——大のゴルフ好きで、ガーデニングクラブの会長をつとめていた——が私に贈り物をくれた。『料理の喜び』*21という本だった。赤と白のチェッカーが入ったジャケットの内側に書かれた、義母の丁寧な筆跡を見て、私はどう反応すればいいのかわからなかった。

「男心をつかむのは、胃袋から。」

それは自分好みの方法ではないと、義母には言わなかった。ただ、私がギンガムチェックのエプロンをつけて、髪をカールして、家の天使になることを想像するなんてと義母をからかって笑った。首をかしげたくなる衝動を抑えながら、だ。

一九九九年、私たちの結婚が三年目を迎えた時、ロンドン旅行に出ていたヒンドがジェイミー・オリヴァーの新しい料理本を持ち帰った。その後、ディーワーンを開店し、オリヴァーの本を扱うことになるが、彼が「裸のシェフ」*22と呼ばれていたことにどれだけ悩まされるか、その時はまだ知らなかった。

この本のように英語で書かれたマイナーで軽薄な書籍は、それまでのカイロの書店では、決して見つけることができなかった。ディーワーン以前、そうした本に市場の関心があるなどと誰も思っていなかったからだ。そして実際、誰も関心をもっていなかった。

ジェイミー・オリヴァーは、けばけばしいシャツを着て、たっぷりのバルサミコ酢とリコッタチーズに夢中になるという、子どもじみた情熱をもって、私の人生に入り込んできた。オリヴァーは「リットル」や「ティースプーン」といった厳密な計量法を放棄して、ちょっぴり、たくさん、一つかみといった量り方を好んだ。キッチンに立ち自分らしいやり方で料理をすることに私が自信を持てるようになったのは、彼のおかげだ。結婚前、実家ではそんなことをやろうなどと思ったことはなかった。

幼い頃、私とヒンドにはファトマという子守のばあやがいた。ファトマは糖尿病で、独裁的で、伝統に忠実で、親切だった。彼女とその家族は、カルユビーヤ県との県境に近いマタリーヤ地区に住んでいたが、そこは富裕層が暮らすヘリオポリスの北側で、マルグ地区の南側に位置する場所だった。ただし昼間は、うちの台所が彼女の領土だった。

　ヒンドと私で一度ファトマの家を訪れたことがある。質素なアパートの屋上で彼女の息子とサッカーをして、昼食にコフタ（肉団子）を食べさせてもらった。ケチャップをちょうだいと私が言うと、ファトマの夫は「それは何だい」と尋ねてきた。

　家の周りの道は舗装されていなかったが広くてきれいだった。当時、カイロの街はまだ、人口過密と行政サービスの欠如による混乱に陥っていなかった。ライフスタイルの違いはさほどのものでもなかった。今日、自分の子どもを家事手伝いの人の子どもと遊ばせる家庭はほとんどない。格差が共通点を超えてしまったのだ。

　私とヒンドが成長し、子守がいらなくなると、ファトマはうちの料理人になり、いっそう威圧的になった。母はファトマにいくつものレシピをおしえて、上手につくれるようになるまで鍛え上げた。

　父が台所に立ち、自分の好きな料理をつくることもあった。でも、父の役割としてもっと重要だったのが食材の調達である。私も幼い頃から七月二六日通りにあるいろいろな店での買い物について行った。売り手や客たちとのささやかな付き合いは、やがて長い付き合いに変わった。

父は肉屋のボルボルから肉を買っていたが、ボルボルは隣にある魚屋のファーレスと親戚関係にあるようだった。ボルボルとは、一般的に、ナビールという男性のニックネームだが、店主の本名を知ることはなかった。肉屋の店主は、フランス語や英語、ドイツ語、イタリア語、スペイン語で会話ができた。南仏に別荘を持っているという噂もあった。父と店主はいつも挨拶を交わした。ボルボルは父を「王さま」と呼び、父もまたボルボルを「太守《パシャ》」と呼んだ。父はカウンターの後ろに陣取り、いろいろな形に切り分けられた肉を選んだ。ハンドメイドの高級シャツの袖口が血で汚れても気にしなかった。

肉の話は暗号のように交わされ、「何も書いていない部分」と父が言う場合、それは「白い腱をナイフで切り取って欲しい」ということだった。ボルボルはわかっているとばかりに、にっこり微笑む。ボルボルが作業を始めると、父は彼の横に立ち、その肩越しに眺めながら、切り落としの方法を監督した。

父はこの仕事を母に任せることができなかった。母ならば、ボルボルに電話をして、リストの通りに肉を切って家に届けるよう指示しただろう。父は、自分の目で選んだ肉以外は信用しなかった。母が野菜や果物を電話で注文することは大目に見ていたが、それでも「店に行って選んできなさい」と小言を添えていた。今思えば、父は私が知った最初の「口うるさい客」だった。父は私に、商売人を貶めることなく、何かをやってもらったり、交渉したり、問い質したりする方法を教えてくれた。

店を回った後、父は買ってきた品をファトマに渡した。そうやって彼女は何十年にもわたってわが家のために料理し続けてくれた。夫と死別し、息子が結婚すると、ファトマは息子に家を与えて、私たちと一緒に暮らすようになった。そうして家族の一員としての地位を固めたのだ。

息子は彼女を訪ねてうちにやってきて、台所のテーブルで昼食をとり、母親の給料を受け取った。ファトマの弟は私の両親の運転手で、ファトマと同じように読み書きができず、姉とは違ってハシシを吸った。

ファトマの目が悪くなった時、両親は家事全般を担当するアンム・ベシールに、彼女から料理を習うよう勧めた。

アンム・ベシールはヌビア人で、背が低く、腰が曲がり、ちりちりした髪の毛の男性だった。私が覚えているのは、年老いて打ちのめされていた彼が酒の入ったグラスを流しに置く前に、最後の一滴まで飲み干そうと頭をのけぞらせている姿だ。アンム・ベシールには四人の息子と、もうこの世とはお別れと言いながら生きながらえている病弱な母親と、いじわるな妻、そして数え切れないほどの孫たちがいた。

ファトマはアンム・ベシールに対して、材料を洗ったり切り分けたりするなどの下ごしらえを指導した。彼女が他人を思い通りに操る能力があることを知った母は感心した。

自分の力の源がどこにあるかを知ったファトマは、料理好きで台所に立つことを好む父を前に、要塞を守るかのようにキッチンを守った。二人のあいだに問題が生じると、母とアンム・ベシールは押し黙り、争いが解決するのを待つのだった。

ファトマが亡くなると、父は生前のファトマがしたようにアンム・ベシールを酷使した。父が亡くなると、父に代わって母が指揮官になった。ヒンドと私は、こうした上下関係を意識していなかったが、幼い頃から本能的に家の台所に入ることを避けていた。父の料理好きと母の忍耐強さと粘り強さを受け継いだヒンドは、四〇代に入ってから、ル・コルドン・ブルー・ロンドン校（フランス料理・菓子の学校）の生徒として、再びキッチンに立つことになる。

家庭の中の料理人や祖母たちに代わって、セレブ・シェフが登場したのは二〇〇〇年代半ばのことだ。新設されたエジプトの衛星テレビ各局のスターになったシェフたちは、口語アラビア語で書かれたスタイリッシュな写真入りの料理本を次々と世に出した。その結果、ヒンドのアラビア語の料理本の棚は、私の英語の棚と似た雰囲気になった。有名な料理人たちが料理のもつ魅力を発信し始めた。読者はかれらの資格を問うことなく、信頼を寄せた。

著者の近影や料理番組のスタジオで、男性シェフは伝統的なコック帽と白いダブルのジャケットを着て、プロ仕様の厨房を背景にポーズをとる。女性の料理人たちは、たいていの場合、制服は着ておらず、髪を整えて厚化粧をほどこし、首を少しかしげて、家庭円満を思わせる様子を見せる。こうした番組は、衛星放送でアラビア語圏に向けて放映された。おもしろいのは、その結果、より多くの視聴者の期待に応えようと、各地のローカルな料理にまでレパートリーが広がったことだ。ちょうど、数十年前に料理本を出したクラウディア・ローデンの場合のように。

家庭中心の食文化に関する本に続いて、エジプトのレストランの料理を紹介する本がディーワーンに届いた。二〇一三年、ディーワーンの数軒先にあるレストランが、『本格エジプト料理――アブー・セードの食卓から』[*23]でそのレシピを紹介した。その翌年には『カイロ・キッチン・クックブック――カイロのストリートフードに触発された中東のレシピ』[*24]が刊行された。この二冊がアラビア語に翻訳されなかったのは読者層が地元客ではなかったからだ。それでも英語を話すエジプト人たちは、プライドというか、愛国心と自己愛が混ざったような感覚をもってこれらの本を購入した。

国際的な視点からみると、こうした料理本は、世界市場に向けて地元の味を商品化したり、組み合わせたりする、「フュージョン」と呼ばれるトレンドの急成長に呼応していた。

ディーワーンの料理本の棚は、私がファトマや両親、ヒンドを何年も観察して辿りついた純然たる事実を示していた。それは、エジプトで食事は、食べる以上の意味をもつということだ。

私たちの事務所のキッチンでは、地位や経歴が異なるスタッフが、それぞれお金を出し合って、パンやチーズ、オリーブ、フールやターメイヤ（ソラマメのコロッケ）のサンドイッチを買ってきて一緒に食事をとった。「愛情に満ちた一口は百人分の料理に値する」と軽口を言いながら。

古代エジプト人は死者を埋葬する時、墓に死後の生活のための食料を入れた。高い地位の者にはより豪華な食料が準備された。

一九七七年、サダト政権は主要な食材に対する補助金を廃止した。そこでパン暴動が起き、エジプト人たちが路上で抗議運動を行ったため、政府はすぐに補助金を復活させた。

食事は家族を一つにする。ラマダーン（断食月）でもっとも重要なのは、日没後に親族や友人ととる一日の断食明けの食事だ。夜の終わりに、客は招待主に向かって「食卓よ永遠に」、つまり、より多くの食事が一緒にできるようにと祈る。招待した側は、「あなたがたの人生が末永く続きますように」と客たちの長寿を願う。

食は夫婦円満を助けたり、阻んだりする。休日にあたる金曜の昼食を妻の家族ととるか、夫の家族ととるかでもめるというのは、よくある話だ。ニハールはいつも、相性が悪い夫婦について「違う食卓から来た」と言っていた。

父が亡くなり、埋葬された後、伝統に従い、友人や親戚が昼食をつくってくれた。父の死後、ボルボルはお供えとして、父の好みの切り方をした肉を届けてくれた。「何も書いていない部分」だった。

食べ物や料理人、そして食事は、エジプトの諺の題材として好まれ、世代をこえて知恵を伝えてきた。一度痛い目に遭うと奥手になることは「スープで舌を火傷した者は、ヨーグルトまで冷まそうと息を吹きかける*25」。友情としてのもてなしについては「愛情を込めて供された玉葱は、子羊の脚と同じくらいの満足感を与える*26」。自業自得は「毒を盛る料理人は毒見する*27」。先制攻撃は「夕食にされる前に、昼食に食べてしまいなさい」。歓迎することの重要さは「心からの挨拶は昼食に勝る」。他人の親切を忘れる者は「食べても食べていないという」。

レシピは、ちょうど諺のように、書き留められることなく受け継がれてきた。そして古い世代が去り、若い者たちがその料理の伝統を認めなくなると、レシピは忘れ去られた。

レシピを書き留める機会を与えられた数少ない女性たちは特殊な存在だった。例えば、アブラ・ナズィーラと彼女の著書の『調理の基礎』がそうだ。その影響で、後の料理界は大きく変容したが、功績が讃えられることはほとんどない。彼女の言葉や彼女が遺したものは、台所に留まり、手間のかかるレシピにもめげない主婦たちに消費された。

読み書きができないファトマはレシピを丸暗記した。計量カップなど使わず、すべて目分量だった。うちの台所でファトマが権勢をふるえたのは、そうした捉えどころのない知識のおかげだった。母の友人の一人は他人の優位に立とうとして、レシピの細部まで教えながらも一つの材料のことを伏せていたというが、こうした「省略」は力と関係している。書くか書かないか、伝えるか伝えないかによって、力を譲り渡したり、確保したり、保護したりできるからだ。

検閲の多いこの国では、秘密を守るために独特の方法や行動が必要になる。記録さえなければ、壊されることもない。

私が検閲局に呼び出されたのは一冊の料理本のためだった。

二〇〇四年の夏、暑さに溶けてしまいそうな日曜日の朝のこと。本のおかげで知識はあるが、世事には疎いという自意識の私に、貨物輸送業者から怒りの電話がかかってきた。ディーワーンの開店から二年、書店業という比較的穏やかな職種についた者には予想もつかなかった事態の始まりだった。

ディーワーンの開店は、ヒンドやニハール、私にとって、まったく新しい取り組みだった。ビジネス界に移住したばかりの私たちはすぐさま、ディーワーンを生き残らせるために、新しい世界に適応しなければならないことを理解した。生態系を共にする人々のサポートや後ろ盾が必要だということもわかっていた。けれど、ビジネス、官僚主義、政府というよそよそしい環境の中で、それが本当に重要だということを理解するのは、後になってからだった。

ディーワーンの売り上げが伸び、読者の好みの幅が広がるにつれて、海外から輸入する本の数も増えていった。そして運送業者によると、今回イギリスから輸入した本の中に「風紀」を乱すようなものが含まれていたというのだ。税関で留め置かれたこの荷物について、責任ある者、つまり私が、モガンマア（政府総合庁舎）に呼び出された。モガンマアはその七年後に革命の舞台となるタハリール広場にあった。

この依頼を受けた私は、ムハンマド弁護士を訪ねて、アドバイスを乞うことにした。

彼は私を落ち着かせようとした。

「何も恐れることはありません。かれらはあなた方のことを知りたがっているだけです。わずか二年でディーワーンの評判が広く知られるようになったのですから。あなたがたの道は検閲官のものと交わるべくして交わったのです。犬が、主人を訪ねてきた人の匂いを嗅ぐようなものだと思ってください。」

「私は自分が理解できないもの、操縦できないものが嫌なのです。」

私はわざと格式ばった答え方をした。男性の「権威ある者」と話す時には、相応に振る舞うべきだからだ。

「そうであれば、この地で暮らすのは大変でしょうね。神のご意志を信じなさい。」

ムハンマド弁護士は、事務所の後輩のアドハム弁護士に、検閲官との「親善」訪問に同行するよう頼んだ。

ムバーラク大統領は、自らの統治下のエジプトには検閲がないことを誇りに思っていた。つまり、法律の範囲内であれば、私たちは好きなように発言し、行動することが許されたのである。法を遵守する市民である私たちは、何を言ったり、書いたり、印刷したりすることが違法にあたるのかを知っていた。たとえば、公序良俗に反すること、国家の統一性や社会秩序を脅かすこと、外国の報道でエジプトの評判を貶めるような発言をすることなどがそうだ。この法に反すると、投獄されたり、罰金を払わされたり、免許が取り消されたりする可能性がある。ムバーラクは、「捕らわれた者を叩けば自由な者も思いとどまる」という、何度も試され、証明されてきたエジプトの金言に導かれて、私たちの生活や祖国を管理していた。

第三章 料理

二〇〇八年、野党のジャーナリスト、イブラヒーム・イーサーが、ムバークの健康状態について記事を書き、大統領に不快感を与えたとして、二カ月間の禁錮刑に処された。この件に関していくつかの民事訴訟も起き、メディアで大きく取り上げられた。

最終的にムバークが彼を赦免したため、言論界で尊敬を集め、影響力をもつイーサーが刑務所に入ることはなかった。この出来事は、「政府はいつでも市民を処罰できる」と人々に知らしめるためのパフォーマンスだったのだ。

以前の私は、法律の執行方法が恣意的なことや、法律そのものが不透明なのは、たまたまそうなったのだと考えていた。けれど、エジプトで二〇年近くビジネスを続けた今では、それが意図的だったということがわかる。蔓延する不確実性と果てしない遅延は、支配のための道具だった。いつか自分の番が来ると知りながら周囲を遠巻きに見守る。そして、時が来るまで、まるで監視されているかのように自己検閲にふけるのだ。

運転手のサミールは混沌としたカイロの街を知り尽くしていた。検閲官を訪ねるために彼の車は混雑したモハンデスィーンの通りをぐんぐん進んでいった。高くそびえ立つミナレットから礼拝を呼びかける声が響き、辺りにこだまする。そうした中、サミールは開けた窓越しに、度々「このロバ野郎!」「こん畜生」などと叫んだ。私の一番のお気に入りは、「おまえは地面に散らばったカミソリの刃以下だ（この最底辺のクズたち！）」という罵り言葉だ。

サミールが最も軽蔑したのはマイクロバスの運転手だった。かれらは、自分を忘れられるような、あらゆるクスリの影響を受けながら運転することで知られていた。私は、マイクロバスの運転手のハシシの使用による人命の軽視と、私の運転手を含めた他の者たちが行う、粗暴な運転による一般の人命軽視に違いはないと考えていた。

他人をかえりみないのは歩行者も同じだった。どこからともなく飛び出してきた男が、交通量の多い道路を猛スピードで横切った時、私は思わず声を上げ、サミールはかろうじて彼を避けた。カイロには横断歩道がない。歩行者は生き延びるために、どこに行くにもオリンピック選手並みの技術が必要になる。走行中のバスに飛び乗り、さらに乗り込んでくる乗客のためのスペースを確保し、他の車が走っている路上で下車する。信号機が点滅する一方で、交差点にまばらに立つ交通警察官はそれとは別の信号を送ってくる。カオスだ。交通規則を無視することは市民的不服従の一形態であり、私たちが官僚主義と交わる際の、独創的な方法でもあった。

サミールは私より一歳年上だった。私は友人たちに、自分の役に立った男は、父をのぞけばサミールだけだったと冗談まじりで言ったものだ。私自身や、私と同じ社会経済階層の者にとって、カイロで運転手を雇うことは贅沢ではなく、必要不可欠なことだった。

エジプトのような階級の区別が染みついた社会で、人々の生活の違いは埋めようがない。電話代、電気代、水道代、地税などの請求書はサミールが代わりに支払いに行った。免許証や会員証の更新もやってくれた。役所とのやり取りもこなした。こうした仕事には、後ろの方が扇形に広がっていく長い行列と、面倒な人間関係が付きものだった。

サミールはメモをもとに雑用をこなした。食料品を買い、肉屋のボルボルと交渉をして、アイロンが必要な服をザマーレクの反対側にあるアクラムの店に持っていき、私の帰宅時間に合わせて配達の手配もしてくれた。私が会議中で電話に出ない時など、母はサミールに電話をかけて、私のその日のスケジュールを尋ねた。私が八時半よりも前に仕事に出かける朝は、娘たちを幼稚園まで送り、私の意に反してポテトチップスを買い与え、ランチボックスを車に置き忘れないように確認してくれた。

サミールは、ほとんどあらゆるテーマについて、自分には好き放題に意見を言う権利があると考えていた。一番目の夫とのあいだに問題が起きた時にはこう言った。

「『木の陰より男の陰』*28というが、あなたのような女性は男などいなくても、自分にも、周りの人にも、十分な日陰をつくれますよ。」

会社で盗難をはたらいた社員については「犬の尾は決してまっすぐにならない」*29、人にセカンドチャンスを与える話になると、「指はどれも同じではない」*30などと返してきた。私たちはカイロのあちこちで行われた会合の合間に、交通渋滞の波間を移動しながら、何時間もの時を一緒に過ごした。

サミールは、私の子どもたちの父親である一番目の夫よりも私のことを知っていた。告白や口論、侮辱が飛び交う、電話での会話をすべて聞いていたからだ。時折、私が電話で話をしていると、運転席の小物入れを叩いて、小声で自分の意見を伝えてくる。ずうずうしくて、少し抜けていて、私がどんなに文句を言っても決して熱意を失わない。よたよたした足取り、伸び放題の口ひげ、脂ぎった黒髪、欠けた前歯など、だらしない外見からは想像できないほど、サミールは計算高かった。

時が経つにつれて、他人の会話を盗み聞きすることで「力」を得られるとわかった彼は、情報を与えるべき時と、隠すべき時を区別するようになった。そして私はサミールを信頼していた。ゴシップや情報の売買が盛んな社会の内側で、サミールは私の秘密を自分の子どもたちのように大切に守ってくれたからだ。

サミールは、後輩弁護士アドハムの事務所の前、通りの三列目に車を止めた。弁護士を待つあいだ、ハザードランプはつけず、エンジンも止めないまま車を降りると、サミールはタバコに火をつけ、罰金を払えと言いに来た交通警官にも一本どうだと尋ねた。彼はエンジンがかかっているだろとジェスチャーで示して、ビルの適当な窓を指差してから、二本目のタバコに火をつけて警官の指のあいだに挟み込んだ。それから二人はおしゃべりを始めた。

　私は助手席に座ったままだった。女性や雇用主は運転席の後ろに座り、上司と労働者のあいだに距離を置くのが普通だった。後ろに陣取ることもできたが、アドハムは女性と一緒に座るのを不体裁だと考えるだろう。かといって彼を助手席に座らせるのもまた、不文律を破ることになる。客人には、最も快適な後部座席を差し出さねばならない。

　カスル・ニール橋を渡り、ダウンタウンに入る。サミールとアドハムは、最近のさまざまな問題——貧しい地域での停電、トマトの価格高騰、当時の大統領ムバーラクの息子で後継者と目されていたガマールに関する最新の噂話——について話し続けていた。やがてタハリール広場を右折してアブデルカーデル・ハムザ通りに入ると、エジプトの官僚機構の中心部を収容する複合施設モガンマアが象のような灰色でそびえ立っていた。


　一〇代の頃、身分証明書を失くしてここを訪れたことがある。出生証明書の取得や警察への届け出、それから、自分の存在を国家に証明するのに丸一カ月かかった。賄賂という必要不可欠なスキルを身につけたのはこの時だった。問題が起きないように、提案は曖昧にするのがコツだ。賄賂の額が少な過ぎると侮辱になり、多過ぎると搾取につながる。

　ようやく完成した申請書を二〇ポンド札と一緒に窓口の仕切りに差し入れると、受理してもらえた。以来、私は賄賂を市民的不服従の一つとして理解するようになった。これにより、市民と官僚の蜜月が生まれ、私たちを取り囲む公的な政府システムは追い払われるのだ。

建物に記憶があるとすれば、タハリール広場のモガンマアに限っては、記憶を失っていて欲しいと思った。一九四五年に英国軍の兵舎が取り壊された跡地を利用して建てられたコンクリート製の巨大な建造物は、国民があらゆる手続きを効率よく済ませられる中央行政施設になる予定だった。この建物の一三〇九の部屋に、日々二万人以上が訪れる。

建築家だけが賞賛する単調さと没個性を象徴するモガンマアは、実際には砂の色だったが、単色の灰色として私の記憶に残っている。カフカ*31はこう書いている。

「あらゆる革命は干上がり、後に残るのは新しい官僚主義の泥濘だけだ。」

私たちは検閲局の本部がある九階に行くようにと言われた。ハンドバッグをセキュリティスキャナーのベルトに置いて、頭上のアーチを見上げる。そこから右に曲がって、上階へと続く幅の広い、古く埃っぽい階段に向かう。男女間の因習に従い、アドハムは私の前に出て、先に階段を上っていく。女性である私が彼の前を歩いて、階段を上る後ろ姿を見せるのは不適切だっただろう。他人同士の間だけでみられる特別扱いだった。

パスポート、免許証、出生・死亡証明書、年金などを扱う各階を通り過ぎる。濡れたカーペットのカビの臭いや、酸っぱい汗の臭いが立ち込める。九階に着くと、「検閲局は一三階に移転しました」と言われた。ようやく検閲局にたどり着いた時、アドハム弁護士が掃除係に近づき、トイレはどこかと尋ねながら五ポンド札を手渡すのが見えた。私は気づかないふりをした。

数分後、掃除係は私たちを官僚のオフィスへと案内し、デスクの前に置かれた金属製の椅子に座らせた。官公庁でお決まりの額縁入りのムバーラク大統領の写真が、壁からこちらを見つめている。アドハムは穏やかな口調で、ディーワーン書店への出荷が遅れている件についてお知らせいただいたので参上しましたと告げた。

賄賂が一種の技術《スキル》であるとすれば、政府官僚の扱いは芸術《アート》の域に含まれた。私は女性として、官僚組織とその男性性に敬意を払わなければならないが、不安な様子を見せることもできなかった。不正を勘ぐられるからだ。アドハムは私に代わり、係官の機嫌を損ねないように話を進めた。おだてたり、なだめたりして、慎重に同盟関係を築いていく。

係官は指でファイルのあいだを探り、オレンジ色の請求書を取り出した。その紙の上部に描かれたペンギンに見覚えがあった。検閲局はペンギンが『悪魔の詩』*32の出版社であることを知っていた。でも私たちはその本を注文したことはなかった。

私は頭の中でペンギンの図書目録をめくり、問題のありそうなタイトルを探した。『ロリータ』*33か、『チャタレイ夫人の恋人』*34か。『一九八四』*35のはずはない、すでに何度か入荷したことがあるのだから。ついに係官はアドハムに一枚の送り状を見せた。一冊の本のタイトルがハイライトされていて、その横に判読しがたいアラビア語の一文が記されていた。

アドハムは書類を私に手渡し、私たちは顔を寄せ合うようにそれを見つめた。係官が開いたファイルの方に注意を向けている間に、私たちはささやき合った。

「アドハムさん、このタイトルは文字通りの意味じゃないの。」

「どうやって説明すればいいのでしょう。」

「私が今言った通りにお願い。」

「待って、今なんて言ったのです？」

係官は忍耐に関する宗教的な慣用句*36をつぶやき、私たちの会話を遮った。

「ディーワーンのような評判のいい会社にも、あなたのような若い女性にも、こんな本と関わり合いをもって欲しくない。」

係官は言った。初めて私の存在が認められたのだ。

「もちろんです。ご存知のように、ディーワーンはすべてのエジプト人を教育し、啓発することを目的とした企業です。私たちは、あなたがたの崇高な目標に奉仕するためにここにいます。」

アドハムは私を見て、何か言うようにと促したが、私は何も言えなかった。アドハムはひと呼吸おいてから、前に向かって走り出した。

「エジプトの人々は女性を誇りに思っています。女性たちはよき妻、よき母親です。中には、海外の最新の流行を知ることが重要だと考える女性もいますが。」

アドハムの声はだんだんと小さくなっていった。私はカーペットを見つめて、そこに見える模様が、デザインなのか、汚れなのかを見分けようとしていた。それから薬指にはめた金の指輪を親指でこすった。

官僚は答えた。

「検閲局では全国の動向を把握しています。流行が起こる前にそれについて把握しているのです。」

「欧米のモラルがゆる過ぎます。」

「そう、嘆かわしいことです。あちらの女性たちを見てください。かれらの神はどうして受け入れられるのでしょうか。」

「すべては神のおかげです」*37と、アドハムは言った。

「すべては神のおかげです」と、係官は答えた。

「アメリカでは、セックスとヌードがあふれています。かれらを守るイスラームの知恵も、検閲局もないからです。」

アドハムは続けた。係官は当惑したように頷いた。

「だから、本を売るために安っぽくならざるを得ない。しかし、私たちにそれを裁くことなどできましょうか。預言者（彼に平安あれ）が言ったように、「あなたにはあなたの宗教があり、私には私の宗教がある」からです。ご存知のように、本の中には実際に裸の人物など登場しません。こんな馬鹿馬鹿しい話が信じられますか。ジェイミー・オリヴァーの『裸のシェフ』はただの料理本なのです。しかし、いったいどうしたらいいのでしょう？　私たちは大変な時代に生きています。インターネットが家庭に入り込み、悪をどんどん広めているのです。」

帰り支度をしながら、アドハムは係官に「お会いできて光栄でした」と告げ、感謝の意をこめて、彼の子どもたちのための塗り絵の本を届けると約束した。次に出荷が滞ることがあれば、検閲事務所から直接電話が来ることだろう。

検閲官の心配をよそに、私は発売と同時にジェイミー・オリヴァーの本を仕入れた。シェフの帰国、シェフのディナー、シェフのキッチン、シェフのイタリア、シェフのいろいろな食材など。シェフとの同盟のおかげで、結婚したての私は家庭生活を送ることができた。シェフのレシピで、今まで入るのをためらっていたキッチンに入ることができたのだ。

数年後、ベテランの書店経営者になった私は、預言者生誕祭の祝日*38を前に、別の政府施設の事務所を訪れていた。サミールは生誕祭のお菓子の箱をいくつも抱えて、私の後についてきた。ゴマやピスタチオ、アーモンドを砂糖で固めたお菓子や、トルコ菓子などに混じって、砂糖細工の

「生誕祭の花嫁」と呼ばれる人形や、馬に乗ったスルタンもあった。サミールは受付の隅に陣取り、私は部屋の中央まで歩いていった。

「おはようございます！　この委任状を正午までに仕上げなければならないのですが、みなさんがどんなにお忙しいのか、よくわかっています。敬意の証として、ディーワーン書店はみなさんに一人ひと箱ずつ、お菓子をお渡しします。ご家族と一緒にお楽しみください。」

私は広々とした空間に向かって大声で叫び、サミールに身振りで合図をした。彼は笑顔で笑いを誘いながらお菓子の箱をふるまった。

事務手続きがすぐに始まり、二〇分もしないうちに終わった。

「これで体型を維持できますよ。」

サミールは、出納係の席で金庫代わりの引き出しの番をしていた体格のよい女性に向かって言った。引き出しは開いていて、くしゃくしゃの紙幣が入っていた。別の係員のところで彼は、「手ぶらで帰らずに奥さんを喜ばせてあげてください」と軽妙に言いながら、お菓子箱をデスク脇の三本足のスツールの上に置いて笑った。

ディーワーンは、経営的には大成功と言えなかったが、道徳的な勝利を収め、マーケティング上の実験を成就し、その意志を貫いた。

ヒンド、ニハール、私の三人は、手を抜くことなく、上質で、労働集約型の経営を実践した。店舗は一つで、少ない人数のスタッフによって、毎日一四時間の営業時間を運営し、裏方の仕事の多くは自分たちでこなした。収支を合わせるために自分たちの給料を犠牲にして営業コストを下げるということもよくあった。自らつくり出したビジネスの中で、自分自身の価値を疑う気持ちがあったのかもしれない。

あらゆる困難を乗り越えて、私たちはエジプトでもモダンな書店が生き残れることを、疑い深い人たちの前で証明した。そして、あらゆる開拓的試みと同様に、私たちの店は他の店のための道を切り開いた。

ディーワーンの真似をする店や安っぽいコピー店が街中にできていった。ディーワーンよりも数ポンド安く本を売ろうとするこうした新しい店を前に、しだいに売り上げは落ちていった。私たちは一つの選択を迫られた。ディーワーンの真似をするが読書へのこだわりなどない模倣店のせいでつぶれるか、積極的な事業拡大をすべく資金を調達して、一店舗経営から複数店舗経営に移行するか——。

店舗を増やしたいという思いはあったが、一号店のような魔法を再現し、本来の形を保てるのかどうかも心配だった。一号店が成功したからといって、別の店舗が生き残れるとは限らない。誰も口にはしなかったが、私たちはこれ以上の責任を負うことに対して不安を抱いていた。私たちの生活はすでに十分、バランスを欠いていたのだ。

理想の書店を開きたいと願った。その夢は実現したが、それで満足できないのはなぜだろう。ディーワーンにとって何が最善かという問いへの答えが、私たちのあいだで一致していないことに初めて気がついた。これまであたりまえだった合意が、どこかに行ってしまったのだ。

堅実なニハールは現状維持を望んだ。野心的なヒンドは、拡大こそ唯一の道と信じていた。そして私は、二人のどちらかと話すたびに意見を変えた。わが家に古くからいたファトマが、立場が上になったことで支配的になったように、私もディーワーンとともに変化していたのだ。

当初、変化は小さなものだった。私はニハールに、成績の悪い従業員にはこれ以上のチャンスを与えずに解雇したほうがいいと促した。売り上げにこだわるようになった。突然、人間関係のほとんどを「やることリスト」の共有だけで済ますようになった。それでも私は、慈悲深いブルジョワの主婦と売上至上主義の暴君のあいだに、中間領域があることも知っていた。そして、それを見つけたいと思っていた。

一つだけはっきりしていたのは、ディーワーンが生き残るために、自分たちの理想に関して譲歩する必要があるということだった。私はすでに譲歩し始めていた。検閲官のオフィスで控えめに振舞い、「男と男の関係」をもつアドハムに代弁させた。それが、『裸のシェフ』と私自身を救う唯一の方法だとわかっていたからだ。

これは小さな犠牲だったが、いずれ、より大きな犠牲を払うことになるとすれば、いったい何が起こるのだろう。小さな目的のために私は何を捨てるのか。ディーワーンの何をあきらめることになるのか。

第三章 料理

*1 ジュリア・チャイルド(Julia Child, 1912年～2004年)はシェフ、作家。アメリカの一般家庭に初めてフランス料理を紹介したことで知られる。

*2 メアリー・ベリー(Mary Berry, 1935年～)はイギリスのフードライター、シェフ。菓子づくりでも知られる。

*3 ナイジェラ・ローソン(Nigella Lawson, 1960年～)はイギリスの料理研究家。テレビの料理番組で知られる。

*4 ジェイミー・オリヴァー(Jamie Oliver, 1975年～)はイギリスのシェフ。

*5 アイナ・ガーテン(Ina Garten, 1948年～)はアメリカの起業家、料理研究家。

*6 マドゥール・ジャフリー(Madhur Jaffrey, 1933年～)はインド系イギリス系アメリカ人の俳優。料理・旅行作家。インド料理を紹介し、多くのレシピ本を出版している。

*7 ケン・ホム(Ken Hom, 1949年～)は中国系アメリカ人のシェフ。BBCのテレビ番組でアジア料理を紹介していた。

*8 北アフリカ料理を扱うロンドンのレストラン「モモ」のレシピ本。Janine di Giovanniの解説による。原題は*The Momo Cookbook: A Gastronomic Journey Through North Africa* (2000)。

*9 「リバー・カフェ(River Cafe)」はロンドンにあるイタリア・レストラン。

*10 1938年にフランスで発売された美食百科事典。原題は*Larousse Gastronomique*。

*11 クラウディア・ローデン(Claudia Roden, 1936年～)はカイロでシリア系ユダヤ人の家に生まれる。イギリス人中東料理の専門家。

*12 原題は*A Book of Middle Eastern Food*(1968年)。

*13 原題は*Claudia Roden's Invitation to Mediterranean Cooking: 150 Vegetarian and Seafood Recipes*(1992年)。

*14 原題は*Claudia Roden's Foolproof Mediterranean Cooking*(2003年)。

*15 原題は*Tamarind and Saffron: Favourite Recipes from the Middle East*(1999年)。

*16 原題は*Egyptian Cooking: A Practical Guide*(1985年)。

*32　『悪魔の詩』（原題*The Satanic Verses*, 1988年）はインド系イギリス人の小説家サルマン・ラシュディ（Salman Rushdie, 1947年〜）の著作。イギリスに住むインド人が主人公の移民小説だが、その中に預言者ムハンマドに関する記述や、「狂信的な宗教指導者」の描写などがあったため、反イスラーム的な著作として世界各地のイスラーム教徒の一部から非難を浴びた。ペンギンブックスよりいくつかの版が刊行されている。

*33　『ロリータ』（原題*Lolita*, 1955年）はロシア生まれの作家ウラジーミル・ナボコフ（Vladimir Vladimirovich Nabokov, 1899年〜1977年）による小説。中年男性の少女への倒錯した恋を描く。

*34　『チャタレイ夫人の恋人』（原題*Lady Chatterley's Lover*, 1928年）はイギリスの小説家デーヴィッド・ハーバート・ローレンス（David Herbert Richards Lawrence, 1885年〜1930年）による小説。情熱的な性の描写が話題になった。

*35　『1984』（原題*Nineteen Eighty-Four*, 1949年）はイギリスの作家ジョージ・オーウェル（George Orwell, 1903年〜1950年）によるSF小説。全体主義が支配する近未来社会の恐怖を描いた作品。

*36　クルアーンの12章83節に「耐え忍ぶことは美徳である」とあるなど、忍耐は敬虔さの一つのあらわれと言われる。

*37　原文にはアラビア語の慣用表現「Alhamdulillah ‘ala kol shay」の引用がある。

*38　預言者ムハンマドの生誕祭。スンナ派ではヒジュラ暦3月（ラビーウ・アル＝アウワル月）12日に行う。ファーティマ朝期のエジプトが起源とされ、現在でもエジプトでは特別な菓子や飾りつけを用いて盛大に祝う人が多い。

*17　原題は*My Egyptian Grandmother's Kitchen: Traditional Dishes Sweet And Savory*（2006年）。

*18　ナズィーラ・ニコラ（Nazeera Nicola/ Naẓīra Niqūlā, 1902年～1992年）。

*19　アブラ（abla）は主に女性の教師に対する敬称で、「おばさん」や「おばあちゃん」のような親しみ、近しさよりも、背筋の伸びた教師の雰囲気がある。

*20　アラビア語の原題は*Uṣūl al-Ṭahy*。

*21　アメリカの料理家イルマ・ロンバウアー（Irma Rombauer, 1877年～1962年）による。原題は*Joy of Cooking*（1931年）。

*22　『裸のシェフ』とはジェイミー・オリヴァーが出演したBBCの人気番組（1999年～2001年放映）のタイトルで、「裸」とはメタファーで、オリヴァーは番組の導入部で「違う、僕じゃないよ、食材（が裸になるん）だよ」と言っていたという。この本にまつわる問題は本章で後出。

*23　ニハール・レヘータ（Nehal Leheta）による著作。原題は*Authentic Egyptian Cooking: From the Table of Abou El Sid*。アブー・セードはエジプト料理のレストランでザマーレクの他、ショッピングモールに支店がある。

*24　スザンヌ・ゼイディ（Suzanne Zeidy）による著作。原題は*Cairo Kitchen Cookbook: Recipes from the Middle East Inspired by the Street Food of Cairo.*

*25　日本の諺で言うと「羹（あつもの）に懲りて膾（なます）を吹く」の意味。

*26　「恋人の玉葱は羊」ともいう。竹村「エジプト口語アラビア語の諺」の178頁に解説がある。

*27　類似した諺（毒を扱う料理人は常に毒見する）が同上、198頁にある。

*28　どんな男でもただの木よりは頼れるはずという意味の諺。「壁の陰より男の陰」という言い方もある（竹村2011, 203頁）。

*29　エジプトでは「犬」は「下賤な者」という意味を含む（同, 196頁）

*30　人は皆個性があり、異なるという意味（同, 173頁）。

*31　フランツ・カフカ（Franz Kafka, 1883年～1924年）はオーストリア＝ハンガリー帝国領当時プラハのユダヤ人家庭に生まれる。40歳で肺結核により早逝するまで、労働災害保険協会で勤務しつつ小説を書いた。『変身』や『審判』など作品で知られる。引用は『カフカとの対話』より。

第四章

ビジネスとマネジメント

Business & Management

次なる拠点を見つけたのは、結局ニハールだった。

ある日、彼女はヒンドと私を捕まえて、一九五〇年代に建てられた美しくてモダンな三階建ての邸宅を不動産屋に見せてもらったと告白した。

「庭もあるの。ヘリオポリスのメイン・ストリートから少し入った場所で、まるでディーワーンだと思った。とにかく見て欲しい。」

ニハールにはためらいもあった。本店の独自性や親しみやすさを複製することなどできるのか。それでも、もしも支店を開くとすれば、ザマーレクから離れた場所がいいというのが、三人の考えだった。

マスル・ゲディーダ（アラビア語で「新しいエジプト」という意味）は、ヘリオポリス（ギリシア語で「太陽の街」を意味する）という名でも知られる高級住宅地である。一九〇五年、富裕層の避暑地としてカイロ郊外に建設されたこの地区は、ベルギー人のエドワール・ルイ・ジョゼフ・アンパン男爵*1が、地元の社交家イヴェット・ボグダドリー*2と出会って恋に落ち、カイロに居を構えたことに由来する。噂によると、男爵はイヴェットのためにここをつくったという。

「チャンスが来たって信じるの。がんばりましょう。」

ヒンドの言葉で、私たちは本屋《ブックセラー》からビジネスウーマンに転向した。そして、その週のうちに皆で例の邸宅を訪れることにした。大通りから奥まった場所にあるが、それでいて人目につきやすいその別荘には、質実剛健な雰囲気が漂っていた。

ささやかな庭の階段を上がると正面玄関がある。アーチ形の扉から中に入った瞬間、私はこれだと確信した。そこに自分たちの未来が見えた。そんな思いを抱かせる空間だった。

複雑に入り組んだ吹き抜けの天井を見上げると、その下にマホガニーの棚やスチール製の裾板が見える気がした。高さのある天井部には華やかな照明が必要だった。そこで――これは賃貸契約を交わした後のことだが――ミノウにディーワーンのカリグラフィーを印字した大きなランプをデザインしてもらい、それを曲がりくねった階段の中央に吊り下げることにした。

要するに、私たちは恋に落ちたのだ。そして恋焦がれる人のように夢想にふけった。もっとやりたい、もっと空間を広げたい、もっと夢を実現したい、もっと自分たちを、そして自分たちの運を試してみたい、と。

計画と書類の作成、ライセンスの取得、飾りつけ、ミノウとのミーティング、新しいスタッフの雇用とトレーニングが何カ月も続いた。ヘリオポリスのすばらしい建築物――ヒンドゥー・スタイルのバロン・アンパン宮殿（男爵が建築した壮麗な建物）と、ベルギー人建築家アーネスト・ジャスパー*3による、イスラーム建築とアールデコ様式を融合させたヘリオポリス社の建物――をモチーフにした新しいショッピングバッグをつくった。

二〇〇七年一二月八日土曜日、ザマーレク店の開店から五年と九カ月の後、私たちは二つ目の店舗を正式にオープンした。三階建ての邸宅を本で埋め尽くすという、エジプトでは誰も見たことのない、まさに狂気の沙汰というべき偉業だった。ヘリオポリス店はザマーレク店を念頭に設計され、各セクションやカフェはそのまま引き継ぎながら、新しい街並みに合わせて変化も取り入れた。

並行して新旧のスタッフの入れ替えを店舗間で行ったため、きょうだい喧嘩が絶えなかった。本店で働きたいというスタッフもいれば、新店舗で力を発揮したいというスタッフもいた。ヒンド、ニハール、私の三人は、ディーワーン家で起きていることにパニックになりながら、スタッフ間の競争が健全なものになるように気を配った。

私たちはザマーレク時代の初めの頃のように、一日中ヘリオポリスのカフェで過ごしながら、新たな仕事を何とかこなした。二つの店舗のあいだにある一〇月六日橋*4のひどい渋滞に巻き込まれながら、一時間かけて移動する。そんな毎日の通勤のせいで車も私の仮設事務所になった。仕事が増え、時間がない中で、やがて私たち三人は気づいた。すべての決断を皆で一緒にすることはできない、より明確に責任を分担しなければならない、と。

ニハールは、二つのカフェ、スタッフ、メンテナンス、インテリア、文房具、それから衝動買いを狙った商品コーナーの管理を担当した。ヒンドは、店舗の運営、倉庫、アラビア語関連商品（本、音楽、映画）全般を管理した。私は英語とフランス語の書籍、マーケティング、財務を担当した。私たちはそれぞれ自分の好きなことに没頭し、また嫌いなこと（私でいえば財務管理）も引き受けた。

あの頃の私たちは、ディーワーンの成長ぶりに追いつこうとするのに必死だった。ただでさえ多かった仕事量が倍増し、小さな失敗も重ねた。私たちはスタッフに信頼を寄せていたが、中には不誠実な者もいて、盗みを働く輩も何人かいた。私たちは終始、自分の能力を疑っていた。何年か後に、もっと大きな間違いを犯すのではないか。損失は何倍にも膨れ上がるのではないか。そして破産するのではないか。そんな不安も抱いた。

本棚の数が増えれば増えるほど、管理に気を遣うことになった。ある棚をきれいに整えても、客の一人がその棚に関係のない本を置いたり、欲しくもない本を無造作に抜き取ったりして、棚を乱すのだ。それでも、私はその乱れを正すことに喜びを感じていた。

ただ一つだけ例外があった。「ビジネスとマネジメント」の棚だ。経営者のくせに、あるいは経営者だからこそ、経営に関する本を読む気にはなれなかった。けれど、ディーワーンの客たちは明らかに、このセクションに関心を寄せていた。そこから本が飛ぶように売れていくのだ。

需要の高まりに対応しようと、ビジネスとマネジメントのセクションをいくつかのサブセクションに分けることにした。「ファイナンス」「マネジメント」「マーケティング」「個人成長」「成功物語《サクセスストーリー》」。

名前を聞いたことがない著者の本が氾濫する中で、あるゲームを思いついた。父ならばどう評価したかを想像しながら、それぞれの本を判断するのだ。父なら、社会的地位よりも経済的な豊かさを優先するウォーレン・バフェット*5（アメリカの投資家で、現在世界第四位の富豪）やロバート・T・キヨサキ*6（『金持ち父さん 貧乏父さん』シリーズの著者）を称賛しただろう。ジム・コリンズ*7、スティーブン・コヴィー*8、フィリップ・コトラー*9のようなビジネス・コンサルタントや教授職の人々に対する父の不信感は想像に難くない。理論よりも実践を通して得られる知識に敬意を表したからだ。

父は複雑な問題には総合的な解決策が必要だと考えていたので、『一分間マネジャー』*10のような即効性のある本を見下しただろう。私たちの店のベストセラーの一つである『人を動かす』*11を父が嫌がる様子を想像して私は微笑んだ。父は、たとえ自分が誰かの気分を害したとしても、気にも留めなかったからだ。

やがて私は不思議な矛盾に気がついた。ビジネス書のセクションではハードカバーが売れているのだ。他で売れ筋のハードカバーは、J・K・ローリング*12やダン・ブラウン*13のような人気作家の著作に限られていた。

アメリカ人と違い、エジプト人はハードカバーをほとんど買わない。昔も今も、エジプトは価格に敏感な市場なのだ。多くの人にとって、ペーパーバックですら手の届かない贅沢品だ。大半のエジプト人は、衣食住や教育、医療の費用をまかなうのに必死だった。いくらかの余分なお金があったとしても本には費やさないだろう。そして、中央銀行がエジプト・ポンドを「流動化」し、ドルとの固定交換レートから解放して、価値の下落をもたらした二〇〇三年以来、経済はまだ回復の途上にあった[14]。

「手で掴めないものを目は欲しがる」[15]という諺があるが、高価なハードカバーを買う人はさらに少なくなっていた。ただし、ビジネス書をのぞいて。いったいなぜなのだろう。ビジネス書は、オフィスのインテリアとして欠かせないものなのか。学位記のように額に入れて飾り、会社の成功ぶりや学識をアピールしているのか。ビジネスマンは本にお金をかける余裕があるのか。

私はその答えを求めて、ヘリオポリス店でヒンドが担当するアラビア語の棚に向かった。ここのビジネスセクションには、私が集めた英語のベストセラーの翻訳本が積まれていた。不思議なことに、ビジネスについて書いているアラブ人の著者はいなかった。

「何かお探しですか。」

ヒンドが取り仕切るアラビア語書籍コーナーの仕入れ担当のアミールが笑顔で話しかけてきた。かつて旅回りのバンドでダルブーカと呼ばれるドラムを叩いていたアミールは、背が高く、血色がよく、髪を後ろになでつけ金縁の眼鏡をかけたハンサムな男性だった。そして、彼の最大の長所は機転がきくことだ。誰もが彼に魅了された。

「ビジネスについて書いているアラブ人の作家はいるかしら。」

「それがいないのですよ。あなたがぜひ最初の一人になってください。」

彼は言った。

「冗談はさておき、イブラヒーム・エルフィキー*16がいます。ただし、彼は人間開発について書いていて、ビジネスのことはあまり書いていませんね。」

「お客さんたちはエジプト人が書いた本を欲しがらないの?」

「いえ、外国人の本をお求めです。」

アミールは目を細めながらつぶやいた。

「地元の人間のアドバイスは信用できないと思っているのですよ。成功したアメリカ人がいいようです。」

客たちの疑念は当然だった。ナセルの改革は公営化を約束し、私企業を封じ込めた。かつて興隆していたビジネスは、非効率な官僚組織になった。そうして皆ビジネスにおける主体性や所有意識をほとんど感じなくなった。

一九七〇年の大統領選挙の後、サダトは破綻した経済を立て直すために、インフィターフ(「開放」を意味するアラビア語)と呼ばれる門戸開放政策を導入して、主に外国勢からなる民間の投資家を呼び込もうとした。次に大統領になったムバーラクは、経営不振と汚職で価値が下がった多くの事業から国有財産を切り離すために、さらなる民営化計画を始めた。

アミールは続けた。

「どんなに努力しても報われない。でも賄賂を払えばうまくいく。こうした状況の中で私たちは、ビジネスマンに疑念を抱くようになりました。不誠実な行為で富を築いたデブ猫なのだろう、と。成功は祝福すべきものではありません。羨ましくはありますが、それが倫理的ではないものだと知っているからです。」

アミールはまるで問いに耳を傾けているかのように、少し間をおいてから言った。

「ディーワーンがこのまま何となく続いていくよう祈っています。過剰な成功を望まないで。」

その言葉は、父が繰り返し言っていた警告と重なった。

「頭を低くして、誰にも気づかれないように生きなさい。」


新しいビジネス本を入荷しようとする時、私はアミールや父のことを思い出した。同時に、ビジネスのセクションは個人的な意味を持つものになった。かつて小説に夢中だった私は、ディーワーンを開店して五年も経たないうちに、ビジネスパーソンという新しい人格がもたらす苦悩や要求を受け入れ始めていた。新しいオフィス、新しいスタッフ、新しいセクション、そして今、新しい店舗。書店が大きくなるにつれて肩書きが重くのしかかる。

自分をビジネスパーソンとして見ようとしたがうまくいかなかった。だからいつも通り、どうすべきかを知るために本を読んだ。自分自身を含め皆が驚いたことに、私はディーワーンのビジネスとマネジメントのセクションの熱心な読者の一人になった。本の中に指針となる言葉が書いてあることを願っていた。

私がそれ以前に読んだノンフィクションといえば、大学時代に手にしたジェンダー研究の本くらいだった。ビジネスとマネジメントに関する本を読んで想像力がかきたてられることはなかったが、それでも不安な気持ちを糧に、自分を成長させようと読み続けた。

ずっと数字が苦手だった。言葉の方が好きだった。経営計画も、ボトムラインもトップラインもマネジメントラインも、何も知らなかった。ただ、線《ライン》というものは、自分が越えるものだということは知っていた。

本を読む中で私は「自分がいない世界」と出合った。本は私の文化的な背景など一顧だにしなかったからだ。訳がわからなくなった。どの著者も、エジプトの官僚制度に対峙する時に使える戦略を教えてくれなかった。予算に関するアドバイスのような標準化された指針を学んでも、混沌の中で、たとえばＩＳＢＮや販売数に関するシステムをゼロからつくり出すという、地域固有の悪夢に対応することはできなかった。

カイロ国際空港に入るすべての荷物が、規則をめぐるごたごたや書類の不備、対応能力、スタッフの違いなどによって、通関に一週間から三カ月もかかるという事実に対処するために、どんなアドバイスが役立つのだろう。固定費であるはずのものが変動する状況の中、どうすれば安定性を確保できるのだろう。政府に雇われた方がましだという従業員や、給料も要求も少ししか与えない雇い主にどう対応すればいいのか。それから、ディーワーンが図書館になることを期待し、読んだ後に返品しようとする客たちに、どう対処すればいいのか。

実務的な手段として示されているものも、役所での決まり文句として知られる「インシャアッラー（神がお望みならば）」、「ボクラ（明日でいい）」、「マアレーシュ（気にしないで）」という緩慢なルールだけに従っているような世界では役立たなかった。

さらにジェンダーという側面もあった。男性作家、ビジネスマン、男性起業家は、この世界が自分たちのものだと信じて疑わない。私は自分の店にいても、居場所がないと感じることがあるというのに。

ここに集められたビジネス本は、客たちの役に立つものだったのか。かれらはそこから何を得られたのだろう。エジプトの企業の多くは、強力な男性リーダーによるワンマンショーだ。私たちの文化はファラオのような存在に慣れ親しんできた。人に何かを委ねることは自身の弱さのあらわれであり、また騙される危険を伴うとも考えられていた。

他国では、人々が協力し合うことで効率が上がり、労働者の自律性が高まると考えられるかもしれない。理論的にはそうだろうが、私自身も「人に委ねる」ことに関して抵抗があった。私の支配欲のせいではない。他人が私と同じ水準で仕事をこなすとは思えなかったからだ。たぶん、私が求めていたレベルは、実現不可能なものだったのだろう。

他に多くの仕事を抱える私が、自分の手で本を棚に並べることにこだわった理由は、ヒンドとニハールだけが理解していた。大半のスタッフは、タイトルのアルファベット表記順に本を並べようとしなかったからだ。かれらは棚の埃を払って立ち去るだけだった。人に頼ることができない性格の私にとって、大きな仕事も、小さな仕事も、すべて同じように重要で、そのために夜も眠れなかった。


成功も、高い評価も、私には両義的だった。成功に関してはアミールが抱いたのと同じ不信感をもっていた。高い評価に関しては父の警告が思い出された。それでも私は、その二つと積極的に向き合った。

ザマーレク店は海外にも知られるようになり、常連客に混じって日々、観光客の姿が増えていった。ヘリオポリス店はさらに大きな店舗で、私たちの成功を物理的にあらわしていた。そして「ミセス・ディーワーン」である私もまた、突如として成功者と見なされた。

ミセス・ディーワーンと見られることに若干の抵抗もあった。言葉の問題なのかもしれない。新しい語彙、肩書き、アイデンティティは、現実を反映しないからだ。私は人々に知られ、注目され、認められたと感じていた。他の誰にも気づかれない成功などあるだろうか。しかし他方では、自分の大きな野望が頭の中から現実世界へと引きずり出されてしまったことに恐怖を感じていた。個人的な考えを公に示す時、人は非難にさらされるものだが、そのことが私を悩ませた。その上に新たな店舗が加わり、状況は悪化した。

二つの場所に同時にいることはできない。あきらめなければならない部分もあった。友人のヤスミーンにアドバイスを求めると「考えることをやめるように」と言われた。

「考え始めると過小評価してしまう。悩んでしまう。全部頭の中のことだと気づいて。あなたはいつだって大騒ぎしてきた。静寂を受け入れなさい。役に立たない物語は手放しなさい。そうすればきっと新しい物語が始まるから。」

私はすぐさま、ヤスミーンの言葉を「やることリスト」に書き込もうとした。すると彼女はぶちギレた。

「いい加減になさい。そういうのをやめれば、あなたらしく生きられるでしょうよ。」

ディーワーンのフランチャイズを展開したいという男性との残念な会合を思い出す。二〇〇八年夏の朝のことだ。その日はとくに暑かった。

サミールは店から遠い場所に駐車していた。ヘリオポリス店の敷地内に入った私は、自分の外見が太陽の怒りを表しているようだと思った。頬はピンク色で、髪は湿気を帯びていた。

私は異常なほど時間厳守にこだわる人間だ。だから遅刻する人々が嫌いだった。その日、時計を見て、約束の時間までまだ数分あることを確認した私は、建物へと続く階段の前に立った。そこから裏庭を一周して、カフェのオープンスペースが清潔に保たれているかどうか確認することにした。こんな日に野外のテーブルに座るのは、どうしてもタバコを吸う必要のある人間だけだった。満足した私は、建物に向かって階段を上り、アーチ形の玄関を通り抜けた。そして冷房の効いたエントランスでくつろぐことにした。

レジ端末の向かいの陳列棚を見ると、本が乱雑に置かれている様子が目に入った。不愉快な気分になりながら、私は曲がりくねった階段を上った。ミノウがデザインした大きなランプの周りをめぐりながら二階に向かう。周囲の壁には、ムハンマド・アブドゥフ（エジプトのリベラルなイスラーム改革者）*17、シモーヌ・ド・ボーヴォワール*18、マリ・キュリー*19、マハトマ・ガンジー*20、パブロ・ピカソ*21、マルコムX*22、マイ・ズィヤーダ*23など、さまざまな分野の思想家や活動家の肖像画が描かれている。これもミノウのデザインだ。

カフェに入ると、ニハールが中央のテーブルの前に座り、エックハルト・トール[*24]の『さとりをひらくと人生はシンプルで楽になる』を読みふけっている姿が見えた。私の視線は彼女の忍耐強い、緑色の瞳にいつも釘づけになる。読み込まれたページにしおりを挟み、ニハールは本をテーブルの上に置いた。

「整ったディスプレイは目を楽しませるって、うちのスタッフはなぜわからないの。お客さんたちが見て、うまくいけば本を買ってくれるかもしれない。そうすれば給料を払えるのに！」

私は愚痴を言った。

「入口にある本の並べ方もよくないと思ったけど、階段近くの本はまるで果物屋のオレンジのピラミッドみたい。先月もこの話をしたばかりなのに。」

「マーケティングの担当者と話しなさい。自分だけで管理しようとするのをやめて。」

ニハールは穏やかな表情のまま、私の前の空のグラスに水を注ぎながら言った。

「エックハルト・トールが大好き。あなたも読んでみたらどう？」

「私が寝る前に読むのは『成功するビジネスプランの書き方』[*25]と『七つの習慣』[*26]なの。今、『チーズはどこに消えた？』仕事と人生の変化に対応する驚異の方法』[*27]を読み終えたところ。だけどどう？　私は今でも変化は好きじゃない。それに自己啓発本はもっと好きじゃない。」

「ディーワーンへの情熱のせいで読書への情熱が消されないようにね。」

ニハールはそう言って、茶色いガラスの小瓶を手のひらに叩きつけ、蓋を外してから五滴ほど私の水に垂らした。

「私たちは今のままで十分成功している。計画できることなんて限られているのよ。」

「ホメオパシー（同毒療法）なんて信じない。」

私はグラスを手に取り、雫が散っていくのを見つめた。

「構わない。それでも効くのよ。」

「ここにあるビジネス本が役に立つのかわからない。私にも、私が置かれている状況にも全然合っていないんだもの。」

「それなら小説に戻ればいい。あなたはその方が真実に近づけるのかもしれない。」

「フランチャイズを希望している人はまだなの？」

「渋滞がひどいのよ。」

「観光客じゃあるまいし、そんなこと、私たちと同じくらい予想がつくはずなのに。」

「ヒンドもまだ来ていない。そのことで文句を言ってもいいのよ。」

ニハールは笑った。

「ヒンドは何年もかけて私たちを鍛え上げてきたから。彼女に何を期待できるかはわかっている。」

私はあきらめたように言った。時間を守ることを人間性の前提条件とした父への反抗心から、ヒンドはこれまで一度も約束の時間よりも前に来たことがない。それどころか、時間通りに来たことさえなかった。

成長した私は父の門限よりも常に五分早く帰宅した。でもヒンドにとってスケジュールは、無視するためにつくられたランダムな数字の羅列に過ぎなかった。今でも、同じ会議に出る時は別行動をとる。私は五分前に着くべきだと言い、彼女は五分遅れても構わないという。そして喧嘩になるからだ。

数分後、私は接客担当のスタッフの視線を捉えて、問題のある陳列棚の方に目を向けさせた。一番長く勤めているマネージャーで、私の「バレリーナ」の調査をしてくれたシャヒーラは、「新入社員には手加減してくださいね」と何度も念を押した。このアドバイスを胸に、私は息を吐いた後、本のディスプレイを睨みつけ、不満のすべてをぶつけるかのように彼の方を見た。それでようやく、私の不快感を伝えることができた。

もとの場所に戻ると、ニハールは、大きな肩パッドが入った上着と丈の短いズボンという滑稽なビジネススーツを着た若い男性と話をしていた。彼の顔は驚くほど白く、目は茶色で、口髭はないのにたっぷりとしたあご髭を生やしていた。どこか不誠実な印象を抱いた。服装のルーズさも、そこからくるかのように思われた。

「今朝は渋滞がひどかったでしょう。」

私は彼の弁明の代わりになるであろう、救いの言葉を贈った。彼は微笑んだが謝りはしなかった。

私たちは紅茶か、コーヒーか、トルココーヒーか、どれになさいますかと尋ねた。彼は辞退した上で話し始めた。

「ディーワーンはまたたく間に有名になりました。エジプト人がこんなに本を読むとは、あるいは、本にお金をかけるとは、想像もしていませんでした。」

「エジプト人が本を書き、レバノン人が出版し、イラク人が読むという言い回しがあります。」

私は答えた。

「新たな経験をつくり出したからこそ、私たちは成功したのです。」

「遅れてごめんなさい。」

ヒンドはそう言って、一つ残っていた椅子にさりげなく座った。彼女は訪問客をじっと見つめながら、会議の続行を促した。

「そう、そしてあなた方は高い基準を設定しました。私の好きなビジネスの達人の一人が、「良い」は「素晴らしい」の敵だ」と言っています。」

彼は自分の賢さに満足したかのように、背もたれに寄りかかった。

「凡庸は私たちの敵です」と私は言った。

彼は本題に入った。ディーワーンが溢れかえる世界を想像してください、と私たちに言った。地方にミニ・ディーワーンのキャラバン、ショッピングモールにキオスク、大学や中所得者層の居住地域に小さな店舗、さらには独立したディーワーンカフェがある世界だ。私たちは彼に、ディーワーンはまだ小規模で、二店舗しかないこと、その二店舗の年の差はわずか五年だと改めて伝えた。とはいえ、ディーワーンが地方に進出するという話は、とても魅力的に思われた。

「あなたのおっしゃる規模では、ちょっと。」

私は言葉を濁して、あとは沈黙に語らせることにした。しかし、彼は動じなかった。

「今こそ、ディーワーンが羽ばたく時なのです。ジャック・ウェルチ*28の言葉を思い出してください。『自分の運命を自分で決めるか、他の誰かに決められるか』です。」

この男の口から出る言葉に、何らかの意味があると考えるのも嫌だった。

お世辞の合間に、訪問者がフランチャイズの技術や彼の会社が得るささやかな報酬、私たちによる神と国への奉仕について詳しく説明するのをニハールは真剣に聞いていた。おそらく彼女は、当時の導師であるエックハルト・トールのマインドフル・アクセプタンスを実践していたのだろう。

彼の遅刻が許せなかった私は時計に目をやった。四〇分を過ぎたところで、ノートを閉じ、それを、隣で愛玩犬のように丸まっているバッグの開いた口の中に落とした。すると彼は話を止めた。

「お時間を取らせてしまいました。私の名刺です。この提案についてぜひ考えてみてください。またご連絡します。」

これを合図に、ヒンドとニハールと私は立ち上がり、握手をしようと手を差し出した。彼は私の手に目をやった後、表情を変えないまま私の方を見た。私が手を伸ばし続けていると、彼は肘を差し出してきた。私は訝しげに首を傾げた。

「女性とは握手しないのです。」

一秒、二秒、三秒、四秒、五秒が過ぎた。私は無理に満面の笑みを浮かべて提案した。

「ではハグを?」

彼は慌てた様子で向きを変え、怒りながら出て行った。誰も見送ろうとしなかった。私たちの笑い声がディーワーンのカフェに響いた。その笑い声は、階段を降りていく彼にも聞こえたのだろうか。それさえもどうでもよかった。


「遅刻の謝罪がないことに腹を立てていたなんて!」

ニハールは両手を打ち鳴らしながら、愉快そうに目を輝かせて笑った。

「あなたが何も言わずに彼を抱きしめなかったのが残念。」

ヒンドが言った。

「それとも顔に肘鉄を食らわすとか! ホメオパシーが効くのかも?」

私ははしゃいで提案した。

荷物をまとめていると、ちょうど私が考えていたことをニハールが口にした。

「女性が創業して経営するビジネスをフランチャイズ化しようとする男が、女性を握手する価値もない相手だと考えるなんて、あり得る?」

「それがあるのよ。」

ヒンドはそう言いながら鞄のファスナーを閉めて、それ以上の笑いと議論を終わらせた。

今思うと、私たちは兆候を読み取るべきだった。口髭はないのに、あご髭は大きい。ズボンの裾は地面に触れないよう短くされていた。どちらもサラフ主義者が預言者ムハンマドの慣行《スンナ》と考えるものだった。

サラフ主義はイスラーム教の多数派であるスンナ派の復興運動の一つで、エジプトでは一九世紀末に西洋の帝国主義に対抗して発展した。イスラーム教の初期時代には、より「純粋な」信仰のあり方があたりまえに行われていたとして、そこへの回帰が提唱された。ただし、右の出来事は、二〇一一年革命の三年前に起きたことで、私たちはまだこうしたエジプト人と出会う機会がなかった。それでかれらの宗教的忠誠心の兆候に気づけなかったのだ。

ムバーラク政権はイスラーム教の主流派を支持することで覇権を保っていた。他の宗教派閥のメンバーは主流派に混じり、同じグループの者にしか読み取れない、微妙なシグナルによってメンバーシップを明かしていた。かれらは静かに存在し、厳格な宗教的慣習を広めつつ、日の目を見る時の訪れを待っていた。

そしてその日がやって来た。ムバーラク政権の崩壊とともに、イスラーム教との関係が実は政治的で表面的なものに過ぎないこうしたグループが、自分たちの存在と力を誇示し始めた。

ムバーラク政権が続いた三〇年間、ムバーラクに投票したという人も、投票自体をしたという人も、私は知らなかった。けれど、選挙が終わるたびに、彼は九七%の支持を得て政権をとった。二〇一一年、ムバーラクが権力の座を追われ、本来の選挙や国民投票が行われるようになると、私たちは国民として互いのことを何も知らないと思い知らされた。

それでも、握手を拒否された意味について、完全に理解するまでにはしばらく時間がかかった。

ヒンド、ニハール、私の三人は、まったく違うタイプの経営者だった。私は人と接するのが苦手だ。もしもディーワーンの成功が、友人をつくったり、誰かを感化したりする能力に依るのだとすれば、私は惨めなまでに失敗していただろう。はっきり言って私は職場で要求の多い女だ。それに気難しい。気楽でも単純でもない。自分がどうあるべきかを見失っている。その上、せっかちで、厳密で、独裁的なリーダー気質という傾向が年齢とともに強くなるばかりだ。目的をもって周囲の人々にもっとよく働くようにとプレッシャーをかけるのだ。それが悪いことだとは思っていない。私は他人のみならず、自分に対しても厳しいからだ。ヒンドとニハールはそれを理解した上で私を受け入れてくれた。中途半端な仕事ぶりほど腹立たしいものはなかった。

自分と同じように一生懸命働く人に、私は最大限の敬意を払い、忠誠を誓った。他方で、そうでもない人たちに対しては辛辣だった。自分がどんなふうに見られていたのかがわかったのはディーワーンを始めて何年も経った頃だった。「ターミネーター」というコードネームで呼ばれていたのだ。

ヒンドとニハールは、もう二度と会いたくないと思う相手との会合に、私を外交使節として派遣した。実際、私は交渉も調停もできなかった。

ディーワーンの中では「誰が応対するかによって結果が変わる」と社員が冗談を言うようになった。ヒンドは口数が少なく、厳しいけれど公平な女性だった。彼女を怒らせると剣とナイフに挟まれたような状態になる。

ズィアード（創業者五人のうちの一人）の息子が、ある夏、ディーワーンでインターンをした。本を棚に入れたり、客の注文をアルファベット順に並べたりすることが主な仕事だった。彼は父親にディーワーン内の様子をこう伝えた。

「ナディアは大騒ぎする。でも実際に喉をかっ切るのはヒンドだね。」

ニハールは控えめな存在感をもって自分のやり方を貫き、ともかく皆が満足して帰るように努めた。そして、シャヒーラのような、思いやりのある人を称賛した。

在庫数が増えると、ベーラー・マンション内の事務所の奥にある「倉庫」と呼ばれる部屋に、データ入力の事務員たちが常駐するようになった。狭い部屋でコンピューターの端末に向かい、段ボール箱の中身を調べてシステムに記録し、ヘリオポリスとザマーレクの店舗間で商品を分けるのだ。ミスはつきものだった。

ある朝、ヘリオポリス店で棚に本を補充していた私は、ラベルの間違いやセキュリティタグのつけ方に問題があることに気づいて激怒した。ザマーレク店のマネージャーで、新入社員の教育係でもあるシャヒーラに電話をかけ、不満をぶちまけた後、「データ入力担当の給与を三日分減給する」と宣言した。すぐに電話を切ってしまったので、話し合いの余地はなかった。

その日の午後、ザマーレクを通りかかった私は、本棚を確認しようと店舗に立ち寄った。棚の様子に満足すると、カフェのテーブルで客の流れを見ながらパソコンを使い始めた。そこにシャヒーラがやってきた。

「小さなミスをしたスタッフに金銭的なペナルティを課すべきではないと思います。経営戦略として間違っています。忠誠心や創造性ではなく、恐怖の文化を創り出してしまうからです。」

「あなたにとっては甘やかす方がいいかもしれない。私は痛いところを突くの。」

私は顔すら上げなかった。シャヒーラは私の向かいに座った。

「明日は、データ入力担当は誰もシフトに入りません。」

「なぜ？　厳しくしたから怖がって逃げたの？」

私は目をそらしながら尋ねた。

「いいえ。研修旅行を計画したのです。」

信じられなかった。シャヒーラが自己啓発本を読み、チームビルディング活動やロールプレイングによってトラブル回避が可能であると信じているのは知っていたが、今回の話は常軌を逸している。彼女がニハールと共謀していることもわかっていた。

「好きにして。でも給料は減額します。さあ、とっとと消えて何か役に立つことをしてちょうだい。」

翌日、私は会社の前の通りでタバコを吸っていた。アミールがふらっとやってきてタバコを口にくわえた。私はライターを差し出した。

「日帰り旅行はあなたの案ではないのでしょう。」

彼はにやりと笑った。

「アミール、あなたのゴシップ好きは相当なものだわ。」

「そしてあなたは柔軟な独裁者だ。ジーンズとトレーナーを着て、水筒持参で出社するよう指示を出して、日帰り旅行に連れていき、皆で遊ぶことで絆を深めるというのは、あなたのスタイルではないでしょう。それでも、あなたはシャヒーラの邪魔をしなかった。許可したのです。」

「ビジネスを始めた頃は、こんなにたくさんの赤ん坊の母親になるとは想像していなかった。」

「あなたは母親ではありませんよ。そんないいものではない。あなたは子守役なのです。」

「だから私はファラオになることにしたのね。こうして鞭を打つ。」

私はタバコを歩道に飛ばしながら、軽口を言った。

「シャヒーラは無条件の愛を与えて問題を解決するの。」

「彼女のやり方でうまくいくし、あなたのやり方ではもっとうまくいく。男は男らしく扱われるべきです。とくに上司が女性の場合はね。」

男の従業員と女の上司――。この表現にはため息が出る。一九五〇年代半ば、スエズ危機をめぐってイギリスとエジプトのあいだに緊張が走ると、ナセルは悪名高いテレビ演説の一つで、英国にマナーを守るよう促した。そのナセルが、BBCの番組で自分が「犬」と呼ばれたことに腹を立てた。それでどうしたかというと、かつて、カイロやポート・サイドの壁にイギリスを侮辱する落書きが描かれ、帝国の核心部が攻撃された時代があったことを思い起こさせたのだ。
当時、イギリス人の憤怒を買った落書きは、単に「おまえたちの王は女だ」というものだった。六五年経った今でも、これはエジプト人男性の間で効果的な嘲笑の言葉だ。六五年経った今でも、男性たちは、女性が統治することなど考えられないのだ。

二〇代から三〇代の男性の従業員は、数年間一緒に働く中で、私の強引な君臨の仕方に戸惑っていた。私の巻き髪は、ヴェールをかぶっていないことを見せつけただけでなく、野性的な雰囲気も醸しだした。私の大きな声は、女性としての上品さへの社会の期待を裏切った。

スタッフは私に敬意を払ったが、私の振る舞いを、かれらが抱く「尊敬すべき女性像」と一致させることに苦労していたようだ。敬意を払ったのは、主に経済的な理由からだった。経営者の一人として私が彼らの給料を支払っていたからだ。さらに別の理由もあった。スタッフに「あんたたちは私のために働いているのだ」などと決して言わなかった。代わりに、私たちは一緒に働いていると強調した。

男性スタッフと私のあいだに伝わらないことが多くあるのは知っていた。私たちは二つの異なるエジプトで生まれ、それぞれ暮らしてきたからだ。かれらは仕事を求めて都会に出てきた田舎の少年で、私はカイロで生まれ育った都会っ子だ。かれらのほとんどはイスラーム教徒で、私の家には複数の宗教が入り混じっていた。かれらは公立の学校を卒業したが、私は外貨払いの私立学校教育の恩恵を受け、当時二つの修士号を得ていた。私のふてぶてしい自信に、かれらは不安になる。

それに、かれらは女性からの命令にどう答えていいのかわからないようだった。女性といえば、自分を溺愛する母親か、従順な妻しか知らなかったから。皆、ニハールに優しい母の面影を見出して、彼女を喜ばせたいと思っていた。ニハールはかれらが抱える問題に寄り添い、その姉妹や兄弟、いとこたちが、ディーワーンや他の会社で働けるように試みた。そうして、ディーワーンは家族ぐるみの付き合いの場になっていった。

ほとんどの社員は、社内のどこかに血縁者がいた。サミールのいとこはヘリオポリス店で警備員をしていた。ヒンドの運転手アッバースの四人のいとこは、二つの店と事務所、倉庫にそれぞれ配置された。

ヒンドの運転手になる前、アッバースはニハールの料理人として働いていた。ニハールは今でもアッバースのホワイトソース・パスタは絶品だったと言う。ニハールの風変わりで強情ないとこで、ドイツ語のツアーガイドをしていたネハーヤは、マルチメディアと文房具の仕入れ担当になった。ネハーヤとシャヒーラは旧知の仲だった。どこの家庭にもあるように、秘密は守られず、ゴシップが通貨のように機能していた。

スタッフが病気になり、公立病院が提供するよりも高度な医療が必要になった場合、ニハールは友人や知人を頼りつつ、私立病院の医師たちを紹介した。緊急時には、共同経営者である私たちで費用を分担することを提案した。

ディーワーンがまだ小規模だった頃、年に一度、夕方に店を閉めて、スタッフ全員を連れてイフタール（ラマダーン期間中に伝統的に家族や友人ととる一日の断食明けの食事）に出かけた。その費用が会社の経費で落とされたことはなかった。なぜなら、スタッフは私たちの家族の延長であり、食事の支払いは私たちの義務だと考えていたからだ。

男性スタッフはニハールを慕ったが、ヒンドに対しては戸惑いを見せた。ヒンドの沈黙はかれらの不安をかき立てた。鷹のような鋭い目を見たり、逆らう者をいかに迅速に仕留めたかという逸話を聞いたりした時はなおさらだ。そして、彼女の厳しさを際立たせているのが、ユーモアと軽妙さで知られる助手のアミールの存在だった。

アミールは、職務上、ベーラー・マンションの外に出る時はほぼ必ずヒンドに同行した。店舗訪問時のやり取りを潤滑にし、ヒンドによる意思決定を後押しするためだ。店舗を訪問する時、ヒンドはアラビア語のコーナーを点検し、自らが作成したアラビア語の新刊書に関するマニュアルについて接客係をテストした。出版社と本の配置について話し合い、値引きや支払い条件について交渉した。

ヒンドは謙虚で礼儀正しく、お客さんやスタッフと握手する時も立ち上がる。彼女はいつも「ヒンド」と名乗り、肩書きをつけない。これは階級社会の慣習を完全に無視した行為だった。

男性スタッフは私をどう見ていたのか。自分ではよくわからない。おそらく私の攻撃性やユーモアに気づいていたのだろう。そんなことはどうでもよかった。ただ、自分では唯一価値ある部分だと思っていた勤勉さが、他の不足を補ってくれることを願った。

新しい本が店舗に届くと、私は、職場の上下関係や男女の役割分担に反して、他のスタッフと一緒に重い箱を運んだ。清掃スタッフによるトイレ掃除が足りない時には、ブラシを手に取り、自ら掃除をすることでトイレがどうあるべきかを示した。男性の上司ならば、トイレ掃除のような屈辱的で家庭的な仕事をやって見せたりしないだろう。

妊娠中でも、重い身体をゆすりながら肉体労働を続けた。実際、その姿は見ものだった。三二歳の、率直で、威圧的で、箱を運び続ける書店経営者。スタッフは唖然として私を見た。かれらの母親になるには若過ぎるが、妊娠するには——エジプトの基準で言うと——年を取り過ぎていたからだ。

二〇〇六年一月、ある肌寒い日曜日の朝、私と男性スタッフの緊張はついに頂点に達した。私は七月二六日通りを歩いて事務所に向かっていた。濃い青色のマタニティ・ジーンズを穿いていたので、突き出た臍が擦れてしまった。それは私の身体に合う唯一のズボンだった。黒いノースリーブのボディスーツがこぼれ落ちそうな肉体を包んでいた。私はその上に、大きな襟のついた黒のオーバーサイズのニットカーディガンを羽織り、自分の体格のよさを相殺しようとした。

ＰＣが入ったバッグの持ち手を握りしめ、私はバランスを取りながら、一歩一歩、歩いていた。どんなに不快でも、どんなに弱っていても、とにかく仕事に行くのだと自分に言い聞かせた。前にゼインを妊娠した時は、これほど途方に暮れたり、消耗したり、バランスを崩したりしなかった。皆が当時との違いに気づくのではないかと心配していた。

店の入口近くで、一人の痩せた青年が私の方に近づいてきた。スリラー時代のマイケル・ジャクソンのＴシャツを着て、微笑を浮かべたその青年は、年頃や擦り切れたジーンズから判断すると、一〇代で学校を中退し、整備士か配管工の見習いをしていたのかもしれない。額には汗がにじんでいた。

レモンの香りのするコロンに混じった体臭がわかるくらいの距離まで近づいた青年は、私に何か話しかけてきた。ディーワーンのことで質問があるのだろうと、私はイヤホンを外した。彼は歩みを緩めることなく、さりげなくこう繰り返した。

「うまくヤラレたんだな、卑猥なオンナだ。」

私は耳まで真っ赤になった。脈打つような赤いしみが目の前に飛び散り、視界がかげった。ただただ暑かった。怒りのままに力をふり絞ってこう叫んだ。

「ええ、ヤラレましたよ、あんたの母さんみたいにね。母さんはそれからクソちっちゃいおチンチンをつけたぬるぬるのアンタを産んだんだよ。」

結び目のほどけた風船から空気が噴きだすように、私の口から罵詈雑言が飛び出していった。青年が走り出したので、私は後を追おうとしたが膨らんだ体のせいで動きは鈍かった。息が切れて身体も動かないので、ますます激しい怒りがこみ上げた。

朝の掃除担当の二人がホワイエからその様子を見ていた。私は男が向かった通りの向こうを指差したが、すでにその姿は見えなかった。二人は駆け寄ってきたが、私は片手で開いたドアの取っ手を握り、くずおれそうな体を支えて、もう片方の手で、震える肩にPCの入った袋を担ぎ上げた。衝撃の余韻に浸りながら通りから目を背け、店内を見ると、朝番のスタッフがこちらを見つめていた。知り合いに似た赤の他人を見るような目だった。

ディーワーンのユニフォームを着た一人は、本の山を抱えながら、ぐらぐらする梯子にのぼり、もう一人は下でその梯子を支えていた。その場にいた誰もが言葉を失い、時間は止まっていた。ギフト券を手にしたレジ係は目をそらし、レジの引き出しを見つめていた。

最初に動いたのは警備員だった。普段、彼は金属探知機の横に立っていて、泥棒が小額しか盗めないよう監視する役割を担っていた。

警備員は、音を立てながら椅子を引きずってきて、私のほうに押しやり、座るよう合図した。両足を開き、両手を背後にだらりと下げて、頭を後ろに倒して、私は荒い息を吐きながら空気を吸い込んだ。そして周囲の本棚に並んだ背表紙を眺めて、気持ちを落ち着かせようとした。一冊一冊が私のこれまでの選択を物語っているようだった。

やがて再びパニックが私を襲った。自分の言葉がもたらした結果に気づいたからだ。謎めいた読書家というイメージから、口汚く罵るヤバいやつになってしまった。雄弁で文学的というプロフェッショナルなイメージは、私のものとしてスタッフの誰もが想像したことのないような汚い言葉で穢された。

やり直しはきかなかった。唯一の選択肢は、何もなかったように振る舞うことだった。この一件について何か話をすれば、私の弱さや後悔が読み取られてしまう。ヒンドに相談したかったが、彼女の反応はわかっていた。エネルギーを節約するために喧嘩は選んでするようにと言うのだ。

まずは自分にこう言いきかせた。この話は夜番や本社勤務のスタッフのあいだにも広まるだろう。それぞれが捏造を加えて脚色し、さらに周囲に伝わるだろう。近隣の店、隣の角のアレクサンドリア銀行やトーマス・ピザにまで伝わるかもしれない。そうだとしても、次に起きる何らかの事件や騒動に取って代わられるに違いない。

エジプト人は刺激的なことが大好きだ。そして他人の些細な失敗や私生活の話ほど刺激的なものはない。この一件はそっとしておくことにした。サミールが人より遅れて知ることになれば、さぞかし悔しがるだろうと思うと、少しばかり元気が出た。

その日の午後、ディーワーンのカフェで旧友に会った。

「何て言ったって？」

彼女は声高に笑った。可笑しさのあまり、はしばみ色の目には涙が浮かんでいた。私の膨らんだお腹がテーブルの縁を押している様子を眺めながら、友人は何とか呼吸を整えようとした。でもその光景を想像してしまい、また笑い声をあげた。

「ちょっと、落ち着いてくれる？　ここは私のオフィスなのよ、恥ずかしいじゃない。」

周囲のテーブルからの非難がましい視線を感じながら私は言った。

「もう遅いよ、手遅れ。」

友人は笑った。やがて発作は収まり、彼女はため息をついた。

「ありがとう。」

「何が？　慈善事業でもした？」

「その男に喧嘩を売ってくれてありがとう。私も今まで何度もハラスメントに遭ってきた。その上、良識的な友達や家族からは、痴漢に言葉を返すのは下品だからやめなさいって言われてきた。でも女たちは声をあげなきゃいけない。」

「それでも、この話が広まるのを何とか阻止したいの。母にバレないように。そうしないと大変なとそう。」

ことになる。」
「ファイザおばさんはあなたのことを誇りに思うでしょうよ。そう言わないかもしれないけど、きっとそう。」

彼女は言い淀んだ。
「一旦ショックを克服してからだろうけど。」

私はこれまで秘密にしてきた自分の汚い語彙録を、公にされたように感じた。でもこの友人が言った通りで、自分をさらけ出すことで思いがけない安堵感を得ることもできた。

その日曜の朝の出来事は、自己イメージにとっても、他人の評価にとっても、転機となった。私が痴漢男に下品な切り返しをしたことがディーワーンやその周辺に広まると、さらなる敬意が払われるようになった。けれどそれで得た感覚は複雑なものだった。悪態をつくなど、男性的な振る舞いをした時にだけ、男性のスタッフは私をかれらの一員とみなし敬意を払うのか。私は家父長的な規範に飲み込まれたのか。一つの線を越えたと思ったら、別の線に囲まれていたのだ。

それでも、悪態をつき、自分らしく振る舞うことについて謝らなければという思いを捨てたことで、ホッとしたのも本当だった。罵り言葉は少しずつ力を生み出した。悪態は、家族や階級、それにジェンダーの圧力に対する小さな反抗だった。メッキがはがれ、スタッフの期待に背き、悪態をついてばかりだった父の、「目立つな」という警告に抗うことで、私は自分自身になれた気がした。

ふと、従業員の懲戒処分に対するアミールの反応を思い出した。私はこの社会で男性を管理するためのマキャベリ的な教訓を学んだ。賞賛を得るよりも、恐怖を与えることが重要なのだ。そしてその力を戦略的に少しずつ発揮することも学んだ。罵詈雑言は核兵器の蓄えのようなものだ。皆がその存在を知っていれば、使用する必要はない。


同じ頃、メディアや顧客、知人のあいだで、私は新しい肩書きで呼ばれるようになった。ビジネス本の棚でよく見かける「起業家《アントレプレナー》」というものだ。

けれど他の肩書きと同じく、この呼び名にも苛立った。他の女性たちが、どのようにリーダーシップや職業上の権力を行使してきたのかが知りたくなり、再び、本を読み始めた。

二〇世紀以前、女性たちは家の収入を補うために、あるいは、夫の収入の代わりになるようにと小さな事業に着手した。女性の領域は子どもと家庭にあるとされていたので、経済活動のほとんどは、洋裁やヘアケア、美容、家事、助産など、家のことに関係する範囲のものだった。

アメリカで最初に自力で成功を遂げた女性の大富豪、サラ・ブリードラブ*29の話をしよう。アフリカ系アメリカ人の起業家だった彼女は、黒人女性向けの化粧品とヘアケア製品を製造販売する「マダムC・J・ウォーカー」(三番目の夫チャールズ・ジョセフ・ウォーカーと結婚した際に改姓した）というブランドを立ち上げた。一九一九年に亡くなるまでに、活動家や社会事業家としての足跡と、六〇万ドル（現在では九〇〇〇万ドル相当）の財産を遺した。

サラは、女であることを超越した、特異な女性だった。私は彼女を女性労働者というスペクトルの一方の端に置いた。もう一方の端にいるのが、エジプトの女性労働者たち——母や娘、捨てられた妻、寡婦など、程度の差こそあれ、それぞれの立場による制約を受けている人々だった。わが家の掃除をしてくれていたサバも、その一人だ。

サバのフルネームを私は知らない。知り合いのアメリカ人夫婦のところで働いていたのだが、かれらがカイロを離れる時、代わりに雇うようにと言われたのだ。私は引き受けたがサバはためらった。彼女はエジプト人の下で働くことを好まなかった。経験上、エジプト人は家政婦に親切ではないからだ。私の夫（一番目の夫）がアメリカ人だと聞いて、彼女は考えを変えた。

サバはひょろりと長く平たい体型の女性で、その機敏さが私にはうらやましかった。顔は浅黒く、ゴマのような色だった。歯が欠けていることに気づくのは、彼女が笑った時だが、それも滅多にないことだ。タバコがサバの親友だった。台所のスツールの上で、片方のかかとをお尻の片側にあてて座り、タバコを吸いながら、タバコに話しかけるか、独りごとを言う——そのどちらなのかは、判断できなかった。

サバは二重生活を送っていた。毎日、長袖のシャツに床まで届く長いスカート、頭と首を覆うカラフルなスカーフをあごの下で束ねた姿でわが家にやってきた。家の中で、破れたオーバーサイズのTシャツと、股下が垂れ、裾が折り返された、ゆったりとしたズボンに着替える。髪を束ねた姿は、まるで「リベット打ちのロージー」*30のようだ。ユニフォームを買ってあげると私は提案したが断られた。ディーワーンのスタッフもユニフォームを着ていること、どんな仕事でも見苦しくない格好でプライドをもってやるべきだと説明したが、サバは頑として譲らなかった。私は彼女が近所の人に自分は看護師だと言っているのだろうと思った。掃除婦は社会階層の中でも低い位置を占めていたからだ。

サバはわが家の鍵を持っていた。昼過ぎにやってくるのは、夜遅くまでテレビを見るのが好きなのと、自宅のあるハラム地区から乗る赤いバスやミニバスが朝は混んでいるからだ。仕事が終わるとすぐに家を出る彼女とめったに会うことはなかったが、お互い気にもしていなかった。

床掃除は彼女の一日最後の仕事だ。サバが両手で布を引きずりながら、体をぴったりと二つに折り曲げて掃除する姿を初めて見た私は、少しは楽になるだろうとモップを買った。彼女は感謝の言葉を口にしたが、モップをそのまま箒入れに入れたまま、使うことはなかった。

サバの生活については、仕事の合間に時々、一緒にタバコを吸っていたサミールから聞いた。失業中の彼女の夫は、毎日近所の庶民的な喫茶店《アフワ》で水煙草《シーシャ》を吸っていたそうだ。やがて、夫は姿をくらまし、その分サバの負担は軽くなったが、息子と老いた母親を一人で養うことになった。

エジプトの世帯主の三割が女性（離婚者、寡婦、独身者）で、彼女たちが主な稼ぎ手だということは知っていた。それぞれの物語はどう違うのだろうと私は考えた。もっと切実なのは、どこまでが同じなのかということだ。彼女たちは皆、それぞれの意味で起業家ではなかったのか。日常生活の問題を何とかして解決し、職業上のリスクと不確実な結果を自身で引き受けなければならないのだから。

女性の稼ぎ手たちは、持てる能力以上のものを発揮して対処してきた。サバがそうしてきたように。そしてある日、彼女の生活の微妙なバランスを崩す出来事があった。

「問題が起きました。」

サミールは、ぞんざいに刈り込んだ口ひげの下から、明らかに自分が伝えるべきニュースがドラマチックであることを楽しんでいる様子で叫んだ。

「今度は何？」

私は手帳を開いて、もう一つ仕事のメモを書き加えようと考えながら尋ねた。

「サバの息子が刑務所に入ったのです。それで現金が必要なのに、あなたに借りることはできないと。」

「なぜ刑務所にいるの。」

「わかりません。」

サミールは知らないふりをした。私が眉をひそめると彼は言い直した。

「もちろん知っています。でも、それをあなたに言ったらサバに殺されてしまう。自分の子どもたちの命をかけても言わないと誓ったのです。」

「なぜサバは私に借金を頼めないの。」

「もう借金だらけだからです。」

「まずはタバコでの浪費からやめるべきね。」

「あなたのような人が言いがちなことですね。タバコは人生唯一の楽しみだってことをわかってない。まあ、他にも楽しみはあるのだろうけれど。」

「サバはどうするつもりなの。」

「副業をするつもりです。」

信じられないという顔でサミールは言った。

「この家を管理するのでやっとでしょう。一日の時間は限られているのに。」

「あなたは他人に灼熱の太陽を避けるための日陰を与えられる女性だと、私はいつも言っています。彼女に少しばかり日陰をつくってあげてください。」

その日、あることを思いついた私は早めに会社を出た。サミールに家庭用品店で車を止めてもらい、焦げつきにくいカップケーキ用のトレイを二つ購入して家に帰ると、サバが台所のテーブルでぐったりしていた。いつも背負っている重苦しさが、一層、際立っていた。タバコの煙だけが、彼女がまだ意識を保っている証拠だった。私の気配を感じると、サバは立ち上がりぼんやりとした様子で身支度を始めた。もう一度座るようにと私が促すと、彼女はそれに従った。

「ザマーレク店の数軒先に新しいコーヒーショップがあるのだけど、オーナーと知り合いで、キャロットケーキを提供しましょうと提案してきたの。焼き方と値段のつけ方を教えてあげる。掃除のついでにここで焼いてもいい。サミールの用事のついでにカップケーキを届けるように調整してもいい。ひとまずのところ、材料はすべて私が用意するわ。儲けはあなたのものにしていい。うまくいけば、自分で材料を調達できるようになるだろうから。」

この提案なら、サバは最終的に受け入れるだろうと思った。彼女はキッチンのテーブル越しに私に抱きついた。骨の冷たさを感じた。彼女は泣いていた。私がノートから一枚の紙を破り、レシピを書き写すようにとペンと一緒に渡すと、サバは首を横に振って言った。

「あなたが書いてください。大きくはっきりと。」

二カ月もすると、サバは自分で材料を買うようになった。キャロット・カップケーキの生産量は一日一九二個に増え、わが家にはシナモンとバニラのアイシングの香りが漂った。

私は人生の中で存在を否定されてきた他の女性たちのことを考えた。ヴァージニア・ウルフ*31

が『自分ひとりの部屋』で描いた劇作家の架空の妹、ジュディス・シェイクスピアに見事に象徴される人々だ。

兄が学校に行っているあいだ、彼女は家で時を過ごす。性別ゆえに野心を阻まれたのだ。やがて結婚しなければならないので、キャリアを積むこともできない。サバは、シェイクスピアの姉妹の一人ではなく、マダムC・J・ウォーカーになれたのだろうか。

女性起業家の登場は現代の現象だと思われているのはなぜだろう。歴史的な逸話や文化的な風習は、進歩のためと言って、過去の女性たちが担った労働（家事、職業、その他）を否定し、語られることのない物語として封じ込め、私たちに何が可能かを知らせないようにしている。

それに、先人の女性起業家を探した時、ウォーカーにしか出合わなかったのはなぜだろう。ここにもまた、一つの物語に依存することの問題がある。たとえそれが開拓者の物語だったとしても。

エジプト女性経営者たちはどこにいるのだろう。

サバの人生は、彼女を取り巻く壊れた社会構造だけでなく、私たちの集団的な想像力の中に前例がないことによっても、制約を受けていたのだ。

女性でありながらも、男性として描かれることを選んだ者もいた。例えば、古代エジプト第一八王朝の第五代ファラオ、ハトシェプストは、征服よりも貿易に重点を置くことで、最も成功した統治者の一人になった。彼女の像は(女性の姿ではなく)男性の身体とつけ髭で装飾されている。

古くから女性経営者がいたことは明らかなのに、大きな商売であれ、小さな商売であれ、経営にたずさわる女性など存在しないとされている。これは未来に大きな問題を残す。

ヒンドは、ウトバ・イブン・ラビーアの娘*32にちなんで名づけられた。彼女は七世紀はじめのアラビアの地で一〇〇頭以上のラクダを所有する、とても有力な女性だったが、それでも預言者ムハンマドの宿敵や、権力者の娘として知られている。

もう一人のパワフルな女性、ハディージャ*33も、近親の男性や集団との関係性によって記憶されている。ハディージャ・ビント・フワイリドとして知られた彼女は、後に預言者ムハンマドの妻になった。

六世紀後半にメッカを支配していたクライシュ族の商人の家に生まれたハディージャは、人々からの絶大な尊敬を得ており、また公正な人物としての評判も高かった。両親からの財産を受け継ぎ、両親や最初の二人の夫が亡くなった後も、彼女は交易を続けることで資産を増やした。その隊商のラクダの列は、当時商業の中心地だったシリアやイエメンと交易していた他のどの隊商のものよりも長かったと言われる。

ムハンマドは、シリアに向けた隊商の監督者の一人としてハディージャに雇われた。ムハンマドの誠実さと勤勉さに感銘を受けたハディージャは、共通の友人を介して、彼に結婚を申し込んだ。それは彼女が四〇歳で、彼が二五歳の時だった。

預言者になった当初、ムハンマドが自分だけの空間をもてたのは、妻の莫大な富のおかげだった。そこで彼は瞑想し、神の言葉を授かり、啓示について思い悩んだ。

そしてハディージャはムハンマドを信頼していた。だからこそ、最初にイスラーム教に入信し、夫が神の使徒として活躍できるように心を砕いたのだ。

ハディージャは、夫が新たな役割を得たために感じたストレスやプレッシャーを和らげた。二人は二五年間一夫一婦で、四人の娘をもうけた。ムハンマドが当時一般的だった一夫多妻婚を受け入れることを考え始めたのは、六一九年にハディージャが亡くなった後のことである。それからムハンマドは、妾をのぞいて一〇人の女性と次々に結婚した。

ハディージャはビジネスの世界で大きな影響力をふるったが、それでもたいていの場合、従順な妻として記憶されている。私は大人になるまでそのライフストーリーの全貌を知らなかった。

長らく続いてきたハディージャへの歴史的に限定された見方は、私が最近経験したことにも関係している。たとえば女性とは握手できないと言ったフランチャイズ希望の男性との一件がある。預言者が妻の強大な地位を認めていたのであれば、当時の慣習を踏襲したいと考えるフランチャイズの男は、どうして私たちの価値を低く見るのだろう。

多くの男性は、より敬虔で高徳になりたいと願い、聖典を学ぶことに人生を費やそうとする。そして世俗的な男たちが醜悪な行いを正当化するために道徳的な権威を装うように、かれらはそのために宗教書を持ち出す。誤った信仰は、自分自身の偽善を見えなくしてしまう。

もちろん、こうしたことは女性のあいだでも起きている。そして、女性経営者などほとんどいなかったという考え方は、女性同士の競争を促し、連帯感の醸成を阻む。ヴァージニア・ウルフの「女は女に厳しい。女は女が嫌いだ」という言葉を裏づけるような経験もした。一〇年以上前の出来事だが、いまだに記憶から消すことができないのは、ヘリオポリスの店先で、本を棚に入れたり、ディスプレイを整えたりしていた時のことだ。身なりのいい中年のご婦人が私に近づいてきて言った。

「オーナーと話がしたいの。」

「私もオーナーの一人です。」

そう言いながら、私は手に持っていた本の束を近くのテーブルに置いた。

「あなたは秘書なのでしょう。」

ご婦人は嘲笑を浮かべた。

「さあ、さっさと偉い人を探してきなさい。」

私は階段を上ってカフェに行き、自分用のコーヒーを注文して、その日応答できなかったいくつかの電話番号にかけ直した。それから本のコーナーに戻ったが、彼女はもういなかった。私が単純作業をしているのを見てオーナーではないと思ったのか。その横柄な態度は家父長制による洗脳の結果なのか、他の女性が成功するのを見たくないという願望のあらわれなのか、私にはわからなかった。いずれにせよ、それが女性から発せられたものだったため、私の胸に刺さったのだ。

新店舗オープンのあわただしさの中で、私たちはすでに次の新たな店舗について検討し始めていた。私たちは野心的でハングリー精神に満ちていた。それに私はうぬぼれていたのかもしれない。何だってできると思っていた。もっと多くの人に、もっと大きなインパクトを与えたかった。

そのあいだ、私は二年と開けずにゼインとライラを出産した。これでさらに多くのレッテルが加わった。パイオニア、成功者、母親、ワーキングマザー。こうした言葉の中に自分を見出すのは難しかったが、いつかそれができるようになりたいと願った。権力や成功という言葉は、無報酬の女性労働には当てはめられず、「本物の」職業だけに限定して用いられるもののようだった。家事やケアワークは評価されなかった。ディーワーンでの仕事が評価され、表彰されるたびに、私は職業として認められる範囲が狭いことを実感した。

二〇一四年、『フォーブス中東版』*34のジャーナリストの一人から連絡があった。中東で最もパワフルな女性二〇〇人のリストを作成するチームの一員だった。私は六〇位にランクインしていた。

どうやって「パワー」を測るのかと尋ねると、複雑な要因の絡み合いによるという。男性の場合には資産によってランキングをつくっている。その計算も複雑だが、女性に関してはさらに露骨に物事を数値化する評価基準《ルーブリック》があるという。なぜそんな必要があるのだろう。

私たちパワフルな受賞者全員は、ドバイの人工島、パーム・ジュメイラにあるワン&オンリー・リゾートでの授賞式に招待された。ホテルは豪華過ぎて、それ自体が風刺画のようだった。

大理石の廊下を進むと、赤い絨毯にたどり着いた。その両側には受賞者の写真が飾られていて、大理石、金、真珠層、アラバスターが舞踏会ホールを取り囲んでいた。精巧なつくりのテーブルセッティングは蘭の花で飾られている。ここは、たくさんの花嫁とその介添人、わずかばかりの花婿がいる結婚式場だった。

私は興奮ぎみに他のパワフルな女性たちを見定めた。ほとんどが親友や娘、母親を同伴していて、私の胸は痛んだ。ヒンドかニハールを連れてくればよかった。それに母も。母は私の輝かしい瞬間をいつも苦い思い出で彩る。二〇一一年、『タイム』誌がヒンドと私にインタビューをして、「ありえない起業家」である二人の写真を掲載した時もそうだ。私の眉毛が整っていなかったせいで、母は娘たちの『タイム』誌デビューを素直に喜ぶことができなかった。

「なぜ手入れしておかなかったの。」

「ママ、外見が成功の秘訣の一つだったとすれば、きっと、ずっと前から手入れしていたでしょうよ。」

母からの批判はさておき、私は周囲の人々の服装に目をやりながら、自分の身だしなみの悪さを痛感していた。ジャスミン姫のような舞踏会用ガウンから、伝統的な首長国のドレスやアバーヤ、それにビジネススーツまで、着飾った女性たちを前に、私はカーキ色のシルクの巻き布のドレスと平べったい靴を履いていた。

あるテレビ司会者は、ヒールを履いて振り子のように揺れていた。彼女は私を背景幕の一つの前に誘導して、左足が前になるよう斜めに立たせて、カメラを回しながらインタビューを始めた。ファンデーションやパウダーは結婚式の時にしかつけない。だから、映像では顔がテカテカに光り、インタビュアーの艶やかさと比較されてしまう。

王室の誰かの到着と式典の開始を告げるにぎやかな声が響き、パワフルな女性たちは前方の席に、付き添いの女性たちは後方のテーブルに案内された。照明が落ち、ドラマチックな音楽とレーザーショーが始まった。

ようやく名前が呼ばれた。私は立ち上がり、壇上に立ち、シャイフ（王室の男性）と握手をして、金色に輝くガラスの楯を受け取る。それからカメラに向かって微笑み、壇を下りる。すべての賞の授与が終わると、私は冷たい楯を手に、暗闇の中で腰をかがめながら舞踏会場の後方まで歩き、目立たないように退出した。

　その後、数カ月、数年と経つ中で、私はあの晩の気づまりな雰囲気を思い出した。女性たちが他の女性たちからそのパワフルさを称えられるという場には、賞を与えたシャイフ以外、男性の姿がほとんど見えなかった。言うまでもないことなのだろう。女性たちのお祝いの席は、男性が気軽に参加できるものではないのだ。

　二〇代前半の頃、国際女性デーの堅苦しい祝賀会に何度か出席したことがあった。形式的にその場にいた数少ない男性は、いつも何か大げさで恩着せがましいことを言い、そのせいでさらに居心地が悪くなったように見えた。

　式典の数週間後、ポスター・サイズに引き伸ばされた自分の写真を受け取った。フォーブスのロゴの上に「中東でもっともパワフルな女性たち」という説明文がある。固く組んだ私の腕は、力強さと閉塞感の両方を表していた。受賞を誇らしく思った娘たちは、その写真を台所に飾ることにした。冷蔵庫の横の、ゴミ箱の上の壁に。

＊15 「目は見えているが、腕が短い」ともいう（竹村「エジプト口語アラビア語の諺」171頁）。

＊16 イブラヒーム・エルフィキー（Ibrahim Elfiky/ Ibrāhīm al-Fiqī, 1950年～2012年）は人間開発および神経言語プログラミングの専門家。

＊17 ムハンマド・アブドゥフ（Muhammad Abduh/ Muḥammad ʻAbduh, 1849年～1905年）はエジプトの学者、思想家。理性や経験に基づく新たなイスラーム解釈を提案した。

＊18 シモーヌ・ド・ボーヴォワール（Simone de Beauvoir, 1908年～1986年）はフランスの哲学者、作家。フェミニスト理論家。「人は女に生まれるのではない、女になるのだ」という言葉で有名な女性解放論『第2の性』などで知られる。

＊19 マリ・キュリー（Marie Curie, 1867年～1934年）はワルシャワ生まれの科学者。放射線の研究で、ノーベル物理学賞とノーベル化学賞を受賞。パリ大学初の女性教授職に就任した。

＊20 マハトマ・ガンジー（Mahatma Gandhi, 1869年～1948年）はインドの宗教家、政治指導者。インド独立の父として知られる。

＊21 パブロ・ピカソ（Pablo Picasso, 1881年～1973年）はスペイン生まれでフランスで活動した。「20世紀最大の画家」として知られる。

＊22 マルコムX（Malcolm X, 1925年～1965年）はアメリカの黒人解放運動指導者。マルコム・リトルとして生まれたが、ネイション・オブ・イスラームに入信し、イスラーム教の布教と貧困に苦しむアフリカ系アメリカ人の解放に尽くした。

＊23 マイ・ズィヤーダ（Mayy Ziadeh/ Mayy Ziyāda, 1886年～1941年）はレバノン系パレスチナ人の詩人、作家。フェミニスト活動家としてエジプトやレバノンで活躍した。

＊24 エックハルト・トール（Eckhart Tolle, 1948年～）はドイツ生まれでカナダ在住の著述家。『さとりをひらくと人生はシンプルで楽になる』の原題は*Power of Now*（1997）。

＊25 ジュリー・K・ブルックス（Julie K. Brooks）とバリー・スティーブンス（Barry A. Stevens）の著書。原題は*How to Write a Successful Business Plan*（1987）。

＊26 本章注8に既出のスティーブン・R・コヴィーの著書。原題は*The Seven Habits of Highly Effective People*（1989）。

＊27 スペンサー・ジョンソン（Spencer Johnson, 1938年～）の著作。原題は*Who Moved My Cheese? An Amazing Way to Deal with Change in Your Work and in Your Life*（1998）。

第四章 ビジネスとマネジメント

＊1　エドワール・ルイ・ジョゼフ・アンパン男爵(Édouard Louis Joseph Empain, 1852年〜1929年)は、ベルギーの技師、金融家、実業家。世界各地に路面電車を走らせ、パリの地下鉄を建設した。アマチュアのエジプト学者としても知られる。

＊2　原綴はYvette Boghdadli。

＊3　アーネスト・ジャスパー(Ernest Jaspar, 1876年〜1940年)。

＊4　ザマーレクの南側からナイル川を東方向に渡り、中心部(ダウンタウン)に通じる橋。ザマーレクからの出入りが可能な道路は限られているため、時間や曜日によってはひどく渋滞する。

＊5　ウォーレン・バフェット(Warren Buffett, 1930年〜)はアメリカの持株会社バークシャー・ハサウェイの筆頭株主であり、同社の会長兼CEOを務める。

＊6　ロバート・T・キヨサキ(Robert Toru Kiyosaki, 1947年〜)はアメリカの投資家、実業家、著述家。日系四世。

＊7　ジム・コリンズ(Jim Collins, 1958年〜)はアメリカのビジネス・コンサルタント。企業の長期間存続の要因を分析した著書『ビジョナリー・カンパニー』で有名になった。

＊8　スティーブン・R・コヴィー(Stephen R. Covey, 1932年〜2012年)はアメリカの作家、経営コンサルタント。成功哲学、人生哲学、自助努力に関する著書『七つの習慣』が大ヒットした。

＊9　フィリップ・コトラー(Philip Kotler, 1931年〜)はアメリカの経営学者。現代マーケティングの第一人者として知られる。主著『コトラーのマーケティング』。

＊10　アメリカのビジネス・コンサルタント、ケン・ブランチャード(Kenneth Blanchard, 1939年〜)の著作。原題は*The One Minute Manager* (1982)。

＊11　アメリカの作家、デール・カーネギー(Dale Carnegie, 1888年〜1955年)の著作。原題は*How to Win Friends and Influence People* (1936)。

＊12　J・K・ローリング(J. K. Rowling, 1965年〜)はイギリスの作家。「ハリー・ポッター」シリーズの著者。

＊13　ダン・ブラウン(Dan Brown, 1964年〜)はアメリカの作家。『ダ・ヴィンチ・コード』、『天使と悪魔』、『インフェルノ』などの著者。

＊14　2000年代に入ってエジプトの景気は低迷し、2001年の9.11後の観光収入の減少によりさらに悪化した。エジプト政府は2003年1月の固定相場制から変動相場制への移行をはじめとする経済安定化政策に取り組んだ。

*28 ジャック・ウェルチ(Jack Welch, 1935年〜2020年)はアメリカの実業家。ゼネラル・エレクトリック社のCEOを務めた。

*29 サラ・ブリードラブ(Sarah Breedlove, 1867年〜1919年)。

*30 第2次世界大戦期のアイコンで、工場や造船所で働く力強い女性を表す。

*31 ヴァージニア・ウルフ(Virginia Woolf, 1882年〜1941年)はイギリスの小説家、評論家。『自分ひとりの部屋』の原題は*A Room of One's Own*。

*32 ヒンド・ビント・ウトゥバ(Hind bint Utbah/ Hind bint 'Utba, 6世紀末〜7世紀)。メッカ生まれ。父親はクライシュ族の有力者。メッカの有力者アブー・スフヤーン・イブン・ハルブと結婚し、商業活動を行う。630年にイスラームに改宗する前、預言者ムハンマドと対立関係にあったことで知られる。

*33 ハディージャ・ビント・フワイリド(Khadija bint Khuwaylid/ Khadīja bint Khuwaylid, 555年頃〜619年)は、メッカの大商人の家に生まれる。(後に預言者の命を受ける)ムハンマドと結婚する前、二人の夫と死別し、遺産を受け継いで裕福な商人として活躍していた。

*34 原題は*Forbes Middle East*。アラブ諸国向けのビジネス雑誌*Forbes*のライセンス版。

第五章

妊娠と子育て

Pregnancy & Parenting

私の妊娠を最初に知ったのはヒンドと母で、その次がディーワーンの本棚だった。棚からこっそりと『妊娠中の心得』*1という本を手に取った私は、バックヤードに身を隠した。私は母に似て、変化に対して警戒心を抱くタイプだ。その時も、母を前に本の内容を要約しながら、今後私の体調や身体つきはどう変化していくのか、一時的な大変動に対して自分がすべきこととしてはならないことは何かを語った。母は呆れながら聞いていた。私は自分の手に負えないものをどうにかしようとしていることに何となく気づいていた。妊娠中の出来事を「やることリスト」に書き出すことができれば、もう一度自分を取り戻した気持ちになれると思ったのだ。

「ヒンドを妊娠した時、何時間も病院の待合室に座って、暇つぶしにタバコを吸ったのを覚えているわ。」

「タバコを吸ったの?」

私は愕然として聞き返した。

「もちろんよ。スコッチも手放せなかった。医者からは、タバコや酒をやめるとストレスが増すと言われたし。バージニア・スリム(タバコ)、ジョニー・ウォーカー(スコッチ)、それから『スポック博士の赤ちゃんと子どものお世話』*2の三位一体で乗り切ったのよ。」

「少なくとも読書はしたのね。」

三つのうち一つでもよい習慣があるのだから、ここはいいことにしようと自分に言い聞かせながら、私は言った。この会話には世代間ギャップがあらわれている。

ディーワーンには当初、妊娠と子育てのセクションはなかった。それでもインターネットで調べたり、海外の書店を訪れたりするうちに、それが必要だとわかってきた。ただし、私たちの文化では、事情はもう少し複雑だった。エジプトでは、若い夫婦は家族の家の近くに住むことが多い。そこで妊婦は、母親や家族、それに近所の女性たちに世話してもらったり、アドバイスを受けたりする。子育ては共同作業で、本からではなく、人から学ぶものだった。

ヒンドのアラビア語コーナーもこのことを裏づけていた。そこには子どもの名前に関する百科事典を中心に棚が一つあるだけだった。

「スポック博士の本を読んだのは、小さなあなたのお世話の仕方を学ぶためで、お腹が突き出ることについて知るためじゃなかったわ。」

母は憤慨して言った。

「私が十六歳の時に母が亡くなったの。その時、アドバイスも一緒に持って行ってしまった。」

母の言葉はまたもや私の購買欲を刺激した。その日私は、ディーワーンに置くために『スポック博士の赤ちゃんと子どものお世話』を注文した。

一九四六年に刊行されたこの本は、聖書にもさして劣らない歴史的ベストセラーだった。女性は自分たちが知っている以上のことを知っているとスポック博士は断言し、本能に従うこと、愛情を注ぐこと、赤ちゃんの欲求に耳を傾けることを奨励した。博士の優しく、親しみやすい口調が人気を呼んだ。私がこの本を読んだのは出版から六〇年後のことだが、すでに四二カ国語に翻訳され、五千万部以上売れていた。スポック博士の実用的な指導には、母のアドバイスと似たものがあった。

「妊娠中に運動《エクササイズ》はしなかったの？　ヨガとか。」

母に尋ねたことがある。この頃、アドバイスをもらおうと、いろいろと聞くようになったため、母と娘の絆は深まっていた。それまで母に反発してばかりだった私が、母の世界観を支持する日が来るとは思いもよらなかった。

「運動ですって？　よく聞こえなかったけど。」

母は間を置いてから話し始めた。

「フランス人の妊婦は白カビのチーズを食べ続けるし、日本人女性は寿司を食べるのをやめない。用いることが必要なのは常識だけよ。」

その時、私は母の態度が時代錯誤だと思った。でも今は、母の言う通りかもしれないと思う。

こうしたやり取りの中でいつも考えるのは、三〇年、四〇年の時を隔てて、常識はいったいどれほど「同じ」なのだろうかということだ。私は二〇〇四年に長女のゼインを、母は一九七四年に私を、祖母は一九三三年に母を出産した。遺伝的なものをのぞいて、私たちの出産体験にはどんな共通点があるのだろうか。

母の母、フォトナ・ワフバは、一九二六年から一五年間かけて六人の子どもを産んだ。ナイル川を臨むザマーレクの自宅で、助産婦のアユーシャの助けを借りて。六人の中に双子がいたが、男の子は三カ月後に亡くなり、もう少しだけ耐久力があった女の子はさらに三カ月生きた。

私の父の母、スザンナは、マンスーラ*3の小さな村の出身で、緑色の瞳で赤毛だった。マンスーラは、一七九八年にナポレオンがエジプト侵略を開始した時の前哨地だ。スザンナが最初に妊娠したのは一六歳頃で、父が生まれたのは一九二二年だった。

妊娠と出産は一五年間に及び、八人か九人の子どもが産まれたが、全部助産婦による自宅での出産だった。実際に生まれた人数は、尋ねた相手によって異なっていた。父とその兄弟は、かれらが若い頃にエジプトに襲来したマラリアとコレラの流行の中、幸運にも生き延びることができた。上流や中流階級ではない多くの女性たちと同じく、スザンナも、その姓を誰にも覚えられないまま生きて、死んでいった。

一九六〇年代、自宅出産に代わって病院での出産が標準的になった。出産は効率よく行われ、帝王切開が増えた。ヒンドも私もそうだった。私の母は当時の多くの母親たちと同じく、自然分娩か帝王切開かという問題について、ほとんど口を挟むことができなかった。その傾向は最近ますます顕著になっている。エジプトでは現在、病院での出産全体の五二%が帝王切開だ（CDC*4によると、アメリカでは約三〇%だという）。

「意識が戻った時、喉がすごく渇いていた。看護師に水をちょうだいと頼んだの。彼女は私の方を見て、『私がマヌケな水車にでも見える？』と言ったわ。私は一人ぼっちで、お父さんは旅行中で、怖かったし、仕方なくあの人たちのなすがままだった。」

「それでどうなったの？」

「次に巡回に来た看護師はもう少し親切で、赤ちゃんに異常は見つからなかったかと聞くことができた。私は四一歳だったから心配だったの。その年齢で出産する女性はほとんどいなかったから。友人はみんな、二〇年前に子どもを産んでいたわ。当時は超音波検査もなかったから、悪い結果になることもあり得たの。」

「酒とタバコのせいではなくて、四〇歳を過ぎていたから？」

「その通り。」

「私が女の子か男の子かもわからなかったの？」

「女の子を妊娠した母親は美しくなるという民間伝承があったから、きっと女の子を産むのだと思っていたわ。」

子どもたちは親に反抗する。私の母たちの世代は、妊娠について書かれたものを敬遠したが、私の世代はそれに興味津々だった。一九八四年に出版された『妊娠中の心得』が大ヒットし、他のマタニティ本に道を開いた背景には、そうした世代間の違いがあったのかもしれない。ディーワーンの初期には、離乳食、食事、トイレ・トレーニング、寝かしつけ、着替え、お世話、しつけなどのガイドブックやマニュアル、カレンダーなどが驚くほど大量に出回っていた。年齢別、子どもの数、性別など、特定の市場を狙ったものもあった。いずれも、世界の出版業界にみられる比較的新しいトレンドに乗っかっていた。

私は慎重に本を選び、妊娠と子育てのセクションの充実をはかりながら、自分の身近にある考え方やものの見方と、これらの本が提供する知識のバランスを取ろうと努めた。

妊娠期間を完全な形で過ごしたいという最近の風潮は、果たしてエジプトで受け入れられるのだろうか。資本主義が妊娠や子育てという人間生活の基本的な経験を悪用しているように思われた。子育てというありふれた行動は、特定の服や小物、そして今では本を買うことを正当化するものになっている。

母がヒンドと私を育てた五〇年近く前には、紙おむつも、夜泣き防止用の特殊な哺乳瓶も、知育玩具と呼ばれるものも、お洒落に身体を隠せるマタニティウェアもなかった。そんな産業はまだ存在しなかったのだ。裁縫を学び、一九六〇年代ファッションの熱狂的ファンだった母は、マタニティドレスもミニスカートも自分で縫っていた。それから、何時間もかけて再利用可能な布おむつをつくり、使用後は煮沸消毒した。周囲の景色が変わり始めても、母は自分の信念を曲げなかった。

ヒンドが長男のラムズィを出産した時、母は産科医に、ビールは母乳を出すのに一番いい、古代エジプト人もそうしていたと言った。後に第二子のライラを妊娠した私は、ニューヨーク式のビストロで友人たちと夕食をとった際、大きなお腹を抱えてビールを注文した。するとウエイターは提供することを拒んだ。そのことを話すと、母は愕然とした。彼女の世代の母親は、人生の新たな局面を迎えたからといって、自分を変える必要はないと考えていたからだ。

妊娠期間中、私の仕事場にはひっきりなしに人が入ってきて、お腹を触ったり、頼まれてもいないアドバイスをくれたりした。

「最初の二年間は母乳で育てなさい！」

「母乳で育ててはだめ！」

「粉ミルクは液体ゴミだ！」

「活動的になりなさい！」

「無理しちゃだめよ！」

こうした矛盾する言葉や、アイデア商品、ハウツー本にはうんざりだった。私に力をくれるといいながら、実際には閉塞感を与えるだけだった。もしかすると、母は私が思っていた以上に多くを知っていたのかもしれない。母の昔ながらのやり方に完全に納得したわけではないが、現代の消費主義や完璧志向がよいわけではないということもわかっていた。

「パパはどうだったの。」

一度、母に聞いたことがある。

「ラムズィのこと？」

母は驚いた様子で答えた。

「男は妊娠なんて気にしない。」

もちろん、それも変わりつつある。妊娠と子育てのセクションに置くべき本について調べていた時、いくつかの男性向けのタイトルを見かけた。例えば、『オトコからパパへ――オトコがパパになるための必読書』*5は、父親に「なる」ことに伴う変化を強調する（「クール」から「クールじゃない」、つまり「洒落男」から「父親」への変化を暗示している）。また、『もうすぐパパになる人のためのサバイバルガイド』*6や『おむつを扱うオトコ――最初の二年間を乗り切るパパたちのための究極のガイドブック』*7など、サバイバルや救済を謳う本もあった。女性向けの本にはない「おむつ」というモチーフと、それを操る「オトコ」の姿は、新しい父性をユーモラスに表現している。

『パパ部隊——エリートでお世話上手なパパになる方法』*8は、父親業を戦場に見立て、男性ホルモンに溢れた情景を描き出す。もちろん、男性を人生の新たな局面へと導こうとする、もう少し真面目な本もあった。しかし、どのようなトーンであっても、うちの母やその世代は、こうした本の存在や、その根底にある前提に違和感を抱いていた。

結局、ディーワーンに置くために父親に関する本を買い入れることはやめた。妊娠を扱う本を仕入れるだけで、すでに十分な賭けだったというのもある。売れる本にだけ、時間と資源を費やすことにした。

皆と同じように、私も理由がわからずに行動することがよくある。知識は後からついてくるものだ。

『妊娠中の心得』の代金を払いながら、私はレジの店員に向かって「友達のために買ったの」と何気ない様子でつぶやいた。そう言いながら、自分が「妊娠中」の人間とどれほど距離を置きたがっているのか、気づいていなかった。自分自身の状況を認めるにせよ、否定するにせよ、考える時間が必要だった。

妊娠中の上司という新しい人格に寄せていくべきなのか。それとも自分の変化を無視するのか。私はすぐさま、妊娠中でもよい見本となるようにこれまで以上に働くことに決めた。もしかすると、内心、自分の身に起こっていることが恐ろしくて、他人の目にはなるべくわからないようにしたいと思っていたのかもしれない。もちろん、私の体はそんなことお構いなしだった。

新しいスタッフを雇う時にはいつも同じような質問をした。

「あなたの子どもたちに望むことは何ですか。」

返ってきたのは、「よいイスラーム教徒になるように育てたい」という答えから、無言での凝視、「もっとよい機会に恵まれる国に移住して欲しい」という答えまで、さまざまだった。

もう一つ、いつも聞いていた質問があった。

「もしあなたがディーワーンの一員になった場合、夕方以降にも働けますか。それとも明るいうちだけですか。」

ディーワーンは毎日、朝九時から夜一一時まで営業していた。休業するのは、犠牲祭初日の午前中だけで、シフトを埋めるのに苦労していた。それにエジプト人の家計の厳しさも十分わかっていた。だからそんな質問をしたのだ。男性スタッフのほとんどは、収入を増やすために二つの仕事をかけ持ちしたり、転職のためにコンピューター・サイエンスのコースを取ったりしていた。休暇や病欠が出て二つの店舗のスタッフを入れ替えるという場合、スケジュールの管理はさらに困難で悪夢のようだった。

「日中であれば働けます。」

面接に来る女性たちはたいていそう答えた。私はその裏の意味を知っていた。品行方正な若い女性は暗くなる前に家に帰る。そうしないと、近所の人たちから批判され、評判が悪くなり、いい結婚ができなくなる。それに夜に外出し、公共交通機関を利用すると、女性は運転手や乗客からのハラスメントの嵐にさらされる。

家父長制のもと、女性たちが多くの妥協を重ねてきたことを私は十分理解していた。彼女たちは家族の資源を奪い合い、兄弟に従属し、家事を手伝い、年長者の世話をし、行く場所や会う人を制限されてきた。それもそうだが、わが同僚の男性がよく言っていたように、男性を雇った方が経済的には有利だった。エジプトの労働法では、女性は最初の二人の子どもについて九〇日間の有給産休が認められているという点も、その理由の一つだ。エジプトには育児休暇という概念がないため、男性の労働時間の方が長くなる。

産前産後休暇のような、女性の権利を保障しようとする法律が、女性を差別対象に追いやっていることは皮肉だ。女性を雇用すると面倒なことも起こり得たが、自分が女性だからこそ、私はそうすることを選んだ。

母性は他のどのような責任をも凌駕するし、そうであるべきだという、私たちの文化が女性に対して抱く思い込みに違和感を覚えていた。私の場合そうではなかったからだ。

一人目のゼインを妊娠した時、私は帝王切開で出産するために入院する前日まで働いた。ディーワーンに戻ったのはそれから三週間後だった。母性というおそろしく不安定な感覚を無視して、棚の秩序を求め、そして仕事が与えてくれる日常や安心感を求めた。

そうした思いが、見ず知らずの相手との会話の中で明らかになったこともある。

二〇〇八年、キャリアと家庭の「すべてを手に入れる」というテーマで、女性誌の取材を受けた。実のところ、私の状況は決して華やかなものではなかった。一番目の夫と離婚し、二歳と四歳の娘たちと、六歳のディーワーンを抱えていたからだ。

マアーディ地区に三店舗目をオープンしたばかりの頃だった。ザマーレクから一五キロほど南に下った郊外にあるマアーディには、緑豊かな空間が広がっていた。そこには、外国の駐在員を含む富裕層が暮らしていた。

試しに、最近できたばかりのカルフール・シティ・センター・モールに小さな売店を出した。すぐに手ごたえを感じたため、実店舗となる建物を探し始め、九番通りに出店した。それはザマーレクの七月二六日通りのような通りだ。この辺りは歩行者の往来が多いとわかっていたので、やや人通りの少ない場所ではあったが、最初に目についた建物を選んだ。私たちはディーワーンのブランド力に賭けた。きっと人々は集まって来るだろう、と。

ところが、開店から数カ月たった頃、自分たちの判断を疑うようになった。人通りは不規則で売り上げにはつながらない。外国人は新しい本を買うよりも、借りたり交換したりすることを好んでいたようだ。それは、世界的な不況が多国籍企業（多くはマアーディに駐在員事務所を構えていた）に影響を与える前のことだった。私たちは、三つの店舗を行き来するスタッフの配置や商品の移動に頭を悩ませるようになった。

女性誌の記者とは、マアーディにある新しいカフェで会うことになった。彼女は髪を金色に染めて厚化粧をほどこし、花柄のタイトなトップスを着て、黒いスカートをはいていた。記者が早くに到着していたので、私は機嫌がよかった。

カプチーノを注文したところで、彼女は代わり映えのしない質問を始めた。ディーワーンのアイデアはどこから来たの？　何が一番大変だった？　姉や友人と一緒に仕事をするのはどんな感じ？　意見の食い違いはどうやって解決するの？

そして決定的な質問をした。

「女性として、家庭と仕事をどうやって両立させているの？」

「両立させてない。」

私はカプチーノを一口飲んだ。

「これからもそうするつもりはないし、両立できるなんて言う人は信用しない。男性に対して「家庭や子どもの要求と仕事とのバランスをどうやってとっているの」なんて誰も質問しないでしょう。私は罪悪感に囚われたワーキングマザーなの。お風呂やおむつ替えを何度も逃してきた。子どもたちにはシッターがついているの。疲れ果てて帰宅すると、娘たちと遊ぶのも、寝かしつけの読み聞かせをするのも億劫になる。でもこれは自分で決めたことだから。娘たちには母親が働いている家庭で育って欲しい。私はシングルペアレントだけど、そのことに誇りをもっているし、それができることを有難いと思っている。」

記者は驚いてただ私を見つめた。

私は誠意をもって質問に答えたが、すべて正直に話したというわけではない。自分が抱く不安の大きさについて話さなかったし、おむつかぶれ防止クリームはどれがいいか知らないと告白する機会もなかった。爪に残ったクリームの白い線を、赤ん坊を触った痕跡を消そうと、ゴシゴシ洗ったこともある。

ゼインのゲップを出すのは大仕事だった。出ないと屈辱的な気分になった。ライラのワンピースのボタンを留める時は、息を止めて集中しながら、一つも見逃していませんようにと祈った。間違うと最初からやり直しだからだ。自分で解決できない、意味がわからない泣き声を聞くのが恐ろしかった。汚れたおむつを左右対称に閉じることができたという成功体験でさえ、私には惨めに感じられた。

違和感は母親になる前、妊娠中から始まっていた。自分の体が遠いもののように感じられた。体重が一三キロ近く増えて、足は重く、まるで水を含んだ二つのスポンジだった。ますます私はぎこちなくなった。

ザマーレクのカフェで打ち合わせをした日のことを忘れられたらと思う。ひどいつわりに襲われた私は、トイレに駆け込み、誰もいないことを神に感謝しながら、ぎりぎりのところで個室に入った。不運なことに、眼鏡とスカーフを外す余裕も、そうする先見の明もなかった。眼鏡は嘔吐の途中でトイレに落ち、スカーフは水浸しになった。この二つを何とか救い出し、臭いが気のせいであることを祈りながら、私はミーティングに戻った。

こんな時、妊娠本の表紙に描かれた幸福な母親のイメージが憎らしかった。倦怠感や疎外感に苛まれた顔はどこにやったのか。母乳をあげる時の不快感や不満はどうしたのか。こんな感情を抱くことにも罪悪感を覚えるものだと、なぜ誰も警告してくれなかったのか。

ゼインが小さな頃、シッターが休みの日には、ニハール（彼女の子どもたちはもう一〇代だった）の家に行った。そうすれば誰かがゼインをお風呂に入れたり、食事をあげてくれたりしたからだ。二人きりの空間で、自分の無能さを直視するのが嫌だった。

その一〇年後、ビルマが舞台の小説『鼓動を聴いて』*9を読んだが、主人公の母親は何もない中で母親業を始めたと書かれていた。数え切れないほどの本に囲まれて、そばには実の母親もいたのだが、その表現は当時の私の気持ちを完全に言い表していた。

「あなたのお子さんもきっと熱心な読書家になりますよ。」

場を和ませようと、ジャーナリストは言った。

妊娠中や出産直後、アドバイスを求めたり、確認したり、居場所を探すのではなく、もっと自分らしく過ごす方法はなかったのだろうかと思う。その時期は、そもそも不安定な体験に満ちているのかもしれない。

私が唯一、自分自身を感じられたのは、本を棚に入れて、丁寧に並べていく作業をしている時だった。そのあいだは、子どもたちのことも、結婚生活の失敗も、バスルームの天井の染みのことも、アクラム（バハガト・アリー通り*10の角にある掘っ立て小屋で働くクリーニング屋）でアイロンをしてもらうべき服のことも、すべて忘れることができた。たくさんの本棚、ゆとりのある会話、小さな笑いに囲まれながら、私は漂流するような感覚に身を委ねた。

娘たちと暮らすわが家とは違う形で、ディーワーンは私の居場所だった。娘たちを産んだのは私だが、彼女たちの存在こそが私の存在を脅かしているように感じることもあった。育児という経験は、私の弱さや限界を浮き彫りにした。

出産は女性に最高の満足感と達成感を与えるという考え方が嫌だった。無私の愛や無限の犠牲こそが、私や他の女性たちの人生に意味をもたらすという思い込みがある。そんな宙ぶらりんの状態の中に私たちは自分自身を置き去りにする。

子どもを産むことこそが成功の証であり、かれらがどう育とうが構わないという人もいる。ディーワーンを創り出すために私は多くの努力を重ねたが、今までの人生でもっとも褒められたのは、母親になった時だった。それは結婚を祝福された時に似ていた。

人は愛のために結婚するのか、親になるための前提条件だから結婚するのか。後者であれば、結婚の時点で親になるという運命を期待されてしまう。私は結婚生活の最初の七年間、意図的に子どもをつくらなかった。その年月は意味のないものだったのか。いや、そうではない。それは幸福で、実り多い日々だった。私はそのあいだにディーワーンを始めたのだ。

ゼインが二歳、ライラが八カ月の頃、私は「妊娠と子育て」の棚にもう一度目を通した。

一番目の夫との結婚生活には終止符が打たれ、今後進むべき道を探すために助けが必要だった。妊娠と子育てに関する本は大量にあったけれど、離婚した親やシングルの親による子育てを扱ったものは見当たらなかった。

インスピレーションを得ようと他のセクションに行ってみた。自己啓発の棚には、幸せな結婚に関する本が数冊あったが、幸せな離婚を扱ったものはなかった。そこで小説の棚に向かった。

母親の所業を耳にしたハムレットが、子宮の中から復讐を企てるという筋書きのイアン・マキューアン*11の『憂鬱な一〇カ月』は、妊娠と子育てのセクションに置くべきかもしれない。子どもを産める女性たちが富裕家庭の種畜《ブリーダー》になるというマーガレット・アトウッド*12の『侍女の物語』もそうだ。ギリシャ・ローマの神話にまでさかのぼれば、現代のどのようなガイドブックよりも、愛や結婚、子育てによる痛みや混乱を知ることができる。

もちろん、ほとんどの小説は家族という単位で構成されている。

「幸福な家庭はどれも似たようなものだが，不幸な家庭はそれぞれに不幸である。」

トルストイ*13が著書の冒頭で述べた印象的な言葉は、一九九七年に出版されたジャレド・ダイアモンドのノンフィクション『銃・病原菌・鉄』*14で提唱された、いわゆる「アンナ・カレーニナの原理」にインスピレーションを与えた。同書は、種の生存を保証するのは、(ダーウィン風に言えば)長所の存在ではなく、短所の不在であると論じた。

同じことは、結婚にも言えるのではないか。幸せな結婚が生き残り、不幸な結婚は離婚に終わると考えられている。結婚の継続は成功であり、離婚は失敗である、と。なぜそうなってしまうのだろう。私には、多くの離婚が成功であり、完全無欠とされる結婚の中にも、満足や成長、力を与えるという点で、失敗とみなしうる場合があるように思われた。

そもそも、私の結婚が失敗したのはなぜだったか。転機が訪れたのは、二人目の娘ライラの出産予定日四八時間前だった。それは路上でハラスメント男を罵倒し、スタッフを唖然とさせた日から数週間後のことだ。

その日は金曜日で、カイロはいつも通り気が抜けていた。動きは鈍く、音も聞こえない。私はゼインの手を引いて七月二六日通りを歩いていた。一歩ごとに左足が痛んだ。何とかやり過ごそうとしたが、それもだんだんと難しくなってきた。ヒンドのシルバーのステーションワゴンが私たちの横に止まったのはそんな時だった。ヒンドは、私とゼインに、車に乗るようにと手で合図した。私家はすぐ近くだったが、何キロも先にあるように感じていたので、この誘いはありがたかった。私はゼインを後部座席にあったラムズィ（ヒンドの息子）のチャイルドシートに座らせて、ヒンドと並んで助手席に座った。

「もう耐えられない。早く赤ちゃんを出して欲しい。」

「赤ちゃんもきっとそう思っているでしょうね。」

ヒンドは言った。

「ラムズィが生まれる前の、最後の二日間のことを覚えている?」

「何とか忘れようとしたけど。」

ヒンドはとげとげしい会話を早めに切り上げようと、建物の裏側の車庫に車を止めた。いつもなら正面から建物に入るが、結果として裏口から入ることになった。

家の中は不気味なほどに静かだった。ゼインは私の手を離すと、ペタペタと自分の部屋に走っていった。私は廊下を進み、奥の主寝室に向かった。夫の名前は呼ばなかった。ただ、取っ手を押し下げてドアを開けた。夫は寝室の窓にある緑色の鉄の手すりに寄りかかり、こちらに背を向けて、電話を耳にあてていた。

私は呼びかけもせず、動きもしなかった。彼の口調は蜜のように甘ったるかった。聞こうとしなくても、すべてが耳に入ってきた。実際の言葉よりも、彼の甘い口調、ゆるんだ動きが心に突き刺さった。耳をふさいだが、もう遅かった。空虚感が漂った。自分の内臓があふれ出て山盛りになっているに違いないと、床に目をやった。ついに私は乾いた声で「もうやめて」と言った。彼が振り向いた。電話の相手に、もう行かなきゃと言った。

「建物に入ってくるのが見えなかった。」

彼は弁明しようとした。

「別の入口を使ったの。」

私は機械的に答えた。それから、金曜日恒例の家族での昼食に加わるため、私たちは出かけた。そこでヒンドをつかまえて何が起きたのかを話した。ヒンドの辛そうな顔は私にそっくりだった。すでに張りつめていたお腹に食べ物と飲み物を詰め込んだ後、私は彼に向かって声を張り上げた。でも本当は自分の愚かさを呪って叫んだのだ。

二日後、私は予定通り、手術室に連れて行かれた。そばには、眉間にしわを寄せて、何とも言えない表情で私を見ている夫がいた。空しくなった。

これは他の誰かに起こったことなのだ。彼でも私でもない、他の誰かに。

その時の私は離婚したくなかったし、娘たちに一方の親を奪われたなどと思って欲しくなかった。

帝王切開の傷口が治るとすぐに仕事に戻った。ディーワーンはいつも私の病気を癒してくれたが、この時は違っていた。会話や本の題名に結婚や離婚の話題があがると、とたんに私は反応した。自分の話が落ち着くまでは、その話題は出したくなかったし、出されたくもなかった。

掃除人からキャロットケーキ屋に転身したサバは、アメリカ人のかつての雇い主とのやり取りから、私が思っていた以上に、英語がわかるのかもしれないとつい考えてしまう。一番目の夫と私が一緒に食事を取らなくなったことに彼女は気づいたに違いない。それに、私たちのやり取りが、礼儀正しく、緊張感のあるものに変わったことがわかっただろう。

用事の合間に、サミールと噂話をするサバの姿を想像した。車の中では、サミールが話せないフランス語や英語でプライベートな連絡をとっていたが、彼もそろそろ、文章を聞き取れるくらいの語彙を揃えたのではないかと心配になった。サミールがお茶を飲みながら、休憩中のスタッフに私の結婚生活の悩みをドラマチックに話している姿を想像した。オフィスから出るたびに、それまで集まっていた社員たちが散らばっていく様子が目に入った。

それからの数カ月間、サミールの車で夫婦カウンセリングに行く時は、いつも一本先の通りで降ろさせた。そして、私がどの建物に入るのかを見られないよう、念のために、サミールに別の用事を命じたのだった。

私の被害妄想はますます膨らみ、ディーワーンの本――とくに作家のエリザベス・ギルバート*15との会話が増えていった。

開店当初、一番目の夫は、ギルバートの第一作である『厳格な男たち』を発見し、私に何冊か注文するように勧めた。彼はギルバートの言葉が好きだった。私は店頭に立ち、彼女のことを知りたそうな人に本を薦めてみたがうまくいかなかった。手つかずの本の山に「ディーワーンのお勧め」というサインを貼った。けれど、それでもダメだった。何カ月も経ってから、負けを認めた私は毎年恒例の返品作業をして彼女の本を出版社に送り返した。恨みがましく思っていた。私をがっかりさせる本は嫌いだ。

二〇〇六年、一人目の夫の情事が暴露され、離婚したのと同じ年に、エリザベス・ギルバートは、ベストセラーとなった回顧録『食べて、祈って、恋をして』で、自身の離婚後の自己発見をたずさえて、私の人生に舞い戻ってきた。

この本は勝手に売れていった。ザマーレクでもヘリオポリスでもマアーディでも、本棚の前を通りかかるたびに、あるいは、本棚を補充するたびに、彼女は私に語りかけてきた。

「迷いなさい。それが自分を見つける唯一の方法なのだから。」

「黙って、リズ！　私の人生のことを何も知らないくせに。」

「そんなの関係ない。受け入れて、降伏しなさい。」

「うるさい。あんたの物語の結末を知っているでしょう。」

ヒンドとニハールは私のそばを離れなかった。会議の最中も、心配そうにこちらを見ている二人の姿が目に入る。そして見ているのがバレたとわかると、包み込むような笑顔を向けてくる。それでも物足りない時にはこんなメッセージを送ってくるのだ。

「大丈夫。これを乗り切ればよくなるし、強くなる。こんな思いをするのはあなたが最初でも最後でもない。馬鹿げたことって起きるものだから。」

六カ月間のカウンセリングを受け、親しい友人や気安く話せる知人からのアドバイスを聞いた後、一番恐れていたこと——母を失望させること——に向き合わねばならなかった。それまでにも私が不倫やその余波の話題を持ち出すと、母は短いコメントをするだけだった。

母は不満なのだろうと思った。それは確かに事実だった。でも、もっと大きな事実があることに気づくまで長い時間がかかった。それは、母親たちが娘たちに、自分よりもよい人生を歩んで欲しいと願っているという事実だ。

「今日のお昼ごはんはモロヘイヤ*16にしようか、それともファッタ*17にしようか。子どもたちはどっちがいい？」

毎日の朝の電話で、母が聞く。

「ママ、子どもたちはどっちでもいいと思うよ。だって八カ月と二歳なんだから。ファッタにして。」

「いいわ。ベシールにモロヘイヤをつくるよう言っておくから。子どもには緑色の野菜が必要ね。」

私たちの会話はいつもこんなふうだった。母に意見を求められて私が何か言っても、母は結局、自分の思い通りのことをする。

「もう一つ聞きたかったの。なぜあの人とまだ一緒にいるの。お父さんと私は、あなたに「毒を食らわば皿まで」なんて教えたことがあったかしら。」

私の答えを待たずに母は続けて言った。

「ベシールにニンニクのことを言わなきゃ。前回足りなかったから。」

翌日、私はイスラーム教のスンナ派で女性が持つ離婚の権利「イスマ」を行使した*18。これは法的には認められていても社会的には忌避される方法だった。ベリーダンサーは結婚の時にイスマを要求すると言われていた。

私が離婚したのは、彼が浮気をしたからではなく、私を馬鹿にしたからだった。そして彼は正しかった。私は馬鹿だったのだ。こんなことになるなんて思っていなかった。でも報復は最小限に留めておいた。誰も被害者になりたくなかったから。

エリザベス・ギルバート(リズ)は何かを掴んでいたのかもしれない。私は流れに身を任せるしかなかった。

次の日、職場で離婚したことをさりげなく告げた。それから、子どもたちは元気で、私たちそれぞれを独り占めできるのをどれだけ楽しんでいるかを言い添えた。

自宅では、空っぽになった空間に目を向け、そこに移り住んできた静寂を歓迎した。キャビネットを整理し、空いたスペースを自分のもので満たした。旧友の『裸のシェフ』と会うようになったのはこの頃だ。定期的にシェフのレシピで料理を作り、手際よく盛りつけて、残りものは翌日オフィスに持っていった。ゼインとライラが大きくなったら、同じテーブルに座って、料理と物語をわかち合えるのだと思うと、私は安堵した。食べ残しもなくなるだろう。

不思議なことに、私は自分の惨めさに慰められていた。不当な扱いをされた妻として皆から同情されることで、強くならねばという自意識からしばし解放されたのだ。もちろん、陰では、私のワークライフバランスの悪さが夫の不倫の原因だったと噂されていたのだろう。

自分を必要としない女の存在を、必要とする女で補う以外に、男に何ができるというのだ。時が経つにつれて、自分は浮気相手の女性に怒っているのではないとわかってきた。彼女たちは好きなように行動すればいいし、私が失望を抱こうと彼女たちの責任ではない。

それ以上に驚いたのは、自分が一番目の夫に対する嫌悪感を抱いていないことや、二人の関係を大切に保ち続けられることだった。

彼の行動は、全体から見れば取るに足らないものだったのかもしれない。どうやら、彼への感謝の気持ちの方が、傷の痛みを上回ったらしい。彼の行動と私たちの破局は、今までにない形で私を解放した。

一〇年間、私は結婚という枠から外れた自分を想像することができなかった。若かりし日の自分、彼が結婚した時の私を手放しながら、大人にもなりきれていなかったのだ。結婚にまつわる義務から解放されたことで、私は自分らしい母親、自分らしい（元）妻、自分らしい人間になれそうな自由を感じていた。

私は自分のことを「不当な扱いをされた妻」や「元妻」とは思っていなかった。「元」は断絶や終わりを意味する。結婚生活が破綻した後、私と一番目の夫は新しい関係を築こうと努力した。子どもたちが親の離婚を言い訳にするような状況はつくらせなかった。密に連絡を取り合い、意見を交わした。もちろん、口論することもあった。学校のこと、お泊り会のこと、遊び場のいじめっ子への対処法など、だ。（よく話題にのぼったのは、子ども向け番組のプロデューサーの息子で、その父親はゼインのシッターに「遊び場に運転手を送り込んでお前を殴らせるぞ」と脅してきたそうだ。）

一方で、何について争うかを選ぶようにもなった。そして、そのうちに妥協する習慣も身についた。それぞれが再婚し、また離婚した。自分の失敗について相手に説明する必要はなかった。いつの間にか私たちは親友になった。互いの欠点は承知の上で話を聞いてもらい、アドバイスをもらう仲になった。

別れてから一五年になる。そのあいだ、口喧嘩などもあったが、私と一番目の夫は「失敗に成功した」と確信している。私たちは幸せな離婚をした。この本を書いている時期、彼は娘たちやヒンドゥ、それに私の母と一緒に、原稿を読んでくれた。

彼と私は約束をしていた。娘たちが大きくなったら不倫のことを話すというものだ。ある時、早熟な一三歳のライラがこう言った。

「私たちの家族の秘密がわかったの。」

「家族の秘密って、たった一つ見つけただけなの？　がっかり。」

私はからかった。

「パパが浮気したって言ってた。」

ライラは明らかに意図的に不意打ちをしかけてきた。そして私の反応をうかがいながら、いたずらっぽい笑みを浮かべた。

「パパめ、自分から話すなんてずるい。」

私のこの反応に、ライラはもちろん満足しなかった。もっとドラマチックで、大げさで、血みどろの展開を望んでいたのだ。

「あなたの靴を履いてたら*19、私はどうしたかわからない。」

「歩いただろうね。私はあなたのために、あなたを思って歩いたの。パパとの結婚生活から歩き去ったのは、いつかあなたがこのことを尋ねるだろうと思ったから。その時に誇らしい気持ちで答えたかったの。歩くの、と。」

「結婚をやめるのは辛かったでしょう。」

「優柔不断と後悔はもっと辛い。」

「後悔もあるでしょう。一人で老いていくのは怖くないの？」

「一人でいることと孤独であることを混同してはだめよ。私が一番孤独を感じた瞬間のいくつかは、結婚している時のことだった。」

「ママ、これが「大きくなったらお話するね」って言っていたやつ？」

「簡単に言うとね、恐怖とか、罪悪感とか、その方が楽と思うこととか、そういうもので何かを決断してはだめなの。自分で「これだ」と思えるものを選びなさい。」

「なんで、大変だった、ひどい話だったって認めないの。」

「人生でひどくない話なんてほとんどない。それはあなた自身がつくるものなの。私はみんなの先頭に立つヒロインじゃないし、ひどい結婚にしがみつく何百万人もの女性たちと何も変わらない。ただ私は離婚する余裕があっただけ。単純なこと。住む家があったし、経済的にも自立していた。」

私はライラの額にキスをするために顔を寄せた。

「あなたとゼインのためにお祈りする時、私はこう言うの。あなたたちが満たされ、感謝の気持ちを知って、自信と自制心をもつ人になりますようにって。」

ゼインは、この話題に触れたことがない。ヒンドと同じく、自分だけの中で物事を考えることを好んだからだ。

私の子育て方法はガイドブックに書かれたものと正反対だった。娘たちの幼少期から二人が一〇代になるまで、できるかぎりぶっきらぼうで率直に接した。二人がまだ小さかった頃、アイスクリームが食べたい、おもちゃが欲しい、夜更かししたいなど、懇願される度に私はこう答えた。

「あなたのことを愛しているからイエスと言いたいけど、もっと愛しているからノーと言うね。」

二人を喜ばせたいという気持ちは、二人にとってベストなものを与えたいという気持ちの二の次だと考えていた。二人にはよくこう言っていた。

「母親としてあなたたちを無条件に愛することを保証するわ。でも、あなたたちのことをずっと好きでいるかどうかは約束できない。私の気持ちはあなたたちが自分で勝ち取らなきゃね。」

今でも二人にはそう言っているし、本当にそう思っている。何かになることと、それをつくりだすことは、背中合わせなのだ。私たちは自分がどのような人物になるかに責任をもつ。そして、それは意図的な行為でもある。自分自身と子どもたちに向けた私の物語には、被害者意識が入り込む余地はなかった。


離婚は成功だったと言えるが、子育てについてはまだ何とも言えない。私はゼインとライラがどんな人間になるのかを楽しみにしている。おそろしいのは、二人がどうなるかは、私の手に負えないということだ。子育てには、作家活動や起業と同じように保証がない。

リンクトインの創業者の一人であるリード・ホフマン*20は、「起業家とは、崖から飛び降り、落ちながら飛行機を組み立てる人だ」という有名な言葉を残した。子どもたちにも、新しいベンチャーにも、マニュアルはない。多少のリスクは覚悟の上で、多くの希望を胸に抱き、そしてどんな計画も修正が必要になるという確信のもとで、私たちは事業に乗り出す。なぜなら、途中、多くのことが起こりうるし、実際に起こるからだ。ディーワーンはその典型だった。

私たちは事業がうまくいくように願いながら、思い描いたとおりの店舗をつくり上げた。それでも生き残るために、変化する世界に適応しなければならなかった。ディーワーンの将来については、ヒンド、ニハール、私の三人のあいだで何度も意見がわかれた。それから何年も経った今、何が正しかったのか、誰が間違っていたのかは、私たちにとってどうでもよかった。それは過ぎたことだ。

子育ての場合、努力の成果が見えるのは、変革の時期をかなり過ぎてからだ。だから、自分自身やお互いを責め続けることになる。

その後も私は本を読み、人を見てきたが、その間、ディーワーンもエジプトもどんどん変わっていった。そして本棚はやはり、起こりつつある変化のことを教えてくれた。

出版社のカタログを見ると、妊娠や子育てに関する本が多様化していることがわかる。政治や社会がもたらす規範の変化に対応しているのだ。「家族」や「子どものお世話」という言葉が普及する一方で、「親」という単語が名詞から動詞に変化する。親はかつて子どもの躾を担う、権力を帯びた存在だったが、しだいに、子どもを一人の人間として総合的に導く役割を担うようになった。それは子どもに従順さを求めた私の母世代の「親」とはまったく違っていた。

かつて、女の子は親の世話をして、男の子は家の名を背負った。男であれば家の中のことに縛られなかった。

私たちの世代は、子どもが天才であって欲しいと望み、すべてにおいて私たち以上の結果を出すことを期待している。希望をもつことで、私たちは知らず知らずのうちに、自分自身と子どもたちに大きなプレッシャーを与えるのだ。

親が躾の担い手から指導し助言を与える者に代わるという世代的な変化は、ヒンドや私自身の生い立ちにはあまりあてはまらない。父は厳格だったが、母よりは甘やかしてくれた。父はいつも私たちにこう言っていた。つねにベストを尽くさなければならない。たとえ自分は成功を手に入れたと思っても、それは失敗への道の第一歩を踏み出したということだ、と。

ヒンドと私が一〇代の頃、父はもう七〇歳だった。肺がんを克服した後、父は毎日私たちにタバコの害について講義した。タバコと比べれば、酒やギャンブルは問題ない。自分の死期を意識して、自分の死後も子どもたちがうまく暮らしていけるようにと考えていたのだろう。

父は知らず知らずのうちにフェミニスト的な要素の一部を身につけていた。自分が生きているあいだ、妻には真の自立をさせないが、娘たちの自立についてはあらゆる点でそれを求めるという形のものだ。ディーワーンや離婚を含め、あらゆることを実現できたのは、父から受けた訓練のおかげだった。

母の教育法はもっと厳しかった。母自身がそうして育てられたからだ。修道女が経営するカトリック系の学校メール・ド・デュー*21で学んだ後、彼女はザマーレクにあるリセ・フランソ＝エジプシャン校*22に通った。リセでは規律を身につけ、言語に対する愛情を育んだ。母国語であるアラビア語と、植民地時代の言語で、母自身の宗教の礼拝に用いられるフランス語だ。

母には、私たちの意見を聞こうという気持ちも、時間もなかった。だから、わが家では、子どもたちは従順であるべきと考えられていた。そして母は、ヒンドと私を区別しなかった。子ども時代、私たちは同じように叱られ、褒められた。冷酷なまでの平等は、「平等に抑圧すれば、それは正義である」というエジプトの格言を思い出させた。

私たちの余暇の時間は、母がつくった「やることリスト」によって埋まっていた（私は今でも自分でリストをつくっている）。子どもたちや自分自身の教養のために、カイロ中の博物館、美術館、劇場に行った。私たちが大きくなると、課外活動の情報も集めてくれた。だから大人になった後のヒンドや私も、気乗りしない自分の子どもたちの手を引っ張って、文化的なイベントに連れ出すようになったのだ。

子どもの頃、母の周到な教養プランに従って夏休みを過ごすことが本当に嫌だった。もちろん、いつもながら母は正しかったし、今では感謝している。文学や音楽、美術、舞踊の楽しさを教えてくれたからだ。

時が経つうちに、両親の厳しさは、溢れんばかりの愛情と献身的な努力によるものだったと思えるようになった。厳しいながらも、両親は自分たちには機会がなかったことまで経験させてくれた。それは英才教育のためではなく、何とか生きていけるようにするためだった。

ディーワーンのベストセラーの一つに、ナギーブ・マフフーズの「カイロ三部作」がある。これは一九一八年から五二年の革命までのカイロの街を舞台に、アフマド・アブドルガワードの一家三世代の経験を描いたものだ。

昼は厳格に家族を支配し、夜は踊り子や歌い手と情事を重ねる専制的な家父長。その厳しさと偽善は、妻アミーナの腹立たしいほどの従順さによって強調される。妻は毎晩、辛抱強く、夫の帰りを待つ。ガス灯を階段の上に置き、夫が部屋までいく道を照らし、彼の足を洗い、話しかけられた時にだけ言葉を発する。夫の服を脱がせて片付け、もう何も用事がないとなったところで自分の部屋に入る。毎朝、夜明けとともに起きて祈りを捧げ、女中と子どもたちを起こし、皆が十分に食事をとったか確認してから学校に送り出す。

若い頃の私は、母の野心や、子どもを産む前のいろいろな経験について考えたことなどなかった。二〇代になってようやく、私は母のことをもっと知ろうとした。打ち明け話もするようになった。友達と話すように、その場その場の言葉で自分を表現した。

しぶしぶながら、母は自分の人生について、それまで私が知らなかったことを話してくれた。私は次第に、自分の両親やかれらの結婚生活について、知り過ぎているのではないかと思うようになった。でもその時、私と一番目の夫は、一〇代の娘たちに対して同じことをしてきたのだと気づいた。


親になった私は、母親としての自分と自分自身の人格とのあいだに横たわる不調和に直面した。友人たちがアイデンティティを使い分けながら、子どもの前では自分をさらけ出さないようにしている場面も目にした。

子どもたちが大きくなるにつれて、この点がますます難しくなった。というのも、隠しきれなくなるからだ。ライラが一番目の夫の浮気のことを私に尋ねたように、子どもたちは、自分が見聞きしたことを理解するようになっていく。けれど、良くも悪くも、私には自分の役割を切り分ける余裕がなかった。子どもたちの前でも、友人とバーや仕事場にいる時も同じ「ナディア」だった。

二人は学校でタバコがいかに危険かを学び、恐れるようになった。私がタバコをやめた時、まだいくらか手元に残っていたが、知り合いの母親たちのようにそれをバスルームに隠したりはしなかった。セックスやドラッグ、アルコールについて聞かれると、本当のことを言うようにしていた。無理に嘘をつくくらいなら、余計なことまで言ったほうがましだと思った。

他の親たちと同じように、私も神経質だったのだろう。模範やアドバイス、「正しい」ことをするための指針を求めれば求めるほど、妊娠や子育てを自分の思い通りにすることは不可能だとわかった。私たちは最善を尽くし、害を最小限に抑えることだけを願っていた。

私は母のことを「母」としてしか見られなかったが、自分のことはむしろ、自分以外の属性で見ることができなかった。母はいつも、子育てが自分を謙虚にしたと言っていた。それによって自分自身が壊され、建て直された、と。父は人質になったようだと言っていた。そしてついに、私にもその意味がわかった。突然、この世にあと二人、喜んで自分の命を捧げられる存在ができたのだ。もしこの責任の重さを知っていたならば、いったいリスクを冒してまで親になることを選んだだろうか。自分にも、他人にも、多くの痛みをもたらす可能性があるというのに。

子育ては結婚と同じく権力闘争だ。主導権をめぐって母親と父親のあいだで戦われる究極の綱引き。私の両親は互いの領域に踏み込むことなく、自身の領域を確保することに成功した。父の死後、母はそのあとを継ぎ、新たな領域を獲得した。孫たちに対する母の愛情は、ヒンドや私に対するものを上回り、それによって母は祖母になった。私が娘たちそれぞれに違う接し方をしていると感じると、母はいつも小言を言った。「年齢が違うと、許されることも違うの」と私が反論すると、娘たちをできるだけ同じように扱った自分のやり方の方が優れていると母は言った。そうした言葉に耳を傾けはするが、いつもそれに従うわけではない。

一番目の夫と私も、大きな決断は一緒にするが、些細なことで言い争ったりはしなかった。私たちは離婚とその後の関係性の中で、日々の子育てをめぐる権力闘争から解放されたのだ。

「思い通りにすること《コントロール》」は、私が生涯をかけて何とか逃れようとしてきた中毒の一つだ。何でも制御できると私は思い込んでいた。何かを制御したいという欲望でさえも、だ。実際には、大切な事柄の多くには力が及ばなかった。そのことに向き合う必要がある。これまでも、これからも。

ライラの出産後、私は冷たいスチールの台の上に横たわり、もう少しの辛抱だと思っていた。病院のスタッフが赤ん坊を私のところに連れてきて、キスさせてくれた。それから赤ん坊をそばの台の上に乗せた。医師がへその緒を切り、肺を吸引するのを見届けた後、私は彼に声をかけた。

「卵管を縛ってください。」

私は精一杯の威厳をかき集めて言った。

「話し合いはお済みですか。」

彼は一番目の夫を見た。

「卵管は私のもので、彼のものではありません。縛ってください。」

私は要求した。なぜなのか、よくわからなかったが、ただ、早くそうして欲しかった。たぶん、それを求めることは、フェミニストとしての戦いの一つだったのだろう。女性はできるだけ多くの子どもを産むべきだという文化的な信念に対する拒否反応だったのかもしれない。私の卵管は面倒を産むだけだった。もしかすると、女性の身体に特有の痛みにうんざりしたのかもしれない。

これだけは、はっきりとわかっていた。妊娠中の体に起こることも、子どもたちがこれからどうなるかも、私には制御することができない。私にできるのは、もうこれ以上妊娠しないということだけだった。

*15　エリザベス・ギルバート(Elizabeth Gilbert, 1969年〜)。アメリカの作家。『厳格な男たち』の原題は*Stern Men*(2000年)。『食べて、祈って、恋をして』の原題は*Eat, Pray, Love: One Woman's Search for Everything*（2006年)。

*16　シマツナソとも呼ばれる緑色の野菜の葉を細かく刻んで粘りを出し、スープで伸ばした料理。肉やごはんと一緒に食べることが多い。

*17　ごはんとパンに肉をのせ、トマトソースをかけた料理。

*18　イスラーム教スンナ派では、通常の離婚は夫だけの権利とされるが、婚姻契約に妻からの離婚宣言を認める(夫が妻にも離婚の権利を与える)ことが明記されていた場合、妻からの離婚が可能になる場合がある。ここでいうイスマ(al-'iṣma)は、この方式のことを指す。

*19　エジプト・アラビア語の表現で「もしも私があなただったら」という意味。

*20　リード・ホフマン(Reid Hoffman, 1967年〜)はアメリカの起業家、著述家。

*21　カイロの中心部ガーデンシティにある女子校。

*22　フランス系のインターナショナルスクール。

第五章 妊娠と子育て

*1 ハイディ・マーコフ(Heidi Murkoff, 1958年〜)の著作。原題は*What to Expect When You're Expecting*(1984年)。

*2 アメリカの小児科医のベンジャミン・スポック(Benjamin Spock, 1903年〜1998年)の著作。初版は*The Common Sense Book of Baby and Child Care*(1946年)だが、近年では*Dr. Spock's Baby and Child Care*と題する版が普及している。

*3 エジプト北東部、ナイルデルタにあるダカフリーヤ県の県庁所在地。

*4 Centers for Disease Control and Prevention(アメリカ疾病予防管理センター)の略。

*5 D・K・ゴダール(D. K. Godard)とスカイラー・ウルフ・ジョーンズ(Skyler Wolf Jones)の著書。原題は*From Dude to Dad: The Only Guide a Dude Needs to Become a Dad*(2013)。

*6 ロブ・ケンプ(Rob Kemp)の著書。原題は*The Expectant Dad's Survival Guide: Everything You Need to Know*(2010)。

*7 クリス・ペグラ(Chris Pegula)とフランク・マイヤー(Frank Meyer)の著書。原題は*Diaper Dude: The Ultimate Dad's Guide to Surviving the First Two Years*(2012)。

*8 ネイル・シンクレア(Neil Sinclair)の著作。原題は*Commando Dad: Basic Training: How to Be an Elite Dad or Carer from Birth to Three Years*(2012)。

*9 ドイツ生まれの作家ヤン・フィリップ・センドカー(Jan-Philipp Sendker, 1960年〜)の著作。原題は*The Art of Hearing Heartbeats: A Novel*(2012)。

*10 ザマーレクの北、ナイル川沿いのアブルフェダー通りから2ブロック南東にある通りの名前。

*11 イアン・マキューアン(Ian McEwan, 1948年〜)はイギリスの小説家。『憂鬱な10カ月』の原題は*Nutshell*(2016年)。

*12 マーガレット・アトウッド(Margaret Atwood, 1939年〜)はカナダの作家。『侍女の物語』の原題は*The Handmaid's Tale*(1985年)。

*13 レフ・トルストイ(Lev Tolstoy, 1828年〜1910年)は帝政ロシアの小説家。引用は『アンナ・カレーニナ』(1877)の一文である。

*14 ジャレド・ダイアモンド(Jared Diamond, 1937年〜)はアメリカの生物学者、作家。文明間の発展の差の原因を論じた『銃・病原菌・鉄』の原題は、*Guns, Germs, and Steel: The Fates of Human Societies*(1997年)。

第六章

古典

The Classics

客たちは、ディーワーンが図書館ではないことをようやく理解したが、それでもここが書店以上のものであって欲しいと願っていたようだ。もっとも面倒くさく、だが愛すべき常連客の一人だったメドハト博士とのやり取りが懐かしい。エジプト・エッセンシャルズのセクションで、古代エジプト関連の本を探していた博士が、ディーワーンはファラオ時代への敬意が足りないと非難したことを、読者の皆さんも覚えているだろう（第2章参照）。

博士の今日の怒りはこう始まった。

「古典セクションに古代エジプトの本がないなんて、どういうことだ。」

彼の憤慨ぶりにはいつもながら感心させられる。その情熱に頭が下がるばかりだ。

「『シヌへの物語』*1はどこにある？」

「絶版です。」

私は答えた。

「ディーワーンとして刊行する義務がある。代用品で棚を埋めつくす代わりに！」

「ディーワーンは出版社ではありませんよ。」

私は申し訳なさそうに言った。

「出版もすればいい。」

博士は促した。

「本屋を開くためにしたことを、出版社のためにもすればいい。」

「確かに、そうですね。」

私はあきらめることにした。相手によっては、不毛な会話を続けるよりも、折り合いをつける方が賢明だからだ。博士の提案は実際、ヒンドとニハール、私の三人が何年もかけて考えてきたことだった。

「パンはパン屋に」という慣用句を引きながら、最後に断固とした態度を取ったのはヒンドだった。ディーワーンは書店であって、あくまでも本を売る場所なのだ。二〇〇二年にザマーレク、二〇〇七年にヘリオポリス、二〇〇八年にマアーディ、そして二〇〇九年にカイロ大学と、この七年間で四店舗がオープンした。

メドハト博士とは七年間、同じようなやり取りを繰り返してきたのに、その攻撃にはいつも不意を突かれた。博士は古代エジプトに強いこだわりがあったので、私たちの古典セクションに批判の矛先が向くのは当然だった。

「メドハト博士、ここには読み返す価値のある不朽の名作を揃えるようにしています。」

「君、カルヴィーノ*2が熟年期に古典を再読することのよさについて述べた論文はご存知だろう。名著が再読を促すのは、それが過去に根ざしているからではなく、現在の私たちに語りかけてくるからだと彼は言った。」

「それは主観的な見方なのでは？」

「いやいや。ほとんどの本は人間のようなもので、生きた後に死ぬ。ただし古典は不滅だ。西洋の正典《カノン》と呼ばれるような本は入れてあるのだね。」

博士は棚を見渡しながら言い、『ギルガメシュ物語』*3、『イーリアス』*4、『オデュッセイア』*5、『アエネーイス』*6、『カンタベリー物語』*7などの背表紙を指でなぞった。

「そして、東洋の叙事詩も少しある。」

彼はある本の前で止まった。

「『アラビアンナイト』か！　本気か？　ここの棚には力《パワー》がある。賢く使いなさい。」

「そうしています、メドハト博士。」

私は答えた。


『アラビアンナイト』をディーワーンのどのセクションの棚に入れるかが問題になるなんて、考えたこともなかった。それが古典ではない可能性を想像したことすらなかったのだ。その内容はエジプトに吹き荒む保守主義の風と衝突していたが、客、書店員、古本屋を含め、私たちは誰しも、この本に思い入れがあった。それは、カルヴィーノの主張を見事に体現していた。

ある本を古典にするものとは何か。ディケンズ*8の本のように、書かれた当時には、ゴシップ的で低俗だとされた文学が、続く時代には不可欠な文学になることもある。一方で、イアン・フレミング*9の本のようなスパイ小説も、今日では「古典」として出版されている。ある文学が時代を超えているか否かを決めるのは誰か。素晴らしい作品であっても、忘れ去られたり、壊されたりする。後に、その思想や美学にふさわしい時代がやってきて再発見されることもある。あるいは、その時代を語ることはできても、未来を語ることができない作品は、人気を得てもすぐに忘れ去られてしまう。ノーベル文学賞の最初の受賞者であるシュリ・プリュドム*10を覚えている人はいるのだろうか。

子どもの頃、私は『アラビアンナイト』が大好きだった。多くの人が読んだはずだ。アラビア語では『アルフ・ライラ・ワ・ライラ』*11、つまり『千夜一夜物語』と題する同書は、イスラーム帝国の黄金時代に編纂された中東の民話集だ。

一つの枠をなす物語の中に、古くは一〇世紀以来の、中世期のペルシア、アラビア、インド、ギリシアの民話や文学に由来する複数の物語が埋め込まれている。

枠物語にはシャハリヤールとシャーザマーンという二人の王が登場する。それぞれ自分の妻が不貞を犯していると知った王たちは、女に対する復讐を誓う。二度と寝取られることなどないように、シャハリヤール王は毎晩、一人の処女と結婚し、初夜を過ごした後、翌朝その首をはねるようになった。この虐殺を止めるために立ち上がったのが、宰相の娘シャハラザード（シェヘラザードとも呼ばれる）だ。彼女は毎晩、王に物語を聞かせた。そして一番よいところで話を中断する。そうすることで、続きを知りたい王は、少なくとも翌日の晩まで彼女を殺すことができなくなる。そのうちに千と一夜が過ぎた。王はシャハラザードを殺すのをやめて、二人はその後ずっと幸せに暮らしたという。

子守のファトマ（後にわが家の料理人になった女性）は、素晴らしい語り手だった。ファトマは字が読めなかったが、シャハラザードの物語をいくつも暗記していた。子どもの頃、私は船乗りシンドバッドやアリババ、アラジンの冒険を聞くまでは眠らなかった。

その頃、断食月の夜には、テレビで『ラマダーン月のなぞなぞ』*12という番組が放送されていた。一九八五年に千夜一夜物語がテーマになった時、私はもちろん夢中になった。主演のシェリハーン*13は、今夜のなぞなぞを発表する前に、西洋風ダンスとベリーダンスを披露した。バックミュージックは、リムスキー＝コルサコフ*14の交響組曲『シェヘラザード』で、ところどころエジプト民謡が混じっていた。私はこの組曲とウンム・クルスーム*15の一時間にわたる愛の歌、『千夜一夜物語《アルフ・ライラ・ワ・ライラ》』*16を繰り返し聴きながら、今この本を書いている。

要するに、私はずっと『アラビアンナイト』に夢中だったのだ。私にとってシャハラザードはヒロインだ。彼女の巧みさやずる賢さには感服するばかりだった。もし娘が生まれたら、シャハラザードと名づけると自分に誓ったほどだった。

最初の娘を妊娠した時、一番目の夫、母、ヒンドを含め、誰もがそんな意味深な名前はやめるようにと説得を試みた。代わりに娘はゼインと名づけられた。一年後、私は再び妊娠した。二人目の子はライラと名づけた。


それでも、ディーワーンで英語版の『アラビアンナイト』やアラビア語版の『千夜一夜物語《アルフ・ライラ・ワ・ライラ》』を売ることは、必ずしも容易ではなかった。

カイロ大学構内に広い店舗を開いたばかりの頃、ある学生から注文が入ったことがあった。新しいスタッフの一人、マフムードが「在庫がありません」と告げる声が聞こえてきた。そんなはずはないと思った。私はすべての棚を知り尽くしている。店内に散らばるカフェテーブルに座り、私は二人のやり取りを注視することにした。新店舗を開くたびに、ヒンド、ニハール、私の三人は、スタッフの様子を見ながら、客たちの習慣やニーズを知ろうと日々を過ごしていたのだ。

カイロ大学はただの店舗ではなかった。そこは誰もが教育を受けられるという理想を象徴する場所だった。一九〇八年に設立されたこの大学は、当時のエジプトの知識人たちが、世俗的で、近代的で、自由な教育機関の設立を求めて運動を行い、資金調達に奔走した際の、最初の成果だった。副王《ヘディーヴ》イスマーイール*17の娘ファーティマ王女*18からの寄付を得て開校し、当初は男子だけに、後に女子にも門戸が開かれた。

この新店舗は私にとって大きな野望で、一つの夢の実現を表していた。

私たちはエジプトの文化的不足を補うためにザマーレクの本店をつくったが、そこは教養あるエリート層に向けたものだった。次に開店したヘリオポリス店とマアーディ店は、どちらも上・中流階層が暮らす富裕な街区にあり、私たち自身のような、可処分所得のある大人をターゲットにしていた。一方で、エジプト人の中でもとくに大きな割合を占める、さまざまな階層の若者たちのことは、視野に入れてこなかった。

ディーワーンが若い世代の支持を得るためには、手頃な価格や、アクセスのしやすさ、それに考え抜かれた品ぞろえが必要だった。これまで繋がりのなかったところに、新しい結びつきをつくる必要があるからだ。

ただし、この新しい結びつきは矛盾に満ちていた。ミノウは開店を記念して、大学のシンボルであるドームをデザインしたショッピングバッグをつくった。ドームの周りには創造的な刺激に満ちた言葉が、アラビア語と英語のカリグラフィーで書かれていた。皮肉なことに、バッグ一枚の製作費は、キャンパス内の支店での平均的なもうけ分よりも高価だった。学生たちが主に購入するのは、カフェの商品や低価格の文房具だったからだ。本が売れるとしても、一番安いペーパーバック版だった。取引ごとに一袋を渡すと赤字になってしまう。

　ヒンドとニハールは、高額な買物をした人以外に、バッグを配るのをやめようと言った。私は拒んだ。新しい環境で生き残るためにディーワーンが安っぽい形に変わらなければならないことを恐れていたからだ。

「上流階級には本物を、下層階級には模倣品を」という考え方が不愉快だとすれば、その先にある論理展開はさらに避けたいものだった。つまり、ディーワーンと、その理想とする読書文化は、お金を払う余裕のある人々のあいだだけで栄えるもので、階級に基づく娯楽にほかならないという話である。先述のジャーナリストとの会話を思い出した。彼は私たちがこの事業を始める前からその失敗を予測していた。

「エジプトで、人々は本を読まなくなっている。」

　収益性の高い店舗が、収益性の低い店舗を補わねばならないとすれば、ディーワーンはビジネスではなく慈善事業になってしまう。ミノウは「拡大のスピードが速すぎる」と私に警告した。私の答えは「黙ってて」だった。終わったことは、終わったことだ。

『千夜一夜物語』について尋ねた学生は去ろうとしていた。出口に向かった彼女を呼び止めて、私は自己紹介をした。そして彼女の連絡先をメモし、ディーワーンのスタッフが連絡しますと約束した。

学生が店を出て、ミノウの描いた巨大な壁画が二つ飾られた広い中庭で友人たちと合流するのを見送った。外のオープンスペースには、鮮やかな黄色のテーブルと黒い椅子が誘うように置かれていた。ニハールがデザインしたこの空間が私の自慢だった。ヒンドが「長居しないように」と座り心地を悪くした本店のカフェの椅子とは違い、ここの椅子は実際に座り心地がよかった。

私は向きを変えてマフムードの方を見た。

『千夜一夜物語』は入荷しているのでしょう。そこにあるじゃないの。」

「見落としていたようで申し訳ありません。気づきませんでした。」

「あなたの目に見落としはない。」

「私はよいイスラーム教徒です。」

「そして、私はよい本屋です。」

「あんな本は売るべきじゃない。」

「嘘をつくべきじゃない。」

「あの本の発売禁止が望まれているという話は聞いているでしょう。私はそれに賛成です。われわれの信仰にそぐわない内容が含まれているからです。神をも恐れぬものです。」

マフムードが口にした事件については、私も注意深く経過を追っていた。「制限なき弁護士団」と名乗る保守的な弁護士グループが、政府系機関が出版した『千夜一夜物語』の普及版を排除するように裁判所に求めた件だ。それは有名な作家ガマール・ギターニー*19が編纂したものだった。弁護士団はこれをより保守的な版で置き換えようとした。

かれらは性的な表現とワインの賛美に憤慨していた。それがエジプトの若者にとって危険であり、罪を誘引すると考えていた。そしてマフムードはかれらに共鳴していた。私はそうではなかった。少なくとも裁判所の正式な判決が下るまで、私はその版を自分の店の本棚に置こうと決意していた。

「この物語集はイスラーム文明が一番華やかだった時代に書き留められたものよ。学術も、領土も、文化活動も、どれも絶頂期にあった。なぜそのことを讃えないの？」

「ポルノが含まれていることがわかりませんか。」

マフムードは厳しい声で言った。

「どうしてポルノの部分しか見ないの？　それにポルノと芸術は違うものでしょう。」

私はそう答えた上で続けた。

「何を信じるかはあなたの勝手です。でもあなたの行動によって本が売れず、私のビジネスに影響があったの。だからこうしてちょうだい。一日置いてから、このお客さんに電話をして、本を見つけましたと伝えて。取引が成立したかどうか、システムをチェックすればわかるから。もし成立しなかったらどうなるか、わかっているわね。」

マフムードの態度は決して特別なものではなかった。歴史的に見ても、『千夜一夜物語』は保守的な批評家たちから激しく非難されてきた。適度な検閲によって、その淫靡な内容を十分覆い隠すことができると考える者もいれば、全面的に禁止する者もいた。一八世紀初頭にフランスの東洋学者アントワーヌ・ガラン*20が『千夜一夜物語』を初めてフランス語に翻訳した時、彼は好ましくないと思った部分を取り除いたという。また、アメリカ政府は、かつて公序良俗に関する法制化を目指した一八七三年のコムストック法により、この作品を禁止したことがある。サウジアラビアでは、現在も発売禁止になっている。

エジプトでは『千夜一夜物語』がアイデンティティと文化政治の争点の一つとなった。前世紀を通じて、エジプト政府は世俗主義と保守主義のあいだを行き来し、明確で一貫したイデオロギーを持たずに、社会の分裂を深めてきた。そこで激昂した読者、政府、知識人、司法のあいだで、何十年にもわたって論争が繰り広げられてきた。

一九八五年、別の保守派弁護士グループが、『千夜一夜物語』の扇情的な版を製造・販売したとしてある出版社と書店二社を訴えた。裁判長は、出版物の没収と、三者それぞれに五〇〇エジプト・ポンドの罰金を科すという判決を下した。罪状は、エジプトの反ポルノ法に違反したこと、および国の道徳的基盤を脅かしたことだった。裁判官は、すべての版を禁止したわけではなく、性行為の描写が一〇〇話以上ある出版物を禁止しただけだと強調した。

「イスラーム的か、ポルノ的か」という新たな二項対立がつくりだされたことに、エジプトの知識人たちは怒りをあらわにした。当時、父はエジプトに押し寄せる「イスラーム化」の波に抗議する進歩的なジャーナリスト、アニース・マンスール*21の文章をよく読んでいた。この波が不可避で抑止できないことを父は理解していた。そして内務省風紀課長は、『千夜一夜物語』がエジプトの若者に脅威を与えていると宣言した。彼はこの物語が私たちの文化遺産の一部であることを否定し、こうした本は博物館にでも保管すればいいと主張した。博物館をこよなく愛する母は、視野の狭いこの発言に憤慨した。

その後、検閲に関する他の事件が相次いだため、裁判所は忙しくなった。それで『千夜一夜物語』による挑発——セックスをめぐる隠喩や表象、抽象化——は、しばらくのあいだ忘れ去られた。それでもこの本をめぐる否定的なイメージは、エジプトの人々の心の中に潜み続けた。

本はさまざまな闘争の場になった。当初は政治と宗教をめぐる闘争だった。その後、性的なものが標的になった。性、政治、宗教など、どんな名目であれ、保守的な考え方のほうが受け入れられた。それでも二〇一〇年、あの学生とのやり取りから数カ月後、文学が勝利した。弁護士団の訴えが棄却されたのである。だからといって、ディーワーンの古典セクションにこの本があることへの不満が聞かれなくなったわけではない。メドハト博士の考えは、私が想像する以上に支持されているのだ。

カイロ大学の一部の学生を含め、『千夜一夜物語』は「古典というには文学的ではない」と考える人々がいた。そうした客には、同じ古典棚に並ぶ偉大な文学作品に、この物語が影響を与えたことを思い出してもらうことにしていた。

ボッカチオ*22の『デカメロン』、チョーサーの『カンタベリー物語』、マルグリット・ド・ナヴァル*23の『エプタメロン』。ヴォルテール*24は『カンディード』の中でシンドバッドに言及している。テニスン*25の詩「アラビアンナイトの追憶」を忘れることなどできようか。あるいは、エドガー・アラン・ポー*26の『シェヘラザードの千二話』はどうだろう。同じことはボルヘス*27を読んでも感じざるを得ない。ジョン・バース*28の小説『ドゥニヤザード物語』。サルマン・ラシュディの『真夜中の子どもたち』*29。スティーヴン・キングの『ミザリー』*30も、死の恐怖の中で小説を書かされる主人公が、シャハラザードの苦境を思い起こさせた。

この豪華な顔ぶれをもってしても、『千夜一夜物語』の価値を疑う客たちを説得するには十分ではなかった。私はこの本がどのように形や内容を変え、順序を入れ替えてきたのかを追跡しながら、さまざまな版のことを調べ始めた。それらの版が簡単に入手できないこともわかっていた。物語は口頭で伝えられ、柔軟に形を変えながら世代をこえて存続したり、しなかったりしたからだ。

手始めに、お気に入りの書籍商ハッグ*31・ムスタファ・サーデクを訪ねた。

スール・アズベキーヤの古書店街*32にある露店を訪れると、ハッグ・ムスタファは、金曜日の正午の礼拝後に実店舗のほうに立ち寄るようにと言った。この会話の後で、私は何度か金曜日を見送った。ハッグが本を準備する時間を確保するためだった。彼は、書店と倉庫、露店を含む家業を曽祖父から受け継いでいた。

ハッグとその仲間の本屋たちは皆、スール・アズベキーヤで商売を続けてきた。当時の政府系出版社や落ち目な書店業界へのアンチテーゼを示すべく、もう一つの書店市場を維持してきたのだ。その市場は、規制や監視を回避するための非公式で幅広いネットワークをもち、政府官僚機構による破綻した書籍の流通経路よりもはるかに効率的だった。彼とその仲間は、価格次第で何でも調達した。

ハッグ・ムスタファは、蜂蜜色の目と乳白色の歯、一九八〇年代に流行したサファリジャケット姿が特徴の陽気な男性だった。彼は私に「博士《ドクトーラ》」という名誉称号をくれた。

急な階段を下りて店に入ると、山積みの本が並ぶ洞窟のような空間があった。本棚もあったが、ほとんどの本は地面に積まれてぐらぐらした柱となり、迷子札が貼られていた。いつものように濃いトルココーヒーを出してくれたハッグは、机の上に積まれた本の中から嬉しそうに私のための品を探し出してくれた。そうしてようやく手にしたのが、虫穴のあいた、染みだらけの厚紙製の本だった。

一八九二年版のアラビア語版『千夜一夜物語』だということはすぐにわかった。これは一八二〇年にムハンマド・アリーが設立したエジプトで最初の印刷所、ブーラーク印刷所で発行されたものだ。ハッグ・ムスタファは、それが宝物以外の何物でもないことを知っていた。

「これは歴史の一部だ。穴があいていたって、その事実は変わらない。」

「ハッグ、あなたは素晴らしい!」

普段、私はハッグ・ムスタファの前でどう反応をするかに気を配っていた。彼が客の様子を見ながら、できるだけ代金を多く払わせようと考えているのを知っていたからだ。しかし、ハッグはベテランの古書店商で、私がどんなに説得力のある演技をしても、彼の勘は鈍らなかった。それにこの時、私はあまりに興奮していて、冷静に振る舞うことができなかった。

「冷凍庫に入れればいい。そうすれば、残っている虫は全部死ぬだろうから。」

ハッグ・ムスタファは言った。

「さあ、交渉だな。どうぞお手柔らかに。」

彼は自分が捕食者であることを十分知っていながら、まるで獲物であるかのように振る舞った。

ハッグ・ムスタファが入手したブーラーク版は、信仰とセックスの並置から始まる。保守派の反感を買うのはこの点かもしれない。冒頭にはアッラーへの祈願の言葉がある。ちょうど西洋の詩人が神の名を唱えるように。アッラーの名は、性愛やエロス、姦淫にまつわる印象深い逸話の横に置かれている。

この作品集は、人種や階級、礼節の境界線を軽々と越えていた。それでも、たとえば、女性のセクシュアリティは脅威であるという決まり文句が見られるところなど、根底にある考え方は、大半が規範的で伝統的だった。

女性の欲望は管理され、抑制され、男性の快楽の道具として用いられなければならないというメッセージが文章全体から読み取れた。敬虔な男性、貞節な女性、勇敢な戦士、乙女、悪魔、売春婦は皆、それぞれの所業にふさわしい結末を迎えた。

堕落した過去の版が受けたような検閲を免れるため、現代の版の中には、堅苦しい婉曲表現を用いたものもある。その場合、セックスに関する肉欲的な表現は取り除かれている。肉体の結合は非人間的に表現され、セックスを終えた恋人たちは、体液を交えたのではなく、あたかも礼儀正しい挨拶を交わしたかのように振る舞う。何もかもが隠喩、寓意、幻想なのだ。こうした純化版ですら、保守層からの厳しい反発を免れることはできず、皆で一緒に罪を背負った。

ハッグ・ムスタファの次に、ハッグ・マドブーリーのもとを訪ねた。彼は新聞売りから書籍販売業、出版社へと華々しく転身した起業家で、政府の検閲ともうまく付き合っていた。

ハッグ・マドブーリーは昔から書籍販売の仕事をしていた。私の母は、一九六〇年代に毎年、夏のアレクサンドリアでモンタザの海岸を訪れるたびに、白いガラベーヤとベージュのオーバーコートを着た彼を見かけたそうだ。ハッグ・マドブーリーは革紐で束ねた本を抱えて、「新刊本だよ！」と叫んでいたらしい。その後、ハッグの父親が営んでいた木造の新聞販売スタンドを閉じて、弟と一緒にタラアト・ハルブ広場に店舗を構えた*33。彼は読み書きができなかったが、業界一の辣腕の持ち主だった。

一九七〇年代後半から、ハッグ・マドブーリーは外国語を勉強した学生たちの力を借りながら出版活動を開始した。学生たちは書籍購入費と引き換えに翻訳を提供し、ハッグはそれを出版して安価で販売した。

そして一九九〇年代、大学生になった私が禁断の文学に出合うきっかけをくれたのが彼だった。授業の合間にカイロ・アメリカ大学のキャンパス*34を出て、タハリール広場を横切り、タラアト・ハルブ通りを抜けて彼の店に行くのが私の日課だった。見つからない本は、ハッグ・マドブーリーが持っていると誰もが知っていた。私は彼から、ナワール・サアダーウィー*35のようなエジプトのフェミニストの作品や、その時々の発禁本の大半を購入していた。一九八五年の悪名高い裁判の最中にも、ハッグ・マドブーリーは『千夜一夜物語』を販売していたという噂だった。

後にハッグは自分で出版した本をディーワーンに提供するようになった。仕入れ担当のアミールのおしゃべりや大量の注文にも慣れていたが、今回の私の訪問と要望には驚いていた。それでもハッグはやり遂げた。私は、まるで薬局で買った生理用品を隠すかのように、黒いビニール袋で包んだ無削除版の『千夜一夜物語』を抱えて彼の店を後にした。

この版には、古典アラビア語のフスハーと口語アラビア語のアーンミーヤの混在という、もう一つの論争の種があった。「正しい」古典はクルアーンの言語であるフスハーによって書かれるものだ。ところが、この本では、口語による性的な文章と文語の教訓的な話とが入り乱れている。高貴な行為には「高次」の言語、地上の行為には「低次」の言語と、はっきりと使い分けられていたのだが、それでも、ある人々にとって、二つの言語の距離は近すぎたようだ。同じ物語という一つの空間を共有していたからだ。

他の読者、とくに若い人々は、ディズニーの映画化された『アラジン』のような、より商業的な翻案によってこの物語を知っていた。『千夜一夜物語』は、児童文学と大人向け文学という二つの道筋を辿った。二極化は人々の思い込みをさらに強固なものにした。それは子ども向けか、それとも、大衆の消費には向かないか、そのどちらかとされた。

エジプトには『ヒラール族物語』*36という別の叙事詩がある。その起源は『千夜一夜物語』と似たようなものだが、こちらは人々の文化的想像力の中で、より格調高いものとみなされてきた。愛と戦争、そして英雄的行為を描いた叙事詩は、過去六世紀にわたってエジプト人を楽しませてきたにもかかわらず、書籍として刊行されたのはごく最近のことだった。

『ヒラール族物語』は、伝統的に吟遊詩人によって口頭で伝えられてきた。かれらはラバーバという木製の二弦の楽器を手に、上エジプトと下エジプトの村々を歩き回りながら物語を奏でた。全部を通して語るのに七カ月かかることもあったため、父親や祖父から技を習得した語り部たちは、聴衆に合わせて物語を調整した。ナイル川の東側で語られるか、西側で語られるかによって、叙情詩は全く違う結末を迎えた。

『ヒラール族物語』が残っているのは、コミュニティ全体が聴衆になりうるという、手近さと包容力によるところが大きいだろう。私が耳にしたどのバージョンでも、セックスシーンはなかった。

ある意味、『ヒラール族物語』はエジプト版の『イーリアス』や『オデュッセイア』だった。おそらく題材の影響だろう。ホメロスが語るのは、『ヒラール族物語』の無名の語り手たちのものと同様に、戦争と権力をめぐる壮大な年代記である。もちろん、『イーリアス』を読んだことがある人ならばわかるように、私的な悲しみや結婚にまつわる陰謀の逸話も豊富だ。また、『オデュッセイア』には独特の忠誠心が描かれている。夫の不在中もペネロペは揺るぎない誠実さを示したし、オデュッセウスと女神カリプソとの情事の中にもそれは見出せる。

対照的に、『千夜一夜物語』は、低俗だが魅惑的な空想物語のコレクションというイメージがある。けれども私は、『オデュッセイア』と『千夜一夜物語』はたいして違わないと考えている。ペネロペが、夫の父親のために埋葬用の布を織り、それを毎晩ひそかにほどいていくという悪知恵は、シャハラザードのものと似ている。どちらの女性も、男たちの度を越した狂気の追求を、糸や物語を「紡ぐ」ことで妨げたのだ。

『千夜一夜物語』の淫靡なイメージは、それがもつ他の特性すべてを覆い隠してしまう。保守的な批評家は、性愛を扱う題材それ自体が人間の衝動の最低な部分をさらけ出すという。また別の意味で性的な側面に過剰に反応する人々もいた。そのことを知ったのは、ある晩、ヘリオポリスとマアーディの店舗を訪れた帰りにザマーレク店に立ち寄った時だった。

私は本棚のあいだを歩き回り、開店当初に、本を棚に並べたり分類したりした時に感じた純粋な喜びを思い出していた。それは瞑想のようなもので、もはやそうした贅沢な時間はとれなくなっていた。新しい店舗が増えるたびに、ヒンドとニハール、私は新生児を抱えた親のような状況に陥ったからだ。増えていく家族のあいだで、どうすれば公平に、時間を割いたり、注意を向けたりするかが問題だった。そのうち、あるパターンに気がついた。新しい店舗は、旧店舗の売り上げを減少させるが、それを新しい店舗が完全に追い越すことはないというものだ。

古い店舗では、ディスプレイやスタッフの仕事ぶり、それから経営全体が乱れ、それが放置されたままになる。ザマーレク、ヘリオポリス、マアーディ、カイロ大学、そしてマアーディとアレクサンドリアにあるカルフール・シティセンター・モールの売店のあいだで、私たちは分担してスタッフのサポートと監視に努めたが、すべてをうまく回すことなど不可能だった。古い店舗のスタッフからは、新刊書が新しい店舗に持って行かれるという不満が出始めた。新店舗からは、在庫不足で売り上げが伸びないと嘆く声が上がった。誰もが、ライバルにとって有利な、不公平な体制の中にいて、自分こそが犠牲者だと信じ込んでいた。誰も責任を取らないし、周囲の経済的な見通しのことなどお構いなしだった。

それでもディーワーン全体としての売り上げは伸びていた。私たちがありったけの力を注いだからこそ、この体制は機能していた。少しでも立ち止まったり、どこかで一瞬手を抜いたりすれば、あっという間に重力に負けてしまっただろう。もちろん、数字に弱い私が、ディーワーンの経営方法に問題があると理解するまでには時間がかかった。手間を惜しまず、高品質のものをつくろうとすると、法外な経費がかかる。そして、その経費は売上高に見合わない形で増えていくのだ。

第六章　古典

ザマーレク店の店頭で陳列台に積まれた本を眺めていると、瀟洒な身なりの年配のアラブ紳士が「お尋ねしたい」と声をかけてきた。湾岸の男性が着る白いトーブ（長いワンピース式の服）を着て、頭に赤と白のスカーフを巻き、凛としたたたずまいの中に、若々しさを出そうという努力が見え隠れしていた。紳士はアラビア語の新作について尋ねた。いくつかの本を勧めた後に、アフマドにサポートを任せることにした。

アフマドは私の一番のお気に入りで、誰よりも知識が豊富な接客担当スタッフだった。今は新入社員の研修のために店舗を行き来している。私は棚での作業に戻った。

しばらくすると、その紳士が私のところにやってきて、「あなたが好きなアラビア語の古典は何ですか」と聞いてきた。私は深く考えることなく「千夜一夜物語です」と答えた。すると紳士は、アフマドにそれも加えるようにと言った。

「あなた方エジプトの女性は侮れませんね。アフマドに、あなたがディーワーンのオーナーの一人だと聞きました。」

「ええ、そうです。」

「このような起業は簡単ではないはずだ。」

「大変な時もあります。」

「私の国の女性たちも、いつの日かあなたたちのようになることでしょう。」

「きっと。残りの滞在もお楽しみください。それから、アフマドや私に何かお手伝いできることがあれば、どうぞお知らせください。」

私は自分の作業に戻った。紳士が本を持って立ち去った後、アフマドが一枚の紙を手に私のところにやってきた。

「これをあなたに渡すようにと言われたのですが。」

彼はためらいがちに紙を差し出した。私は「ありがとう」と言って受け取った。アフマドは私がそれを読むまで待っていた。苦情なのだろうか。私は紙を開いた。四桁の数字と、その上にアラビア語で走り書きされた言葉が見えた。背の高いアフマドは、上からそのメモをのぞき込むことができた。読みにくい筆跡をじっと見て、私は何とか解読しようとした。

「彼のホテルと部屋番号です。」

アフマドが小さな声で言った。頭皮がチクチクするのを感じた。彼は両手のひらをこちらに向けて、落ち着くようにと仕草で促した。

「下劣な犬畜生め！」

私は怒って叫び、紙をズタズタに引き裂いた。

「他のスタッフに何が書かれていたのかと聞かれたら、お褒めの言葉だったと言っておいて。」

「もちろんです。」

アフマドは目を伏せながら言った。

その日の夜、帰宅途中の車の中で、私はぼんやりと混乱した交通の流れを見つめていた。サミールは、私の無反応にもめげず、今日あった出来事や観察した事柄を楽しげに話し続けていた。

私は紳士との会話を思い出した。こちらの何らかの振る舞いが彼をその気にさせたのだろう。好きな本を聞かれた時に『千夜一夜物語』と答えたのは間違いだった。何か別の意味があると思われたに違いない。

他人の不躾な行動を理解しようとするよりも、自分の行動を責める方が楽だった。きっといつも同じことをやっているのだろう。自分は魅力的だと信じ込んで、入った店の女性にホテルの部屋番号を渡す。その傲慢さに激しい憤りを覚えた。それに、自分の頭の中でしか言い返す機会がなかったことが何よりも癪だった。


ディーワーンが私たちの計画とは別の、独立した人格を育んでいるのではないかと思うようになったのはこの頃である。変な話に聞こえるかもしれないが、私たちはディーワーンには自分の考えがあり、提案を受け入れるか拒否するかを決められると信じていた。実際に、彼女は私たちがデジタル技術を使おうとするのを嫌がった。

ウェブサイトの構築はうまくいった。けれど、アプリをデザインしたり、電子書籍を販売したりといった目論見は大失敗に終わった。私たちがこのプロジェクトにも、（技術面であまりに知識のない）自分たち自身にも、誠実に向き合っていなかったからだ。私たちは皆、実店舗や、ペンと紙が似合う、アナログな人間だった。

業界の専門家たちが、製本された本はなくなるだろうと予言したのは一〇年前のことだ。ところが今、同じ専門家たちが独立系書店の復活を称賛している。本の生産から販売まで、本を取り巻くすべてが電子化されても紙とインクは残るのだ。

「ここの棚には力がある。賢く使いなさい。」

メドハト博士の言葉を思い出して、私はヒンドが担当するアラビア語の古典の棚に向かった。私の棚は時代を超えた叙事詩で占められていたが、ヒンドの棚には詩が目立っていた。ジャーヒリーヤ（無明時代）と呼ばれるイスラーム以前の時代から、イスラームの初期時代、ヨーロッパの暗黒時代と重なるイスラームの黄金時代（八世紀から一四世紀）まで、数世紀にわたる詩のコレクションがあった。私はヒンドに、散文の古典がほとんどないのはなぜかと尋ねた。

「イスラーム文明の最大のヒット作を網羅しているわけじゃない。確かに論文や小冊子などの散文もあったけれど、それは主に科学的なもので、文学的なものじゃなかった。」

ヒンドは次の棚へと歩を進めた。

「一八〇〇年代にはエジプト文学のルネサンスがあって、アラビア語への翻訳やアラビア語からの翻訳が盛んになった。一九世紀末にはアラビア語の印刷機が普及して、さらに多くの読者の好みに対応できるようになった。この時期、土地固有の伝統と、演劇や小説のような新しい西洋の形式が混ざり合っていったの。」

彼女の手が棚に沿って動いた。

「一九世紀後半には、新古典主義時代を象徴する詩人の中のプリンス、アフマド・シャウキー*37を筆頭に、詩の隆盛があったわ。」

「詩は苦手なの。」

私はヒンドに次の棚に進むよう促した。

「そうでしょうよ。文語《フスハー》にうんざりしているのね。」

私が抗議する隙を与えずにヒンドはこう続けた。

「ウンム・クルスームの歌が好きなのでしょう。二〇世紀の最も優れた詩人たちが競って彼女のために歌詞を書いたの。だから、七〇年以上前の歌なのに、皆が歌詞を覚えているのね。音楽に合わせた詩なのだから。」

接客トレーニングの中でヒンドの古典セクションについておさらいする必要はほとんどなかっ

た。ディーワーンのスタッフはたいてい、学校でアラブの詩人について勉強したことがあったからだ。父が学んだ一九三〇年代から現在に至るまで、公立学校のカリキュラムでは、アラビア語の詩に多くの時間が割かれた。その厳密さ、形式、韻律の中に、文法や構文のルールが示されていた。生徒たちは何百もの詩を暗唱し、引用し、教科書通りに文脈を説明しなければならず、独自の意見や個人的な解釈は歓迎されなかった。

詩は芸術ではなく、訓練で教育だった。理論的には、この課程を通して言語への理解が深まるはずだった。しかし実際には、マリアン・ムーア*38のように、詩を嫌う反抗的な生徒たちが輩出された。

二〇世紀後半、保守的な宗教運動が主流になるにつれて、学校のカリキュラムにも微妙な変化が生じた。非宗教的なコースでも、アラビア語の例文にクルアーンの一節が多く取り入れられるようになったのだ。他方、表現や形式がより柔軟なアラブ文学は、さほど注目されなくなった。

フスハーはクルアーンの言語であり、日常会話ではほとんど使われることのない死語だ。それは、アズハルという世界最古のイスラーム大学の一つによって時を越えて守られてきた。西暦九七〇年に設立されたアズハルは、スンナ派イスラームの学問の中心である*39。

二〇世紀初頭、世俗主義と社会主義を唱えたジャーナリストのサラーマ・ムーサー*40は、アラビア語の公用語をフスハー（古典アラビア語）からアーンミーヤ（口語アラビア語）に変更しようと働きかけた。書き言葉を、もっと大衆に親しまれる形にしたかったのだ。この発案はアラビア語アカデミー（一九三二年にアラビア語の保存と研究のために勅令で設立された機関）のメンバーからも支持された。だが、言語の神聖さと自らの力の源泉を守りたいと願うアズハルは反発し、この動きを阻止した。

ヒンドの古典セクションも全部が詩の本というわけではなく、二〇世紀エジプト文学の巨匠たちの作品も並んでいた。イフサーン・アブデルクッドゥース*41、タウフィーク・ハキーム*42、ヤヒヤー・ハッキー*43、ターハー・フセイン*44、ユーセフ・イドリース、ソヘイル・カラマーウィー*45、ナギーブ・マフフーズ、ユーセフ・セバーイー*46、ラティーファ・ザイヤート*47などだ。大学生の頃に読んだこれらの作家の小説や短編集は、古典アラビア語ではあるが、ゆるやかな表現を用いて書かれていた。その言葉は日常のものでこそなかったが、堅苦しさは大幅に減じられ、従来の常識にとらわれないため変化の可能性も感じられた。

その中には、私たちが支店を出したカイロ大学で学んだ作家もいた。たとえばターハー・フセインがそうだ。一八八九年に下層中産階級の家に一三人兄弟の七番目として生まれた彼は、幼い頃に眼病にかかり、治療が不適切だったため失明してしまう。クッターブと呼ばれる読み書きやクルアーンを学ぶ学校に通った後、宗教教育の高等機関であるアズハル学院に進学し、そこで保守的な学校運営側と衝突した。

盲目で貧しくもあったが、彼は開校したばかりのエジプト大学（カイロ大学の前身）に入学し、博士号を取得し、教師になった。メドハト博士と同じく、フセインもファラオ主義を支持していた。ファラオ主義とは、エジプトをアラブ史から切り離し、真のルネサンスはこの国のイスラーム以前の遺産を取り戻すことでのみ起こり得ると考える潮流だ。

数多くの小説やエッセイを残した彼の著作で最も知られているのが、文芸評論作品『ジャーヒリーヤの詩について』[*48]である。その中でフセインは、詩に関する当時（一九二〇年代）の通説を覆し、またクルアーンが歴史的テキストであるかという点に関していくつかの鋭い疑問を投げかけた。彼の出身校でもあるアズハルは、同書を宗教に対する冒涜とみなし、法的措置をとるよう働きかけた。けれど、寛容な文化風土を尊重する当時の検察はそれを拒否した。フセインの著書は一時的に発禁処分になったが、翌一九二七年に『イスラーム以前の文学について』[*49]と題した修正版が出版された。

フセインは一九三一年にエジプト大学での職を失ったが、その後一九五〇年には教育大臣に任命され、すべての人に対する無償教育を提唱した。一九四九年から一九六五年まで、一四回、彼はノーベル文学賞の候補になった。

歴史は繰り返され、異なる結果を生み落とす。

六〇年後の一九九五年、カイロ大学の教授ナスル・ハーミド・アブー・ザイド*50は『宗教言説批判』*51を出版し、保守的なイスラーム教徒の同僚たちの怒りを買った。同僚の一人が、アムル・イブン・アル＝アース・モスク*52で行った説教の中でアブー・ザイドを糾弾し、続いて彼が背教者であると告発する訴訟が起こされた。数年にわたる法的な混乱の後、彼は妻とともにエジプトを去り、オランダのライデンに亡命した。

一九九九年、私はオックスフォード大学で開催された、その名も「イスラーム再考」*53と題する会議でアブー・ザイドに会った。彼が私に、この後カイロに戻るのかと聞いたので、私はうなずいた。すると彼は言った。

「エジプトに「あなたに会えなくてさみしい」と伝えてくれ。」

長い時間が経ち、訴訟のことがほとんど忘れ去られた後、彼は祖国に戻った。そして二〇一〇年、『千夜一夜物語』の発禁処分についての新たな裁判が始まったのと同じ年に、カイロで亡くなった。

メドハト博士は正しかった。本は、言語と同じように、生きた後に死ぬ。

文学的古典は、依然、多くのエジプト人にとって身近なものではない。アラビア語の古典作品は、多くの言語への翻訳によって国際的には知られているが、中東地域ではほとんど読まれていない。識字率の低さと言語の難解さのためである。それらの作品が口語アラビア語で書き直されることはない。

私たちと過去との関係は、危うく、また表面的になりがちである。原因の一つは、歴史に近づくための扉に鍵がかかっていることだ。一つの書店が、たとえ四つの店舗をもっていたとしても、扉を開けられるのかどうか、確信はなかった。


「これは恥ずべきことね！」

「どうしました？」

振り向くと、ディーワーンの客の中でも最も不愉快な人物の一人、イブティサーム博士がいた。彼女はもともとザマーレク店の客だったが、自分が教授職をつとめるカイロ大学の支店に移ってきたのだ。イブティサームとは古典アラビア語で「笑顔」を意味する。けれど彼女は決して笑顔を見せなかったし、誰にも笑顔を向けさせなかった。

「今日は何が気に障りましたか。」

ヒンドは陽気な調子を繕って尋ねた。

「あなたたちの本がこんなに高いなんて信じられない。ディーワーンのような書店が出版社を貪欲にさせるのです。誰も買えないような値段設定にして。ここに来るのはザマーレクやマアーディの書店愛好家みたいにお金持ちの読者ばかりではないのよ。」

「文学を教える立場のあなたなら、自分たちの文学や文化への投資に賛成すると思っていました。」

「これは投資なんかじゃない。ぼったくりよ。誰もここの本を買えないのに、どうやって読書を推奨できるの？」

「私はあなたほどアラブ文学に精通していませんから——」

ヒンドは謙虚に語り始めた。

「読者としてではなく、書店員としてお話しさせてください。私が初めてザマーレクの本棚を整理した時、そこにあったのは、倉庫で朽ち果てていた古い本ばかりでした。ひどい紙、滲んだインク、不格好な表紙。背表紙はなくて錆びたホッチキスで綴じられていました。覚えているでしょう。数ポンドの本なのに、ほとんど読まれていませんでしたよ。それから一〇年も経たないうちに、本の品質にこだわり、そのためにお金を出す消費者が増えていることに、独立系の出版社が気づきました。出版社は入手可能な権利を買い取り、パブリックドメインにあるものを再版するようになりました。見てください。装丁、活字、美しいカバー。ナギーブ・マフフーズの作品集にはいくつもの版があって、どれも本棚を美しく飾っています。名作はただ読まれるだけでなく、大切にされ、再読され、次の世代に受け継がれていくのです。品質をよくするための投資が必要だからといって、人は本を読んだり、買ったりすることを躊躇しません。ディーワーンに続いて、どれだけの書店が開店したと思いますか。どれだけの新しい出版社が設立されたと思いますか。」

「ともかく、この本を安くして欲しいの。」

イブティサーム博士は、最近発売されたばかりのスーフィーの詩の本を指差した。

「ご存知のように、割引をすることはディーワーンの方針に反します。図書館を利用されてはいかがでしょうか。」


二〇〇〇年代初頭、既存の出版社の事業が拡大し新しい出版社が増えると、復刻版だけでなく、さらに多様な現代アラブ文学が刊行された。イブラヒーム・アブデルメギード*54、ラドワ・アーシュール*55、イブラヒーム・アスラーン*56、サルワ・バクル*57、ガマール・ギターニー、スヌアッラー・イブラヒーム*58、ムハンマド・マンシー・カンディール*59、エドワール・ハッラート*60、アブデルハキーム・カースィム*61、バハー・ターヘル*62など、エジプトの作家たちに新たな関心が向けられるようになった。多くは、一九八〇年代、九〇年代に知られ始めたが、最近になってようやく本格的に認められた作家である。

エジプト人作家の作品やエジプトで入手できる本だけでは満足しなかったヒンドは、批評家から高い評価を得ていたアラブ人作家の作品を調べて入荷し始めた。たとえば、ホダー・バラカート（レバノン）*63、モハンマド・シュクリー（モロッコ）*64、ラビーウ・ジャーベル（レバノン）*65、サハル・ハリーフェ（パレスチナ）*66、アブデルラフマーン・ムニーフ（サウジアラビア）*67、タイイブ・サーレフ（スーダン）*68がベストセラー・リストに入った。

ディーワーンが開店する前、エジプトの読者は、アラブ圏各地の出版社がベストセラー作家を紹介するカイロ国際ブックフェア*69の期間中にしか、これらの作家の本を入手できなかった。それ以外の時は、流通経路のどこかで消えてしまったからだ。

ヒンドは、これらの作家の本を扱う出版社を探し出し、アラブ諸国のあちこちから輸入した。私は彼女を誇りに思うと同時に、少し嫉妬もした。それでヒンドが集めた小説の英訳版を必ず見つけ出すと心に決めていた。他方、ヒンドは私のような競争心はなく、ただ価値ある読者に価値ある作家の作品を紹介することだけを考えていた。


カイロ大学の店舗は開店から二年足らずで閉鎖を余儀なくされた。本の売り上げは微々たるものので、家賃や諸経費の高騰もあった。イブティサーム博士の不満には幾分かの真実が含まれていたのだろう。立地をめぐる私の理想は現実の厳しさに直面した。結局のところ、学生たちはたむろする場所が欲しかっただけだった。カフェの売り上げは、書店を上回っていた。

ヒンドは常に、拡大か撤退かの二つに一つだと言っていた。そして今、撤退が必要になった。退去の日、ニハールは淡々と、本を段ボール箱に詰め、棚や照明、カフェコーナーを解体するメンテナンス・スタッフを監督していた。すべてはしばらく保管されて、次の支店、次の試みで再利用される。

ディーワーンの痕跡が敷地内から消し去られたところで、ニハールはキャンパスの管理者に鍵を返却した。私は見ていられなかった。

知識は力よ、私たちは失敗から学んできたの、とニハールは言った。人々が何を求め、何を求めていないかを見抜く試みはこれからも続くでしょう、と。私はニハールに、今回は高い授業料を払ったのねと答えた。

一歩引いて考えることを私に勧めたのはヒンドだった。そこで私は、基本的な事実と全体像に目を向けることにした。

本を読むのをやめた文化の中で私たちはディーワーンを創業した。エジプトの教育制度は暗記に重点を置き、自由な発想を阻害していた。可処分所得があっても、人々は本には向かわない。ヒンドや私のように、余裕のある家庭に生まれた子どもたちは、生徒を母国語から切り離す外国語学校に通う。読書はことごとく阻害され、文化的な発信は萎縮するばかりだった。それでも、あらゆる困難にもかかわらず、変化は起きたのだ。希望の小さな光が見える。

本店はザマーレクのランドマークになった。ヘリオポリス店の経営は順調だった。マアーディ店はやや苦戦していたが、実験に失敗はつきものだ。カルフール・シティ・センター・モールの出店は、確実に利益をあげていた。観光地にも進出を始めた。ザマーレクのカイロ・マリオット・ホテル、紅海に面したハルガダにあるセンゾー・モール、それから、エジプト人が海岸沿いに移動する夏場には、人々を追って地中海沿岸に季節限定の支店を出した。何もかもが失われたわけではなかった。

黒字が見慣れない赤字に取って代わられたのはその後のことだった。

私たちは世界的な不況の渦中にいた。自分たちも国際経済の一部であることがわかった。目に見えなかったけれど、売り上げへの影響からそれは明らかだった。

人々は収入減に直面し、将来への不安を募らせ、手持ちの資産を使わずにおこうと努めた。家計のうちの余剰分は、緊急時のための貯蓄や、月々の支払いに回された。

低迷する売り上げを補うため、私たちにも新たな収益源が必要になった。カイロは宅配サービスが盛んな場所だ。薬局や食料品店、肉屋、そしてマクドナルドまでが、商品を家に届けてくれる。しかも配達員はプライベートな買物も請け負う。たとえば、配達途中にタバコを一箱受け取ったり、近所の店で代わりに買物をしてくれたりする。

私はディーワーンでも宅配サービスを始めることにした。ミノウは記念に、新しいバッグとおそろいのしおりをデザインした。果てしない書類仕事をこなしながら、この新しいサービスを宣伝しようと、ザマーレクのショーウィンドウにミノウのデザインをプリントした本物のバイクを飾った。

経費のさらなる削減を考え始めた時、浮上したのがディーワーンのショッピングバッグのことだった。高価な紙袋を生産する余裕も無料で配布する余裕もないことが、否応なく明らかになった。こうした純粋な喜びをまた一つ失うのは耐え難かった。それでも私がついにミノウにこの話を切り出すと、彼女は「バッグをやめるのは間違いで、あんたはこれから何年も後悔する」と言った。私は実行せざるを得なかった。そしてミノウには「黙ってて」と言った。いつも通り、彼女は正しかったのに。

今でもミノウは私を許さないし、私も自分を許さない。私の中で、ディーワーンの成長はブランディングの力とリンクしていて、バッグの生産を中止することは、撤退を意味するのではないかという不安に駆られた。

ディーワーンのバッグはあらゆる場所に持って行かれた。高品質で、中に入れて持ち運ぶものよりも長持ちした。それ自体が「古典」になっていた。それでも、『千夜一夜物語』が私に教えてくれたように、名作がすべて生き残るわけではないし、生き残れたとしても、その本質をつくり変えるような生まれ変わりを経ることもある。

私は、ディーワーンが、制御できるくらいの小さなものから、はるかに扱いにくいものへと変化するのを見た。カイロ大学店は、私たちが失った最初の店舗だったが、ここが最後ではなかった。

それでも、私たち自身をつくり変えることで、生き残ることができるとわかっていた。

「メドハト博士、あなたがおっしゃったことを考えていました。」

私は取りなそうとした。

「少なくとも君のお姉さんは『千夜一夜物語』を古典に加えないだけの分別がある。」

メドハト博士はぷりぷり怒りながら歩き出した。

メドハト博士がザマーレク店のレジの方向に曲がり見えなくなるのを目で追いながら、腕いっぱいに本を抱えたアフマドが言った。

「心配いりません。彼はきっと戻ってきますよ。」

*17 イスマーイール・パシャ（Ismā‘īl Bāshā, 1830年〜1895年）はムハンマド・アリー朝の第五代君主。オスマン帝国のエジプト州総督で、世襲的支配権を得て、副王（ヘディーブ）と呼ばれた。

*18 ファーティマ・イスマーイール（Fāṭima Ismā‘īl, 1853年〜1920年）は慈善事業や学術文化活動に積極的に参加した。大学設立運動のことを知り、土地や資金を提供した。

*19 ガマール・ギターニー（Gamal al-Ghitani/ Jamāl al-Ghīṭānī, 1945年〜2015年）はエジプトのジャーナリスト、小説家。文学雑誌『文化新聞』の編集長を務める。よく知られている著作に『ザイニー・バラカート』（原題*al-Zaynī Barakāt*, 1974年）がある。彼が編纂した『千夜一夜物語』は「制限なき弁護士団（本書ではLawyers without Restrictionsと記載, アラビア語ではMuḥāmūn bi-lā Ḥudūd）によって訴えられた。

*20 アントワーヌ・ガラン（Antoine Galland, 1646年〜1715年）はフランスの東洋学者。1690年代から1700年代にかけて、欧語で最初の『千夜一夜物語』の訳出を行った。

*21 アニース・マンスール（Anis Mansur/ Anīs Manṣūr, 1924年〜2011年）はエジプトのジャーナリスト、著述家。日刊新聞『アハラーム』（*al-Ahrām*）や週刊誌『ローズ・ユーセフ』（*Rūz al-Yūsuf*）を含む主流紙に寄稿。多数の著作を有する。

*22 ジョヴァンニ・ボッカチオ（Giovanni Boccaccio, 1313年〜1375年）は14世紀イタリア、フィレンチェの詩人、作家。『デカメロン』はその代表作。

*23 マルグリット・ド・ナヴァル（Marguerite de Navarre, 1492年〜1549年）は、ナヴァル公妃。フランス・ルネサンス期の文芸の庇護者として知られる。『エプタメロン』（*Heptamēron*/「七日物語」）はその代表作。

*24 ヴォルテール（Voltaire, 1694年〜1778年）はフランスの哲学者、文学者、歴史学者。『カンディード、あるいは楽天主義』は大地震、戦乱、盗賊や海賊の襲撃など、押し寄せる災難に立ち向かう若者の物語。原題は*Candide, ou l'Optimisme*（1759年）。

*25 アルフレッド・テニスン（Alfred Tennyson, 1809年〜1892年）はヴィクトリア朝時代のイギリスの詩人。

*26 エドガー・アラン・ポー（Edgar Allan Poe, 1809年〜1849年）はアメリカの小説家、詩人、評論家。『シェヘラザードの千二話』は1845年の短編小説。

*27 ホルヘ・ルイス・ボルヘス（Jorge Luis Borges, 1899年〜1986年）はアルゼンチン出身の作家、詩人。幻想的な短編作品で知られる。

*28 ジョン・バース（John Barth, 1930年〜）はアメリカの小説家。『ドゥニヤザード物語』は1972年の中編小説集『キマイラ』に入っている。

第六章 古典

*1　古代エジプト文学の代表作の一つ。紀元前20世紀頃に書かれた。

*2　イタロ・カルヴィーノ(Italo Calvino, 1923年～1985年)はイタリアの小説家。その著作『なぜ古典を読むのか』(1991年)の内容を指していると思われる。

*3　バビロニアの叙事詩。世界最古の文学作品といわれる。

*4　古代ギリシアの詩人ホメロス(Hómēros/ Homer, 8世紀頃)の作とされる長編叙事詩。

*5　同じくホメロスの作とされる古代ギリシアの英雄叙事詩。

*6　古代ローマの詩人ウェルギリウス(Vergilius, 紀元前70年～紀元前19年)による叙事詩。

*7　中世期イングランドの詩人ジェフリー・チョーサー(Geoffrey Chaucer, 1343年頃～1400年)による物語集。

*8　チャールズ・ディケンズ(Charles Dickens, 1812年～1870年)は、イギリスのヴィクトリア朝時代を代表する小説家。貧しい家の出身で、庶民の暮らしを描いた。

*9　イアン・フレミング(Ian Fleming, 1908年～1964年)はイギリス生まれの軍人、小説家。007シリーズの作者として知られる。

*10　シュリ・プリュドム(Sully Prudhomme, 1839年～1907年)はフランスの詩人。

*11　アルフは「千」、ライラは「夜」、ワは「と」。「千の夜と一つの夜」という意味。

*12　『ラマダーン月のなぞなぞ』(*Fawāzīr Ramaḍān*)は1960年代から2000年まで続いたエジプトのテレビ番組。

*13　シェリハーン(Sherihan/ Shirīhān, 1964年～)はエジプトの女優、歌手、ダンサー。『ラマダーン月のなぞなぞ』で有名になった。

*14　ニコライ・リムスキー＝コルサコフ(Nikolai Rimsky-Korsakov, 1844年～1908年)はロシアの作曲家。『千夜一夜物語』のシャハラザードの物語をテーマとする『シェヘラザード』は、1888年に完成した。

*15　第1章注1に既出。ウンム・クルスームの曲は楽団による長い前奏や間奏を含み、一時間以上のものも少なくない。

*16　1969年に発表されたウンム・クルスームの歌。サビで「これは甘い愛の夜、千の夜と一つの夜」と歌い上げる。

*42　タウフィーク・ハキーム(Tawfiq al-Hakim/ Tawfīq al-Ḥakīm, 1898年〜1987年)はエジプトの作家。アラビア語による小説・脚本作家の先駆け。『洞窟の人々』(*Ahl al-Kahf*, 1933年)、『シャハラザード』(*Shahrazād*, 1934年)をはじめ多数の著作がある。邦訳に『オリエントからの小鳥』(堀内勝訳、現代アラブ小説全集2、1989年)がある。

*43　ヤヒヤー・ハッキー(Yahya Haqqi/ Yaḥyā Ḥaqqī, 1905年〜1992年)はエジプトの小説家。代表作は『ウンム・ハーシムの吊り灯籠』(*Qandīl Umm Hāshim*, 1945年)、『エジプト小説の夜明け』(*Fajr al-Qiṣṣa al-Miṣrīya*, 1960年)。

*44　ターハー・フセイン(Taha Hussein/ Taha Ḥusayn, 1889年〜1973年)はエジプトの小説家、評論家、学者。3歳で失明。アズハル学院、エジプト大学(現カイロ大学)で学んだ後、フランスに留学。自伝的な作品に『あの日々』(*al-Ayyām*, 1926年〜67年、邦訳『わがエジプト——コーランとの日々』田村秀治訳、サイマル出版会、1976年)がある。

*45　ソヘイル・カラマーウィー(Soheir al-Qalamawi/ Suhayr al-Qalamāwī, 1911年〜1997年)はエジプトの文筆家、政治家、フェミニスト活動家。カイロ大学に入学した最初の女性の一人であり、アラブ文学研究でエジプト人女性で初めて修士号と博士号を取得した。その後多くの要職に就いた。代表作に『私の祖母の話』(*Aḥādīth Jiddatī*, 1935年)がある。

*46　ユーセフ・セバーイー(Youssef al-Sebai/ Yūsuf al-Sibāʻī, 1917年〜1978年)はエジプトの軍人、作家。一時期文化大臣を務めた。キプロス訪問中に暗殺される。『偽善の地』(*Arḍ al-Nafāq*, 1949年)をはじめ多くの著作が映画化された。

*47　ラティーファ・ザイヤート(Latifa al-Zayyat/ Laṭīfa al-Zayyāt, 1923年〜1996年)。エジプトの活動家、作家。1952年革命の前のエジプトで、民族主義運動が広がる中、若い女性や男性が家族の支配や社会の期待から自らを解放しようともがく姿を描いた『開いた扉』(*Bāb al-Maftūḥ/ The Open Door*, 1960年)で広く知られるようになる。

*48　『ジャーヒリーヤの詩について』(*Fī al-Shiʻr al-Jāhilī/ On Pre-Islamic Poetry*, 1926年。邦訳『イスラム黎明期の詩について』高井清仁訳、ごとう書房、1993年)。ジャーヒリーヤとはイスラーム以前の無知の時代、「無明時代」を意味する。

*49　『イスラーム以前の文学について』(*Fī al-Adab al-Jāhilī/ On Pre-Islamic Literature*, 1927)。

*50　ナスル・ハーミド・アブー・ザイド(Nasr Hamid Abu Zayd/ Naṣr Ḥāmid Abū Zayd, 1943年〜2010年)はエジプトの学者、著述家。米国に留学した後、1985年から1989年まで大阪外国語大学(当時)のアラビア語教員として日本に滞在した。

*51　原題は*Naqd al-Khiṭāb al-Dīnī*（1992年)、英訳*Critique of Religious Discourse*（2018年)。

*29 サルマン・ラシュディの『真夜中の子どもたち』(1981年)はブッカー賞を受賞。第3章注32の通り、『悪魔の詩』(1988年)の刊行により暗殺脅迫を受けるようになった。

*30 スティーヴン・キングについては第2章注9に既出。『ミザリー』(1987年)は長編の恐怖小説として有名。

*31 「ハッグ」は高齢男性に対する尊称で、エジプトでは「巡礼(ハッジ)をした人」という含意もあり、宗教的(イスラーム的)な敬意も込められている。

*32 カイロ中心部のアズベキーヤ公園の近くで、地下鉄のアタバ駅周辺にある古書店街。

*33 タラアト・ハルブ広場は、タハリール広場から北北東に進んだ一つ目の広場。周辺には多くの商店がある。マドブーリー書店はカイロの書店の中でも老舗で、品ぞろえのよさで知られていた。

*34 カイロ・アメリカ大学は1919年に米国の個人資本によって設立された大学で、タハリール広場に面してキャンパスがある。2008年にカイロ東部の郊外ニューカイロ(カーヒラ・ゲディーダ)に新キャンパスを開設し、多くの学部が移転した。

*35 ナワール・サアダーウィー(Nawal El Saadawi/ Nawāl al-Saʻdāwī, 1931年〜2021年)は、エジプトの女性作家、医師。女性の解放と家父長制批判に関する多数の著作、論考を有する。

*36 原題は*al-Sīra al-Hilālīya.* 10世紀にアラビア半島から北アフリカに移ったベドウィンのヒラール族の武勇伝を描いたもの。14世紀以降、楽器の演奏とともに詩人によって吟じられてきた。

*37 アフマド・シャウキー(Ahmed Shawki/ Aḥmad Shawqī, 1868年〜1932年)はエジプトの詩人、小説家、劇作家。副王の命によってフランスに留学。帰国後、詩人として活躍する。

*38 マリアン・ムーア(Marianne Moore, 1887年〜1972年)はアメリカの詩人、批評家、翻訳家。革新的な詩作で知られる。

*39 アズハルは現在ではスンナ派イスラームの学問の中心であるが、設立当時はシーア派のファーティマ朝の学府だった。近代的な「大学」の形になったのは19世紀以降。

*40 サラーマ・ムーサー(Salama Musa/ Salāma Mūsā, 1887年〜1958年)は、エジプトのジャーナリスト。世俗的·科学的知識の重要性を唱えた。

*41 イフサーン・アブデルクッドゥース(Ihsan Abdelkoddous/ Iḥsān ʻAbd al-Quddūs, 1919年〜1990年)はエジプトの作家、ジャーナリスト。『私は眠らない』(*Lā Anāmu*, 1957年)や『私は自由』(*Anā Ḥurra*, 1959年)など彼の多くの作品は映画化やドラマ化され、さらに知られるようになった。

*62　第１章、注19に既出。

*63　ホダー・バラカート（Hoda Barakat/ Hudā Barakāt, 1952年～）はレバノン出身の小説家。レバノン内戦をテーマとした作品で知られる。

*64　モハンマド・シュクリー（Mohamed Choukri/ Muḥammad Shukrī, 1935年～2003年）はモロッコの小説家。自伝的作品『パンだけのために』（原題*al-Khubz al-Ḥāfī/ For Bread Alone*, 1972年）などで知られている。

*65　ラビーウ・ジャーベル（Rabee Jaber/ Rabīʻ Jābir, 1972年～）はレバノンの小説家、ジャーナリスト。歴史小説『ベオグラードのドゥルーズ派』（原題*Duruz Bilghrād/ The Druze of Belgrade*, 2010年）で注目される。

*66　サハル・ハリーフェ（Sahar Khalifeh/ Saḥar Khalīfa, 1941年～）はパレスチナ人の作家。主な作品に西岸地区に暮らす若者たちの、時に対照的な思考や経験を描いた『サボテン』（原題*al-Ṣubār/ Wild Thorns*, 1976年）など。

*67　アブデルラフマーン・ムニーフ（Abdelrahman Munif/ ʻAbd al-Raḥmān al-Munīf, 1933年～2004年）はサウジアラビアの小説家、ジャーナリスト、評論家。石油資源をテーマにした小説『塩の都市』（原題*Mudun al-Milḥ/ Cities of Salt*, 1984年）で一躍注目を浴びる。

*68　タイイブ・サーレフ（Tayeb Salih/ al-Ṭayyib Ṣāliḥ, 1929年～2009年）はスーダンの作家、ジャーナリスト。ヨーロッパ留学からスーダンに帰国した青年を主人公とする『北への季節労働』（原題*Mawsim al-Hijra ilā al-Shamāl/ Season of Migration to the North*, 1966年。邦訳『北へ遷りゆく時／ゼーンの結婚』黒田寿郎・高井清仁訳、河出書房新社、1989年）で知られるようになる。

*69　アラブ地域で最大の本のイベント。毎年1月末から2月頭にカイロで開催される。

*52　642年にエジプトを征服したアムル・イブン・アル=アース(第2章注13)の名を冠したモスク。オールドカイロ(マスル・アディーマ)と呼ばれる地区にある。

*53　原文では*Rethinking Islam*と題する。

*54　イブラヒーム・アブデルメギード(Ibrahim Abdelmeguid/ Ibrāhīm 'Abd al-Majīd, 1946年〜)はエジプトの作家。「アレクサンドリア三部作」と呼ばれる作品(『アレクサンドリアでは誰も眠らない』(原題*Lā Aḥad Yanāmu fī al-Iskandarīya/ No One Sleeps in Alexandria*, 1996年)、『琥珀の鳥』(原題*Ṭuyūr al-Anbar/ Birds of Amber*, 2000年)、『アレクサンドリアにかかる雲』(原題*Iskandarīya fī Ghayma/ Clouds Over Alexandria*, 2012年)が有名。

*55　ラドワ・アーシュール(Radwa Ashour/ Raḍwā 'Āshūr, 1946年〜2014年)はエジプトの小説家。カイロ大学出身。グラナダ支配を描いた歴史小説『グラナダ』(1994年)などで知られる。

*56　イブラヒーム・アスラーン(Ibrahim Aslan/ Ibrāhīm Aṣlān, 1935年〜2012年)はエジプトの作家。代表作は短編集『夜の湖』(原題*Buḥayra al-Masā'/ The Night's Lake*, 1971年)や小説『悲しみの主』(原題*Mālik al-Ḥazīn/ The Heron*, 1983年)など。

*57　サルワ・バクル(Salwa Bakr, 1949年〜)はエジプトの批評家、作家。イスラーム教とコプト・キリスト教に関する歴史小説『バシュムーリー』(原題*al-Bashmūrī/ The Man from Bashmour*, 1998年)などで知られる。

*58　スヌアッラー・イブラヒーム(Sonallah Ibrahim/ Ṣun' Allāh Ibrāhīm, 1937年〜)はエジプトの小説家。『ザート』(原題*Dhāt*, 1992年)や『名誉』(原題*Sharaf*, 1997年)などで知られる。

*59　ムハンマド・マンスィー・カンディール(Mohamed Mansi Qandil/ Muḥammad al-Mansī Qandīl, 1946年〜)はエジプトの小説家。ウズベキスタンで出会ったタクシー運転手との会話から着想を得た『サマルカンドの月』(原題*Qamar 'alā Samarqand/ Moon Over Samarqand*, 2004年)など、多くの作品が英訳されている。

*60　エドワール・ハッラート(Edwar Kharrat/ Idwār al-Kharrāṭ, 1926年〜2015年)はエジプトの小説家、評論家。1960年代作家の代表的存在として知られる。人間のさまざまな属性の対立をテーマとした『ラーマとドラゴン』(原題*Rāma wa al-Tinnīn/ Rama and Dragon*, 1980年)など。

*61　アブデルハキーム・カースィム(Abdel-Hakim Qasim/ 'Abd al-Ḥakīm Qāsim, 1934年〜1990年)はエジプトの作家。ナセル期に政治運動を行い投獄の憂き目をみる。1974年から10年ほどベルリンで暮らした。

第七章

アート&デザイン

Art & Design

「意外に思われるかもしれませんが、『暖炉の本』*1はわが社の中東向け市場ではベストセラーの一つです。」

美術出版社テムズ&ハドソンの営業担当のスティーブンが言った。

「ここは世界で一番暑い地域の一つですよ。なぜ暖炉の本なんか入荷したり、買ったりする人がいると思うのでしょう。」

私は冷ややかに言った。

「書店業を営む中で、自分たちが本以上のものを売っていることに気がつきませんか。」

彼はまるで周囲の本からの証言を引き出そうとするかのように、身振りを交えつつ言った。

私たちは、モハンデスィーンにできた新店舗のアート&デザイン・セクションの中央に立っていた。

「あなた方が売っているのはイメージです。憧れのライフスタイルや一歩先にある現実なのです。」

通常のフィクションやノンフィクションの本よりもサイズが大きい芸術関係の書籍を一カ所にまとめるために、私たちはアート&デザインのセクションをつくることにした。ここはしだいに、アート、アーティスト、建築、インテリア、デザイン、写真などのサブセクションにわかれていった。

エジプトで印刷された英語やアラビア語のアートやデザインの本が数冊あっただけの開店当初からは想像もできない。当時の本は、どれも古代エジプトやイスラームの文化遺産を扱うもので、エジプト・エッセンシャルズのセクションに配置した。歴史的題材だからか、よく売れた。

アート&デザインのセクションが新設されたのは、この地域のアート作品への関心が世界的に高まったのと同時期だった。カイロのあちこちに、モダン・アートのギャラリーがオープンした。サザビーズとクリスティーズ*2がドバイに店舗を構え、中近東のアート作品のためのオークションを季節ごとに開催し、市場を盛り立てた。

個人のコレクターがコレクションを蓄え始めると、エジプトやアラブの現代アート作品やその製作者を紹介するさまざまな本が出版された。コレクターは自分が購入した美術品の背景を知るために本を買った。エジプト人は、古代エジプトの作品の他に、現代アートにも民族の誇りを見出したのだ。この大きなうねりと、それに後押しされた需要の高まりによって、ディーワーンではアラビア語と英語の両方のセクションが恩恵を受けた。


これと並行したのが大量の写真集の刊行だった。どれも一九世紀末から二〇世紀前半、王政を終わらせた一九五二年の革命以前のエジプトを撮影したものである。

植民地支配や二度の世界大戦など、政治的混乱が続いた時代だったにもかかわらず、当時の写真は驚くほど平穏である。街路は清潔で広々としていて、時おり馬車や自動車が見える。パリをモデルにしたカイロのダウンタウンの写真では、ベル・エポック様式の建物や華麗な外観が強調された。人々の身だしなみは整い、華やかだ。

生活の喧騒や混乱、貧困、階級闘争などが覆い隠されていることはわかっていたが、それでも、私はそうした写真に安らぎを覚えた。両親の物語に出てくるエジプト、二人が育った遠い国のことを思い出させてくれたからだ。それでこうした本を集めることにした。

コーヒーテーブル本（テーブルの上で開いて楽しむ大判の本）は本来、どれも装飾的だ。買い手には余裕があり、写真をじっくり眺めたり、客をもてなしたりする時間がある。他方で、こうした本には日常的な側面もあった。家具と同じように、私たちの身の回りに置かれるからだ。

ディーワーンの初期に見られたこれらの本の人気の高まりは、本に対する人々の意識に変化が起こりつつあったことを示していた。本は「読まれる」という機能だけでなく、姿形も考慮しつつデザインされ、それ自体が芸術品になったのだ。

「家のインテリアを揃えているところなの。エジプトのアートやデザインに関する本を何冊か見せていただけるかしら。」

ある日の午後、新人接客担当のフセインに、ある客がこう言った。私はカウンターの後ろに立ち、レジの下の掃除をしていた。このスペースには破損した商品が保管され、そのまま忘れられている。それに昼食の残り物や邪視除けのついたキーホルダー、他のスタッフの持ち物も置いてあった。

客は三〇代くらいの上品な女性だった。ルイ・ヴィトンのモノグラムの入ったバッグを持っていて、当然ながら、お揃いのスカーフを巻いていた。

「どの時代にご関心がおありですか。」

フセインが聞いた。彼は、ディーワーンの各店舗で、ベテランの接客スタッフの指導を受けながら研修中だった。いずれ、モハンデスィーンの新店舗スタッフとして働くことになる予定だ。

モハンデスィーンとは「技師たち」という意味のアラビア語の単語である。一九五〇年代に政府から「技師たち」に周辺の農地が格安で提供されたことに由来する。続いて近隣の地域にも、類似した計画によって、ジャーナリストや教師、医師のための地区がつくられた。これらの職業は、地域社会にとって有益なものとみなされ、植民地支配からの独立と近代国家としてのエジプトの確立を目指した一九五二年革命の後、とくに重宝された。

一九九〇年代に入る頃には、急激な人口増加に伴い、これらの地区も変容していた。もともとあった邸宅や広い敷地の集合住宅は取り壊され、代わりにコンクリートの高層ビル群が建てられた。モハンデスィーンはとくに混雑の激しい地区になった。小売店やレストラン、カフェが立ち並ぶ、迷路のような街になり、避暑のためにカイロで夏を過ごす湾岸アラブの富裕層が好んで訪れる場所になった。

交通の便が悪く、都市計画もないこの地域には、高くそびえるコンクリートの建物と雑然とした小売店、それに広告や看板があちこちに点在していた。要するに、魅力のない街なのだ。モハンデスィーンには、ディーワーンを第三の空間《サードプレイス》と呼ぶような、洗練された読者はいないのではないかと心配する声もあったが、アラブ諸国からの観光客が好んで訪れる場所であることもわかっていた。

どこの場所でも私たちは、どうすれば成功するのか（たとえばヘリオポリス店のように）、またなぜ失敗に終わるのか（カイロ大学店のように）を考えてきた。そして新たな地域のニーズに応えるために、あるいは少なくともそれと対話するために、基本の型にしかるべく手を加えることにした。ただし一つ問題があった。ザマーレク店を計画の軸に据えると、期待を裏切られてしまうことだ。

ヘリオポリス店はザマーレク店の三倍の規模なので、売り上げは二倍になるだろうと控えめに見積もっていたものの、一度もその予想を達成したことがなかった。ザマーレク店の客層（文芸志向のエジプト人、観光客、大使館を訪れる人々、駐在員、フランスびいきの人々）と、七月二六日通りにあるという好ロケーションの組み合わせは、他の地域では再現不可能だということに、私たちは気づいていなかった。

事業拡大は運まかせという間違った前提の上に私たちは突き進んでいった。当時はわかっていなかったが、実際のところ、偶然を再現しようとしていたのだ。事業を拡大すればするほど、コストがかかるということはわかっていた。だから、モハンデスィーンの裕福な人たちのおかげで収支は合うはずだという可能性に賭けた。目の前にいる女性は、その筋書きにぴったりだった。

「私が欲しいのは鮮やかな色の本。黒や茶色の背表紙のものはいらない。国立図書館をつくるわけじゃないから。高さは三五センチまで。でも視覚的に単調にならないようにしたいの。山積みにして、その上にトレイを置けば、サイドテーブルにもなるわね。」

フセインは明らかに戸惑っていた。私は割って入ることにした。

「フセイン、モダン・アートの本を全部ここに持って来てちょうだい。それから過去二〇〇年間のエジプトに関する本もね。古代エジプトの本もあるといいわ。ただし、カバーが明るくて楽しそうなものだけにして。」

私は客の方を向いて言った。

「どんな感じの本がいいか、カフェで一緒に検討しませんか。まずは一番下に置く大きな本から。横向きに積んでいくとよいのではと思います。とくに気に入った本で、色調に合わないものは、コーヒーテーブルの上に置くと来客との話のタネになりますよ。」

女性客は嬉しそうに微笑んだ。私は一歩踏み込んだ。

「エジプトのアートとデザインの本をお探しとのことですが、あなたのような趣味のよい方に喜んでいただけそうな特別な本があります。」

私は、アート&デザインの本棚の一つ、プレキシガラスの仕切りがいくつもある木製の立方体に向かった。そしてその中から、ドイツの美術書メーカー、タッシェン社の『装飾の世界』[*3]という分厚い本を取り出した。その重厚さをさらに印象づけるために、持ち上げるのも大変だと大げさに表現してみせた。

「この本は特別なお客さまのために輸入しているものです。重さは約一三ポンド（約六キロ）、高さは一・五フィート（四五センチ）ほどで、かなり大きいです。美しくて、本当に特別な一冊です。この本を見たことのある人はほとんどいないでしょう。装飾品の歴史を語る内容で、もしもあなたが本当にデザインに興味がおありなら、ぜひ。」

研修の時に、私はスタッフに「本を着実に売りたい時に一番効果的なのは、読者の手に持たせること」と言っていた。私が女性客に本を押しつけると、彼女は驚いたように小さなため息をついた。ゴールが見えてきた。そこで私は最後の一押しを準備した。

「確かにかなり高額です。一二五〇エジプト・ポンドですからね。ゆっくりとご検討ください。」

「それなら予算内ね。いただくことにしましょう。」

彼女は決然とした態度で言った。

「エジプトのインテリア・デザインを扱った本はあるかしら。」

「残念なことに二冊しか思いつきません。モロッコのスタイルやインテリアの本はたくさんあるのですが。今のエジプトのインテリアには、なぜかモロッコほど国際的な関心が寄せられていないのです。」

私は『エジプト・スタイル』*4と題するポケットサイズの本を持ってきて彼女に渡した。同じくタッシェン社のものだ。エジプト好きにはたまらないインテリアの写真がふんだんに使われているこの本は、安くて美しいので、爆発的に売れていた。

「小さ過ぎるわ。他の本に紛れてしまう。」

彼女は本を開きもせず、近くのテーブルの上に置いた。私はもう一冊の本『エジプトの宮殿と邸宅』*5を彼女の前に置き、表紙を持ち上げて見せた。それから、まるで学校の教師のようにページをめくりながら語り始めた。

「これは気に入ると思いますよ。ムハンマド・アリーの時代以降、世界的な観光地になったエジプトの黄金期に建てられた豪華な宮殿や大地主の邸宅がすべて紹介されています。スエズ運河が開通して、鉄道や綿花産業が盛んになった時代の美しさや文化的な豊かさは、まさに圧巻です。この本は必需品です。」

彼女は同意をこめてうなずき、こう言った。

「私たちはこの国がどれほど美しいのかを忘れています。このコンクリートが私たちの目をふさぎ、記憶を奪うのです。」

この時私は、本店に初めて足を踏み入れた時の、人々の反応を思い出した。大半は、この店の本の値段が高いのは、内装に金をかけ過ぎたせいだと言った。デザインが邪魔だ、本屋は無駄な装飾で必要なものを覆うべきではないという声もあった。美しさは不必要な贅沢品だと考えられていたのだ。

「夫はある大手証券会社に勤めているの。何年も前から、私は彼に美術品を集めるべきだと言ってきたのよ。最近になってようやく彼も賛成するようになった。証券会社の同僚も買っているのだから、よい投資となるはずだと気づいたのね。」

「でも、あなたにとっては、投資ではなくて情熱なのですね。」

私は微笑んだ。彼女の飾らなさに感謝した。

女性客はうなずいた。「私はザマーレクにあるヘルワーン大学の美術学部で勉強したの。彫刻家になるのが夢だった。その前は建築家になりたかったけれど、父にそれは男の職業だと言われたの。」

そこで彼女はしばらく間を置いた。

「でも実際のところ、要求の多い夫や子どものお世話とキャリアを両立しようとして、気が狂わない女性なんているのかしら。」

私はピンときた。

「なるほど。あなたがお買いになる本には、女性のアーティストは出てきません。エジプトでは一九三〇年代から前衛的なデザインが増えましたが、女性アーティストを紹介したり、擁護したりすることは、まだ過激過ぎたからです。」

慰めのつもりなのか、批判のつもりなのかよくわからなかったが、ただ、私の個人的な生活や意見については秘密にしておきたいと思っていた。

彼女は私をじっと見つめた。

「きっと父が正しかったのでしょう。それとも、許しがたいほど間違っていたのかもしれない。」

「今日の問題は、女性建築家の不足だけではありません。建築家自体が不足しているのです。かれらは、土木技師や、技術的な専門知識はあっても美的センスのないデザイナーに取って代わられています。」

「だから、モハンデスィーンのような地域ができてしまったのね。」

彼女は嘆いた。

「その通りです。ではあとは有能なフセインにご案内させますね。」

私はそう言って、フセインが準備した展示ケースの方へと彼女を案内した。ケースの上には、大げさに並べられた鮮やかな背表紙の本の束があった。彼は学ぶのが速い。ニハールは彼を雇うのをためらった。面接の時、「自分は接客業の出身で、本のことは何も知らない」と告白したからだ。

その上、彼は「客が何を求めているのか、話す前にわかる」と豪語したものだから、ニハールはそんなの戯言だと決めつけた。ヒンドも同意見で、それならばむしろモハンデスィーンの店で試してみたらどうかと提案した。

ディーワーンにとってここは新しい領域であり、いつもの（教養があり、文学に詳しい）客層とは違う相手を前に、すばやく考え、対応できる人材が必要だった。

数週間のトレーニングの中で、フセインが本について何も知らないという事実は取るに足らないことだとわかった。彼の愛想のよさ、幅広い層の人々を理解し、魅了する能力の方が重要だったからだ。

店を出る女性客を見送りながら、彼女が欲しかったものは何だったのだろうと考えた。ここで彼女はそれを手に入れられたのか。色や寸法を細かく指定したところをみると、彼女は本を装飾的な調度品、つまり芸術品として購入したようだった。ただ、その告白からわかったのは、彼女が単なる美的感覚を超えた関心を本に抱いていたことだった。それは父親の指示で手放した、個人的な憧れの目録だったのだ。

彼女の夫が自身の富と知的素養を象徴するものとして、この新しいコレクションを利用するのは明らかだった。では、彼は妻がかつて抱いた野心を知っていたのだろうか。そのことについて、彼女に尋ねたことはあったのだろうか。

アート&デザインのセクションに欠けていたのが、アメリカの出版業界では人気の高いＤＩＹ（ドゥ・イット・ユアセルフ）のリフォーム本だ。エジプトにはこの種の産業が存在しない。必要があれば、私たちは、便利屋や大工、電気技師、配管工を雇う。かれらの技術は一族のあいだで何世代にもわたって受け継がれたり、コミュニティ内の徒弟制度を通じて獲得されたりした。一つの職種に就いてからいろいろな経験をする中で、他の技術も身につけたという建設業者や請負業者も何人か知っている。その末に、かれらはガイドラインや組織の監督や監視に邪魔されることなく、請負業者として成功した。

芸術分野でこれと並ぶのが職人だった。かれらも同じく伝統的な訓練を受けてきた。織物職人、真鍮職人、銅細工職人、天幕職人、真珠貝職人、陶芸家、そして画家は、かつて、重要な社会階層の一部を成していた。技術者と同じく、親方が弟子に技を伝えることで、品質を保証し知識を蓄える閉鎖的なシステムをつくり出していたのだ。それでも実用的で市場性のある職種の場合と異なり、職人は希少な存在になりつつある。安い輸入品を前に利益を上げることができず、職人やかれらの手工芸品は死滅の一途にあった。観光客が訪れる場所に新しい店を出すなど、職人を救い出そうとする団体や運動もあるけれど、流れを変えるまでには至っていない。

アート&デザインのセクションの本を注文したり、仕入れたりする時の楽しみの一つは、ヒンドへの当てつけだった。高価で豪華な美術書一冊から得られる利益は、アラビア語の書籍二〇数冊から得られる利益を上回る。ヒンドと私にとってそれぞれが管理するコーナーは戦場だった。

店内の環境もまた、アラビア語本と英語本のあいだにある不均衡を再現していた。エジプト人の接客係は、時に、自分の給料よりも高価な洋書を販売する。そんな不均整な状態を至るところで目にした。

エジプトの紙幣でさえ、西洋と東洋の二項対立を体現していた。ギザの中型ピラミッドを造ったカフラー王*6、戦車に乗ったラムセス二世*7、エドフのホルス神殿*8、ツタンカーメンの埋葬用マスクなどのイラストに囲まれた面には、通貨単位が英語で記されている。もう一方の面にはアラビア語の文字や通貨単位が、イラン国王が葬られているリファーイー・モスク*9や、ムハンマド・アリー・モスク*10、イブン・トゥールーン・モスク*11、スルタン・ハサン・モスク*12のイメージに囲まれている。それもまたエジプトの限定的な姿だった。そこでは、非イスラームや非アラブのエジプトが視界から隠されていたからだ。

私も他のスタッフもカイロ市内に住んでいたが、私たちが暮らしていたのは同じ都市空間ではなかった。

二〇世紀後半以降、農村から都市へという生活の場の変化は、カイロがその市民を保護する能力を上回る勢いになった。成功のチャンスや政府からの支援を得られる場所である都市部への大規模な移住が始まると、地域間や階層間の格差はますます深刻化した。

憧れの生活を喚起するイメージに私たちは囲まれていた。たとえば、高速道路沿いに掲げられた看板には、豪華な邸宅とコンクリート団地の宣伝が並んでいた。

正反対の現実が隣り合わせで育っていた。アシュワイヤート[*13]とは、農地に指定された土地にできた計画外の住宅地のことである。エジプトの田舎から希望を抱いて移住してきた数百万人がその中で暮らしていたが、そこでは行政サービスを受けにくく、仕事の機会も限られていた。

富裕層は拡大するスラム街を避けて、塀で囲まれた居住区《ゲーテッド・コミュニティ》に避難した。そこはプールや庭園、ゴルフコースを備えた場所だった。同様に、富裕層向けのデザイン本は、あらゆるもの、あらゆる他者から遮断された、美しい世界のイメージを提供した。その際、このライフスタイルがさほど異質なものではなく、むしろ自然であると見せかけようとした。

エリート層も階層化され、それぞれが別々に、しかし似たような美的感覚をもちながら消費した。『暖炉の本』についてテムズ&ハドソンの営業担当者が語った言葉が思い出される。あれもまた、私が実際に売っていたおかしな幻想の一つだったからだ。アートやデザインの本は、人々の将来への展望と願望の道標だった。本が愛読者の耳元で何かをささやいている声が聞こえるようだった。

高価な本や裕福な客は、恵まれた環境にはないスタッフにどれほどの疎外感を抱かせ、その士気を低下させていたのだろうか。本そのものは、スタッフの生活に関わるどころか、かれらの想像もつかない現実そのものだった。そして、社会階層間の移動《ソーシャル・モビリティ》などありえない話だった。

ディーワーンでは客やスタッフによる盗難が絶えなかった。生活水準、通貨価値、必需品の違いを考えると、正直、この程度の被害でよく済んだものだと思う。スタッフよりも客のほうが許し難かった。見知らぬ客は捕まっても決して反省せず、本を読むことは基本的人権の一つであり、したがって誰でも無料で手に入れることができるはずだと主張した。それはディーワーンが図書館でないことに失望した初期の訪問者と変わらない態度だった。

私たちはビデオカメラと金属探知機を設置し、警備員を雇った。一方、客は盗みの戦略を発達させ、デジタル時代に入って廃れる以前のマルチメディア商品を盗むようになった。ＣＤやＤＶＤをトイレに持ち込み、側面のビニールを破ってディスクを取り出し、空の箱を棚に戻すという手口だ。

また、別の形の盗難に遭ったこともある。ある日の午後、倉庫担当のユーセフと電話で話していた時だ。私は彼にこう訴えた。

「ユーセフ、入荷はどうなっているの？　今日は水曜日で、週末までに本を棚に並べなければならないのだけど。」

「一生懸命作業をしているのですが、入荷するのは六トンの荷物で、そのデータ入力とバーコード付けの両方が必要なのです。」

「どのくらいできたの？　何パーセントか教えて。」

私たちは別々の建物にいたが、新しい監視システムを使ってユーセフのPC画面を私のPCに表示することができた。

「来週の半ばまでには終わるはずです。」

彼は上の空な様子で答えた。

私は騙されることが嫌いだった。それに彼を出し抜くのはおもしろかった。

「提案させてちょうだい。生産性の向上に役立つかもしれない。オンラインのソリティア・ゲームで遊ぶのをやめなさい。どうせ負けてばかりだし。」

沈黙が流れた。次は左フックを入れた。

「会社の時間と資金を無駄にしたこと、それから他のスタッフに悪い見本を示したので、あなたの給与を減額します。明日いっぱいで出荷を完了させなさい。夜通し働いてくれても構わない。」

電話を切った私は、自分にこう言い聞かせた。もし部下がカードゲームをすることを優先して仕事をサボるならば、私はかれらのプライバシーを盗んで、支払った額に見合う労働力を得ることが許されているのだ、と。

この事件から数時間後、事務所本部のキッチンを通りかかると、データ入力チームがいつもとは違う、控えめな口調でお茶を飲みながら不満そうに話しているのが見えた。ＩＴ担当で、チームの調整役を務めるオマルの姿が見えなかった。彼のオフィスを訪れた私はノックもせずに中に入り、ドアを閉めた。オマルは立ち上がった。

私は言った。

「今朝、「エデンの園」でトラブルがあったの。」

「スパイソフトをインストールした時、あなたはスタッフには内緒にすると約束したはずです。」

「オマル、時には手を打たないとだめなの。あなたはまだ火傷していない。あなたがかれらを必要とするよりも、かれらはあなたを必要としている。」

オマルは礼儀正しく私を見送った。私はオマルの丁寧な物腰を、彼のソフトウエアの性能と同じように高く評価していた。彼は均整の取れた青年で、漆黒の巻き毛をジェルで艶やかに整えて、いつもパリッとした黒のパンツにアイロンのかかった白いシャツを着ていた。

後にオマルは、スパイソフトから倉庫に設置した動作確認用ウェブカメラへの移行を手伝ってくれた。映像は自動的に私のコンピューターに送られた。ヒンドとニハールのコンピューターにも同時に送られていたが、二人は決して見ようとしなかった。従業員は私に見られることを警戒していたが、実際に、私はかれらのことを見ていた。

ナセル時代の遺産に立ち向かうために、私はナセル時代からインスピレーションを得たのかもしれない。当時の国家保安部の職員が、マンションのバルコニーからマイクをぶら下げて、パーティーに訪れたゲストの政治的な発言を盗み聞きしていたという話を聞いたことがある。私は、ナセルが残した社会主義の遺産――無償教育と国家による雇用の保証――によって生まれた無気力な従業員という悪弊に立ち向かう決意に満ちていた。

多くのエジプト人は、労働時間が短く、給料が安く（何か工夫すればもっと上がったかもしれないが）、業績に関係なく仕事が保証される（ナセルの法律では、公務員を解雇するのは非常に難しかった）政府系の仕事を希望していた。そしてディーワーンのような民間企業は悪評の種だった。給料はよかったが、従業員は八時間労働と生産力の計測を要求され、基準に満たない者は解雇されたからだ。エジプト人は無難な道と、より大きな利益を得る可能性のある未知の領域とのあいだで揺れ動いていた。

古代より、ナイル川は水と食料を供給し、交通の要となってきた。ナイル川が氾濫すると、肥沃な泥が残り、農耕を容易にした。古代ギリシアの哲学者ヘロドトス*14は、「エジプトはナイルの賜物」と書いたが、ナイルの豊かさを呪いと見ることもできるだろう。それが現代まで続く、無為無策の文化をつくり出したからだ。

ディーワーンでは、一〇〇〇エジプト・ポンド以上の買い物をした客に、一〇〇ポンドの商品券を進呈していた。ところが、この制度には抜け穴があり、それが原因で、私の大好きなアラビアンナイトの物語「アリババ」に出てくるような泥棒たちが入れ替わり立ち替わり現れた。財宝あふれる洞窟の秘密を暴いたアリババは、泥棒たちに殺されそうになるが、その目論見を阻止したのが彼の賢い女奴隷、モルジアナだった。私にも何人かのモルジアナがいた。

オマルは私の最も忠実な共犯者で、彼の最新の機器は驚くほど鮮明に映像を捉えた。ナイル川の水が支流を満たしていくように、ディーワーンの支流にお金が流れていく。マーギドとオマルは、その動きを監視するために定期的に報告書を作成していた。

二人は、マアーディ店で、朝の静かな時間帯にギフトバウチャーの引き換えが異常に多いことに気づいた。そこで、朝のシフトでレジの担当をしていた、おっとりした性格のハーニーをヘリオポリス店に異動させ、さらに詳しく調べることにした。

翌日、ディスプレイの打ち合わせと店内全体のチェックという名目でヘリオポリス店を訪ねた私は、誰も見ていない隙に、オマルが持ってきてくれた新品の新しいペン型隠しカメラを、レジに隣接する棚の斜め上に素早く設置した。その日の午後、運転手のサミールに頼んで、彼の富裕ないとこ（多国籍企業の会計士）に潜入調査をしてもらうことになっていた。

私はサミールのいとこが、一〇〇〇エジプト・ポンドを超える『スターウォーズ・アーカイブ――

一九七七年〜一九八三年』を購入する様子を、スパイペンを通して見ていた。なんということだろう、ハーニーは、彼にギフトバウチャーを渡さなかったのだ。

サミールのいとこが立ち去った後、ハーニーは周囲を見回し、バウチャーを印刷し、スターウォーズのレシートに貼り付けて現金に換えた。そして一〇〇ポンド札を紺のシャツの下に滑り込ませ、腹に押しつけた。以前あった盗難事件以来、ニハールは制服のズボンのポケットを縫い止めてから職員に支給するようにしていた。

その日、マーギドのオフィスに行くと、外で辛抱強く待っているハーニーの姿が見えた。私は鞄に頭を突っ込んで何とか気を紛らわせようとした。口の中は乾いていた。私たちは家族なのだ。それでも私は今後どのような手順が取られるか知っていた。何度もこういう場面に出くわしてきたからだ。

マーギドは明るく陽気な調子で資料を並べて、ハーニーを調査に参加させるだろう。そして数字が合わないことに困惑したふりをする。オマルは、数字や奇妙な偶然の一致について、大げさな専門用語を使って説明するだろう。そして、マーギドはハーニーに、ギフトバウチャーの換金問題の解明について何か知らないかと尋ねる。ハーニーは、悪行の所在をほのめかされたことに怯え、母親の名誉にかけて、関与を否定するはずだ。マーギドはうなずきながら、ビデオの再生ボタンを押す。そしてハーニーのうなじの毛が逆立つのだ。

マーギドは彼に二つの選択肢を与えるだろう。一つは退職すること。その際、会社は彼に対するすべての義務を果たし、会社に対していかなる労働問題も申し立てないという宣言書に署名し(以前、厚かましい泥棒が申し立てをしたので、この条項を追加した)、被害の見積額を何枚かの小切手で返済する。

もう一つは私たちが警察を呼ぶというものだ。その場合、ハーニーは警察署に連行され、取り調べを受け、自由意思で、あるいは説得の末に自白し、供述をもとに起訴される。彼は、自分の身に起きたことへの羞恥心のあまり、失意のうちに姿を消す。そして前科があるために職に就けず、その後も犯罪を重ねながら人生を送ることになる。

ハーニーは弱々しく抵抗し、慈悲を乞うだろう。マーギドはこれらの選択肢を与えることこそが慈悲だと言う。ハーニーはディーワーンで一番親切な女性経営者であるニハールと話がしたいと言うだろう。マーギドは彼を非難し続ける。ハーニーは疲れ果て、震えながら宣言書に署名する。そして、オマルは一連の騒ぎを楽しむにちがいない。

サミールは、世界一口が達者な運転手で、雇い主を声高に批判するが、この件については何かと秘密を守ろうと奮闘することになる。マーギドは勝利の喜びを感じつつも、これでは十分な罰にはならないと苛立ちを覚えるはずだ。私は、国民に身の安全と安定のための選択肢として、窃盗以外の可能性を残さないこの国への怒りを飲み込む。

私がこれまでに出会い、雇用してきた「ハーニーたち」は、お金を貯めることも、住宅ローンを組むことも（住宅購入への融資は二〇〇一年に正式に始まったが、まだ初期段階にあった）、何年も懸命に働いてもまともな生活を営むこともできない。かれらは、家族を養うための現金を求め、借金をしながら生活することになる。

ハーニーが通った人生の道程に、私自身が直面していたとすればどうなっていただろう。自分たちの倫理観に疑いを持たないヒンドとニハールは、泥棒を罰するという決断に少しの迷いも抱いていなかった。同じ境遇にいたとしても、盗みなど絶対にしないと思っていたのだ。私はそうではなかった。そして自分の寛容さが、優しさから来るものではなく、自分の倫理観に対する自信のなさから来るものなのだろうと、少し残念に思った。でもジャン・バルジャン*15を告発するなんて、いったい誰にできるというのか。


外はアスファルトの熱で蒸し風呂のようだった。

サミールは車の脇に寄りかかりながら、近くに座っていた白いガラビーヤ姿の門番たちと楽しそうに話をしていたが、オフィスのある建物から私が出てくるのを見ると、また後でとかれらに身振りで示した。ハーニーが置かれた苦境から離れたい一心で、私は助手席に向かい、歩みが自分の思う以上にしっかりとしていることを願った。

「ハーニーが事務所に入っていくのを見ましたよ。彼はサインをしましたか、それともハッタリをかましましたか。」

サミールは期待に胸を膨らませながら、車のハンドルを握りしめた。

「他人の不幸を面白がってはだめ。」

「あなたの不幸？　それとも彼の？　あなたが警察を呼ばないことは、会社の誰もが知っています。だから泥棒はみんなチャンスに賭けるのです。捕まったら金を返せばいいのだから。」

サミールは車を動かし、駐車場係に二ポンドを手渡した。

「もちろん、泥棒は罰せられるべきよ。でもこの不公平な司法制度の中に送り込むことは、彼の人生を終わらせることになる。」

私がそうつけ加えるとサミールは言った。

「盗みを働くような弱いやつはその結果も甘んじるべきです。あなたは自分がお金を持っていて、あいつが持っていないから、罪悪感を抱いてしまうだけなのです。」

私たちは最新の店舗があるサンシティ・モール*16に向けて車を走らせていた。モールでの出店はここが初めてだった。これまで、出店する前に私たちは、何カ月も、時には何年も議論を重ねてきた。近隣の環境、コスト、ブランド、使命、責任。けれどモールへの出店の話が出た時点で、私たちは（撤退ではなく）事業の拡大を決意していたため、事の重大さにもかかわらず、それほど長い時間をかけて検討しなかった。

好むと好まざるとにかかわらず、これからはモールが主流になるのだから、ディーワーンもその中に店舗を持たなくてはならない。それに、私たちはまだ収支を合わせるのに必死で、それすらうまくいっていなかった。次の店舗こそが、広がり続ける溝を埋めてくれるだろうという希望が常にあった。

衛星放送のアンテナやエアコンのコンプレッサー、緩んだケーブルで埋め尽くされた建物の屋上を見ながら、一〇月六日橋を下っていく。この橋は高架道路で、一九七三年の「贖罪の日《ヨム・キプール》」にエジプトがシナイ半島を占領した日付にちなんで名づけられた*17。

この橋は、カイロタワー、ナイル川、マスペロ・テレビ・ビルディング（フランスのエジプト学者、ガストン・マスペロにちなんで名づけられたテレビ塔）、エジプト博物館、カイロ駅など、カイロのランドマークを通勤時に眺めるための展望台として構想されたものだ。けれど実際に見えたのは、高速道路に隣接する家やオフィスの窓で、キッチンのシンクや脱衣場の前に橋が建設されるなどと思ってもみなかった人々の生活空間だった。

八月の暑さがありがたかった。毎年この時期にはカイロから北部海岸の水晶のような海へ、恒例の大移動が起こるのだが、そのおかげで街は空っぽで、自由に駆け抜けることができた。容赦なく照りつける太陽も気にならなかった。むしろそれが私を癒してくれた。そんな私の思いを察したのか、サミールがふいに声をかけてきた。

「いつ海岸に行くのですか。この暑さにはもう耐えられない。」

彼はエアコンのスイッチを入れた。

「やるべきことが終わったらね。」

私は窓を開けながら答えた。

「娘さんたちが大きくなれば、あの子たちの要求が優先されるようになります。」

サミールはエアコンのスイッチを切った。

「二人には潮風の匂いをかいだり、海岸でフレスカ*18を食べたりする権利があるのです。あなたの仕事の都合で、夏のあいだずっと家に閉じ込めておくわけにはいかないでしょう。」

サミールの運転はエジプト式だった。他の車に追い越されないように、二車線をまたいで進み、不規則にクラクションを鳴らして存在をアピールするというものだ。私は彼に「どちらかの車線を走って」と言った。サミールは「あなたもそうした方がいい」と答えた。つまり、運転は自分に任せて、本の販売に専念するようにということだ。

　私たちは、一〇月六日橋から始まる二〇キロの道を走り抜けて交差道を下りた後、古い路面電車の線路を渡ってサラーフ・サーレム通りにたどり着いた。灰色の雲が、私たちが後にした街の上に浮かんでいた。

「ベーラーの建物のオーナーの奥さんが、数軒先のごてごてした店を追い出そうとしています。あと一カ月で賃貸契約が切れるのですが、店側が更新後の家賃は支払えないと言っているらしい。ディーワーンにとってはいい機会ですね。」

　私は返事をしなかった。

「ビルに来ている靴磨き屋がちょうど引退して、甥っ子に後を継がせたところです。彼を使ってみますか。」

「うちには靴磨きが必要な靴はない。」

「いつか必要になるかもしれない。」

　希望に満ちた様子でサミールは言った。彼は私が男なしで生きていける数少ない女の一人だと信じているくせに、一番目の夫と、二番目の夫（このやり取りの時点では、彼とはまだ出会っていなかった）との新しい時代の幕開けまでのあいだは短い方がいいと、常に言い含めていた。そして、まるで仕立屋が型どおりに布を裁断するように、彼は沈黙を貫こうという私の試みを断ち切った。

「その甥っ子は仕事を探すでしょうよ。ザマーレクの店の夜警に使えませんか。アンム・アブドゥの奥さんは、夫が一晩中外にいるのが嫌だからと、夜警の仕事を辞めさせようとしています。」

そう言いながら、サミールはおかしそうに笑った。

「私は自分の仕事場に余計なトラブルは持ち込まないし、あんたもそうするべき。」

そう言って私はラジオをつけた。これでサミールの不動産と就職の話を終わらせたいと思った。家庭生活を仕事に持ち込むのは好きではない。でも、カイロという街のいろいろな繋がりを考えると、家庭と仕事場という二つの世界を切り離そうとしても無駄だった。

無口な現実主義者のヒンドは、境界の曖昧さなど気にも留めなかった。ヒンドの専属運転手のアッパースは、当初四人のいとこをディーワーンに就職させた。その後、数年のあいだに、彼の関係者の数は飛躍的に増えていった。アッパースは今でもヒンドの運転手で、うちの子どもたちからも慕われている。サミールと私は数年前に袂をわかった。


左手に見えるのは、サハラ沙漠の中にそびえるカイロ国際空港だ。サミールは旅の終着点目がけてナスル通りを進んでいく。ここは、私の知るカイロの果てで、私の知らないカイロの始まりでもある。新しい高速道路や環状道路が私の限られた方向感覚を鈍らせていた。自分が必要不可欠な存在になりつつあることを喜んだサミールは、私を目的地に送り届けるための戦略について大げさに語った。

果てしなく続く沙漠を眺めながら、以前からの考えが頭に浮かんだ。ゲーテッド・コミュニティやウエディングケーキのような豪邸の建設によって、このだだっ広い空間もあっという間に姿を変えてしまうのか、と。砂丘を掃き集めて、周囲の沙漠に流し込んでいく都市の拡張が恨めしかった。

突然、灰色の平たい床板が目に入ってくる。低・中所得者層の住宅用として政府が資金を提供している未完成の団地だ。緑地は荒れ果てて茶色になっていた。こうして沙漠は自らの存在を主張する。

カイロは、過去数十年間そうだったように、生き残ろうと必死だ。ムバーラク大統領と、入れ替わりの激しいその内閣は、計画を立てることも、守ることも、明らかにできていない。それにかれらは、倫理的にも、美的にも、醜悪になりがちだった。

こうした危機的状況の渦中にあったのがショッピングモールだ。カイロの富裕層が、新たに設計された郊外の住宅地に移ると、新しい住人たちのためにいくつものモールが出現した。

同じ品物を大量に並べてコスト効率のよさを派手に宣伝するカルフール・マーケットは、家族経営の小売店や露店がもつ品位を含む平穏さを脅かした。目抜き通りという場所は必ずしも必要ではなくなった。そして、それ以上に失われたのが、かつての「通り」で育まれてきたコミュニティとしての一体感だった。

囲われた住宅地やコミュニティで育った若い世代は、周囲の環境とどのような関係を築くのだろう。高い塀の内側で住民としての義務感や帰属意識を育むなど、私には想像できなかった。

子どもの頃、ヒンドと私は両親に連れられてザマーレクの七月二六日通りにあるいろいろな店を訪れた。今でもそのことは懐かしく思い出す。ささやかな交流が、深い絆へと開花していくのを目のあたりにしたからだ。店の人と客は、互いを個人的に知らなくとも、相手がどんな人であるかを知っていた。

目を閉じると、今でも七月二六日通りをはっきりと思い出すことができる。でこぼこな歩道の一角にあるマグディのスタンドには、エジプトや外国の新聞雑誌が洗濯ばさみで吊るされている。チェックのシャツの片側をズボンから出して、マグディは毎朝自転車で新聞配達をしていた。彼は自分がいなくても誰もスタンドから新聞を盗まないと信じていたし、実際に盗まれることはなかった。

雑誌や新聞は、政府系の「アハラーム配給所」が独占的に供給と配給を担っていた。アハラーム配給所は、返品期日をごまかし、マグディから金をだまし取っていた。マグディは損失を客と分け合うことで何とか軽減しようとした。

請求額が毎月変わることについて母が問い質すと、マグディは長くて絶妙に磨かれた爪で鼻の横を引っ掻いた後、「政府と神のご意思です」と説明した。母は彼をなじり、もう他の店に行くと言いながらも、高騰した請求額を支払う。こうしたやり取りが、毎月末に繰り返された。

ウンム・ハナフィは、マグディのスタンドの横にしゃがみこんでいた。真珠のような歯と、ヤシの木よりもまっすぐな背中の、誇り高きこの農民女性は、いつも真っ黒なガラベイヤを着て、花柄のスカーフを耳の後ろに回して、うなじのところで結んでいた。耳たぶには丸いイヤリングがぶら下がっている。あごに引かれた三本の緑色の平行線から、彼女がベドウィンの生まれであることがわかる。

ウンム・ハナフィは時折、連れてきた子どもに授乳していた。毎朝、何十枚かの焼きたてのバラディ・パンを売るために、彼女は籐で編んだ籠を頭にのせて揺らしながら、何キロも歩いてザマーレクにやってくる。私たちの家では、母の指示によって、通りの端にある政府の補助金入りの窯ではなく、ウンム・ハナフィからパンを買っていた*19。

果物や野菜を売るマドブーリーはいつもこの通りにいて、店の隅に置かれたプラスチックの肘掛け椅子にこぼれ落ちそうな身体をあずけていた。彼から野菜や果物を買うたびに、父は質の良し悪しを議論した。母は彼が言う値段によって、眉根を上げたり下げたりした。

成長して、自分の家のための買い物をするようになった私は、店の前の堂々たる山から、マンゴーをえり分けて匂いを嗅ぎ、選んだ*20。マドブーリーはおまけとして、熟れ過ぎたマンゴーを二つほど袋に入れてくれた。その頃、彼はガラベイヤをやめて、ズボンとシャツを着るようになっていた。でも彼の体型にはあまり似合っていなかった。

こうした店舗や店主たちは私の子ども時代の大きな部分を占めていた。かれらは今でも何らかの形でその界隈にいる。前よりも歯が数本少なくなったマグディは、弟子を引き連れてザマーレクの通りを自転車でまわり、新聞を配っている。ウンム・ハナフィの舗道は空っぽだ。マドブーリーは大きくなった家族と一緒に店番をしている。そこからもう少し先に行くと、パン屋だった場所に携帯電話のショップがオープンしていた。

商店が立ち並ぶ街路の衰退とショッピングモールの台頭という同時現象は、ある種の革命のきっかけとなるはずだった。街路や人々が交流する空間に何を期待できるのか、見直しが求められたからだ。それでも結局のところ、エジプト人はおとなしくモールの呼びかけに応じた。

公共空間が失われていく一方で、ショッピングモールには、広場や公園を模した豪華な民営空間が出現した。映画館、スターバックス、マクドナルド、ZARA、MANGO、スケートリンク。家族連れはエアコンの効いた快適な環境で楽しく一日を過ごし、自分たちにはとても手が出ない輸入品の値段に目を丸くした。未婚のカップルは、誰にも邪魔されずに手をつないだり、家具店のウィンドウを眺めたり、安いソーダを一緒に飲んだりできる空間を得て喜んだ。

モールのトイレは定期的に清掃され、石鹸やトイレットペーパーが備えつけられた。カイロの他の場所の公衆トイレとは大違いだ。楽で便利なことは重要な条件だ。それがもたらす負の側面について考える者など誰もいなかった。店主と客のあいだの親密な交流がないことや住んでいる場所とお金を使う場所の距離が大きくなっていることなどだ。ショッピングモールには、しがみつくべき価値あるものなど何もない。その完璧ささえも人工的で、その場所を醜悪なものにしている。

サンシティ・モールに着くと、私は車を降りて、サミールに駐車場で待つようにと言った。彼が新しいディーワーンを見て、私たちがやったことや、もっとうまくできたかもしれないことに関して、勝手な感想をまくしたてることは、考えるだけでも耐え難かったからだ。

磨かれたばかりの大理石の床に足をとられないかと怯えながら慎重に歩を進めた。立体画法で描かれたドームの下には、見たこともないような、ルネサンス風の青空が広がっている。澄んだ空気、偽物のヤシの木、大きな階段。すべてが一体になって現実を忘れさせた。

映画館の入口の向かい側に、いつものディーワーンのロゴを見つけた。私は新しい店舗の正面に沿って歩きながら、ガラスに傷がないかを確認し、ショーウィンドウに並べられたアラビア語と英語の本の品揃えを吟味した。中に入ると、新店舗の店長、レジ係、接客係、カフェ係、メンテナンス係と一緒にいるニハールが見えた。

迷いを振り払い、私はザマーレク店のドアとそっくりな長いクロムメッキの取っ手を押した。部屋には新車のような、可能性を秘めた空気が漂っていた。本棚は完璧に揃い、陳列台の本はきれい並んでいた。レジもスタッフもまだ新鮮な雰囲気を保っていた。

ニハールの優しい眼差しは新入社員の不安を和らげた。ただし、その言葉からは、彼女が温和ながらも冷酷に人を管理することが伝わってきた。ニハールは、テーブルの上にある、畳んでビニールで包まれた服の山を指さしながら、大げさな調子で言った。

「ディーワーン・ブックストアで仕事をする時には、常にこの制服を着て、私たちの基準に沿った行動をしていただきます。そうそう、制服は職位に関係なくみんな同じです。」

店長は顔をしかめ、メンテナンス・スタッフは微笑んだ。

「職位は名札に書いてあります。」

場が静まるとニハールは続けた。

「ズボンのポケットは、出来心やあらぬ疑いを避けるために縫い留めてあります。勤務開始時に着替えをする際、私物はロッカーに入れてください。」

従業員の多くは、郊外のアシュワイヤートで暮らしていた。人々が違法な手続きで農地を買収し、無許可で住宅を建設した場所だ。そして政府は、この地域を意図的に排除し、電気などのライフラインを設置しなかった。だから家主たちは近隣の集落から電気を盗んだり、発電機を使ったりしていた。

しばらくして、こうした状態が恒常化すると、政府もやむなく現状を受け入れた。住民と官僚が協力して、「主なき土地《ノーマンズ・ランド》」をつくり上げたのだ。完全には認可されておらず、公共サービスも得られないが、差し迫った撤去にもさらされない土地だ。何百万もの人々が非人間的な環境で暮らしているこの地域全体が、辺境の地にひしめいていた。

「清潔さは信仰の一部です。」

ニハールは続けた。男性たちは頷いた。

「暑さ、バスの混雑、のろのろとしか動かない渋滞のことは、誰もが知っています。皆さんがシフトに入る頃には、まるでマラソンを走ったかのような状態になるでしょう。しかし、ディーワーンは私たちのオアシスです。私たちには私たちのやり方があり、外の世界とは関係なく、自分たちの水準を保つのです。」

いつもながらの流れと、自分が聞く側であることに私は安堵感を覚えた。ニハールと私の目が合った。

「ディーワーンの社員のためのハンドブックから、さらにいくつかの項目について紹介します。」

ニハールはカバンから爪切りを取り出しながら言った。

「ディーワーンでは、爪を伸ばすことを禁止しています。私たちのイメージに合わないからです。

とくに小指の爪に気をつけてください。」

不満そうな声が聞こえた。労働者階級の男性の多くは、小指の爪を伸ばすことで自分が肉体労働者ではないことを示そうとした。足をゆする音が聞こえた。ニハールは抵抗を察知したのだろう。

「あなたはディーワーンの代表です。私たちには私たちのやり方がある。私たちは互いに学び合う。強制はしません、導くだけです。」

母親が子どもを諭すような態度だった。爪切りが男たちのあいだを廻り、ニハールが他の要求について話すあいだ、カチッ、カチッという音が響き続けた。

私の出番が近づいた。ニハールがオリエンテーションの締めくくりにと私を呼び寄せたのだ。独演を終えると、ニハールは男たちに私の指示を聞くようにと言った。私は咳払いをして簡単な自己紹介をした。

「ナディアです。ディーワーンの共同経営者で、財務、マーケティング、それから英語の本の仕入れを担当しています。ディーワーンの家族の一員であることを誇りに思っています。」

「イスラーム教の教えにあるように、労働は最も純粋な崇拝の形の一つです。」

私は部屋の全員に向かって言った。

「そのため、弊社では、敷地内での礼拝を許可していません。礼拝したい人は、モスクを探してください。礼拝に費やした時間は、休憩時間から差し引かれることも覚えておいてください。会社はあなたの時間と労働に対して報酬を支払っています。それを別のことに用いると、養い手から盗みを働くことになります。そして泥棒は告訴されます。」

沈黙はさらに重くなった。混乱した子どものように、男たちはニハールの方に顔を向け直した。

「ディーワーンの家族へようこそ。」

彼女は微笑んだ。

*16　ヘリオポリスの端、カイロ国際空港のすぐそばにある巨大モール。

*17　1967年の第3次中東戦争(6日間戦争)でイスラエルに占領された領土の奪回を目的として、1973年10月6日、エジプト・シリアの両軍がスエズ運河とゴラン高原に展開するイスラエル軍に対して攻撃を開始した。第4次中東戦争と呼ばれる。

*18　薄いワッフルにキャラメルナッツやハチミツを挟んだ地中海岸地域で有名な菓子。近年では、カイロの幹線道路脇でも「フレスカ、フレスカ」と声を上げて売る姿が見られる。

*19　エジプトには各地に政府の補助金によって廉価でパンを購入できるスタンドがある。その一方で、ここに登場するウンム・ハナフィのように、自宅で焼いたパンを路上などで売る人々もいる。小麦の質やパン焼きの工程に対する信頼から、経済的な余裕のある層には後者が好まれる。他にも、既成品のパンはスーパーマーケットやキオスクでも売られている。

*20　野菜や果物は、店舗を構えた八百屋か、カートや路上に敷いたシートに商品を並べる行商人から購入する。2000年代、7月26日通りにはそうした野菜売りが何組かいた。

第七章 アート&デザイン

＊1 ミランダ・インズ（Miranda Innes, 1945年～）の本。原題*The Fireplace Book*（2000年）。暖炉の写真やイラスト、デザインが豊富に収められている。

＊2 サザビーズとクリスティーズは世界的なオークション会社。

＊3 ラシネとデュポン=オーベルヴィルによる19世紀のオーナメントのカタログを合わせた図鑑。原題は*The World of Ornament*（2006年）。

＊4 原題は*Egypt Style*（2005年）。

＊5 Shirley JohnstonとSherif Sonbolによる。原題は*Egyptian Palaces and Villas*（2006年）。

＊6 カフラー（Khafra, 紀元前2500年頃）はクフ王の息子で、エジプト古王国時代の王。

＊7 ラムセス2世（Ramesses II, 紀元前1300年頃）はエジプト新王国第19王朝のファラオ。

＊8 エジプト最南の町アスワンの北に位置する町エドフにある神殿。紀元前57年に完成した。

＊9 リファーイー・モスクは、主要なスーフィー教団の一つ、リファーイー教団の名祖アフマド・リファーイーの孫であるアリー・アブー・シッバーク・リファーイーの墓があった場所に19世紀に建てられたモスク。かつてのエジプトの支配者の居城（シタデル、アラビア語でqal'a）の足元にある。

＊10 ムハンマド・アリー・モスクは、19世紀にシタデル内につくられたオスマン様式のモスク。西側に備えられた2基のミナレットは高さ80メートルを超える。

＊11 イブン・トゥールーン・モスクは、9世紀にアッバース朝から独立してエジプトを支配したトゥールーン朝の創始者アフマド・イブン・トゥールーンが建てた大モスク。

＊12 スルタン・ハサン・モスクは、14世紀のマムルーク朝スルタンのハサンが建てた大モスクで、マドラサ（教育機関）や墓廟、修道場、孤児院等を備えていた。

＊13 アラビア語で'ashwā'īyātという。エジプトの文脈では、本来は農地に指定され、住宅を建てることが禁じられている土地に無許可で住宅やビルを建ててつくられた住宅地を指す。上下水道や電気などのインフラが不十分で、道路幅が狭く、建物の強度や設計に問題があることが多い。

＊14 ヘロドトス（Herodotus, 紀元前485年頃～紀元前420年頃）。古代ギリシアの歴史家。

＊15 フランスの作家ユゴーの小説『レ・ミゼラブル』（1862年）の主人公。飢えにあえぐ甥たちのためにパンを盗んだことで19年間獄中に暮らす。

第八章

自己啓発

Self-Help

すべての本は平等に扱われるわけではない。中には特殊なものもある。

自己啓発はディーワーンでもっとも急成長中の部門だったが、私はその手の本を読まなかった。考えを深めたり、自分の内面や周囲の世界を掘り下げたりしたい時は、文学に目を向けたからだ。自己啓発本は文学とは対照的だった。それは物事を単純化して説明し、どう対処すべきかを指図する。少なくとも当時の私はそう思っていた。

ヒンドと私がニハールと出会い、三人でディーワーンを開店するまで、私は自己啓発本を読むどころか、触ったことすらなかった。

「あんたが私の水に入れた変なモノを飲んだら、これ以上デタラメな本を押しつけてこないって約束する？」

私はニハールとそんな交渉をしたことがある。ニハールがジェームズ・レッドフィールド*1の『聖なる予言』をテーブルの向こうから、こちら側にそっと差し出した時のことだ。

「読んでいないのにどうしてデタラメだとわかるの？」

彼女はかすかな笑みを浮かべて言った。

「においでわかるの。」

「なぜ自分の傲慢さで目を覆ったまま生きようとするの。」

「ダメなの？　あんただってそうでしょう。情報源は違っても傲慢なのは同じ。」

「魂の栄養補給はどうしているの。」

ニハールは憐れみに満ちた口調で尋ねた。

「忙しく働けばいい。」

「今日のランチはほうれん草とリンゴ、それからレーズンが入ったサラダにカレー風味のドレッシングをかけたものよ。食べる？」

ニハールはそう言ってボウルを差し出した。

「いいえ、結構。ダイエット中なの。」

そう答えながらも、私は決意が揺らぐのを感じた。サラダを見るとドレッシングがキラキラと光ってこちらを誘惑してくる。

「ダイエット願望に屈しないで。そうするとかえって太るのよ。」

「黙って！　自己啓発本みたいな言い方はやめてちょうだい。」

私は自分の態度が最悪だとわかっていた。ニハールは、ホメオパシーの小瓶やカード占いが残した謎めいた暗号、自分が主張してディーワーンに入荷した数多くの自己啓発本の中に、治癒法や解決策があると思えばそれにすがった。

ニハールは定期的にディーワーンの自己啓発本のセクションに話題の新刊書を入荷するよう薦めた。『積極的考え方の力』*2、『さとりをひらくと人生はシンプルで楽になる』、『内なる巨人を呼び覚ませ』*3、『あたらしい私のはじめかた』*4、『より豊かな人生』*5、『こころのチキンスープ』*6などだ。どうでもいい、と私は冷ややかに笑っていた。それでもニハールは一定の期間をおいて、「あの本は注文したの?」と尋ね続けた。やがて私がしぶしぶ同意すると、必ずと言っていいほど、その本は飛ぶように売れた。それでも、控えめなニハールが自らの勝利を面と向かって振りかざすことはなかった。

「この著者たちの他の本も全部入手すべきね。忠実なファンがいるから。」

ニハールが何食わぬ顔で提案した。

「それって、著者たちが約束を果たしていないってことなんじゃないの? 一冊の本で問題が解決しなかったのに、次の本で解決するなんてどうして主張できるの。」

「本当に熱心な読者は学ぶことをやめないの。たとえ同じ問題を違う角度からアプローチするということだとしても。」。

「こういう本は詐欺だと思わない? 魂の薬局でもらった偽薬の効果に騙されているのでは?」

「私は自分が自己啓発本を好きな理由を知ってる。だけど、あなたは自分がなぜ嫌うのか、理由がわかってるのかしら。」

ふんわりとしたところが、ニハールの最大の長所だ。私は彼女の問いについてずっと考えていた。

それは質問と見せかけた挑戦だった。

ザマーレク、ヘリオポリス、マアーディ、モハンデスィーン、アレクサンドリア図書館、そして新しく開店したサンシティ・モールの店舗ですら、そこはあたかも自己啓発の神殿のようで、ニハールの主張を裏づけていた。唯一、自己啓発の激流を免れたのは、カイロ国際空港の免税店街にある店舗だけだった。旅行者をターゲットにした同店では、エジプト・エッセンシャルズの本が棚のほとんどを占めていたからだ。

自己啓発の棚にサブセクション（人間関係、ダイエット、自己成長、ヒーリング、スピリチュアリティなど）を設けて、それぞれに配架する冊数をどれだけ増やしても、需要を十分に満たすことはできなかった。そして、新しい書籍やシリーズが入荷するたびに、ニハールは知っているという笑みを浮かべた。ヒンドはこの件に首を突っ込まず、ただその新刊のアラビア語訳が出ているかどうかを黙って調べた。

売り上げがうなぎのぼりになると、私はこのセクションに対する自分自身の嫌悪感と向き合わざるを得なくなった。客たちが求めているものを理解したいと考えたからだ。

最初は、自己啓発本に対する敵意の原因が、自分の傲慢さにあると思っていた。そういう本は文学とは呼べないレベルのものだという考え方があったからだ。それでも、自分が盲目で、他人がその文章の中に見出しているものがわからないのかもしれないと思い始めていた。昔は私もそんなに独善的ではなかった。「本なら何を読んでもいい」と言っていたものだ。でも今では「何を読むか」が大いに気になる。

私は自己啓発本の起源を調べ始めた。サミュエル・スマイルズ*7は、今ではほとんど忘れ去られた作家だが、現代のこのジャンルの元祖と言えるかもしれない。

彼が（文字通り）自費出版した物語集『セルフヘルプ』は、勤勉な男性たちが自身の境遇に打ち勝つ様子を詳細に描いたものだ。一八五九年、チャールズ・ダーウィンの『種の起源』と同じ年に出版された同書の売り上げは、聖書をのぞけば、市場にあるあらゆる本を上回った。その年、スマイルズはセレブの先駆けになった。皮肉なことに、反物質主義の尊師でありながら、数十億ドル規模の産業の父になったのだ。

調べるうちにわかったのは、このジャンルがスマイルズのずっと以前からあったことだ。そう、ご想像の通り、それは古代エジプト人と深い関係にあった。

「セバイト」とは、「指示」や「教え」を意味する単語だが、それはファラオ時代の知恵文学の一ジャンルの名称でもあった。現存する最古の自己啓発本は、紀元前二五〇〇年から紀元前二四〇〇年のあいだに書かれ、一八〇〇年代半ばに初めて発見された『プタハホテップの教訓』*8だと言われる。

プタハホテップは、上下エジプトを支配した第五王朝の最後から二番目のイセシ王の宰相だった。年老いて引退間近となった彼は、自分の地位を息子に譲りたいと考えた。王は忠実な臣下を失望させたくないという思いから、賢者の知識を未熟な息子に伝えることを条件に、ためらいながらもその継承を認めた。そして、プタハホテップは息子のための手引きを手紙として書き残した。沈黙や、時を見計ること、誠実であることがもたらす美徳を賞賛し、人間関係を保つことと礼儀作法の重要性を説いた。その教訓は写字生によって書き写され、広い範囲で共有された。

この手紙は、古代エジプトで星と季節を支配し、人間と神々の行動を調和させる女神マアトに従うよう読者に指示するものだった。これはまさに、現在急成長中のジャンルに属していた。マアトは、真理、バランス、調和、法、道徳、正義といった概念を体現していたが、それはニハールを連想させる。私はエジプト・エッセンシャルズの棚に収めようとセバイト集を探した。それこそが自己啓発本の祖先であると主張したかったからだ。

エジプト・エッセンシャルズのセクションでは、少なくとも一三の角度からエジプトを眺める方法が示されていたが、自己啓発本の場合、その哲学的な系譜を明らかにすることで、失われた複雑さやニュアンスを取り戻すことができるだろうと期待した。知恵を伝授し、読者が意味を追求する手助けとなることに重きをおいた輝かしい過去を知ることは、重要だと思われた。それによって、今の自己啓発本市場を悩ませるテレビ用の脚色や馬鹿げた続編、魂のないフランチャイズなどによる安っぽい猛攻撃とのバランスを取ることができるだろう。

氷河期や獰猛な動物による生命の危機を乗り越えた後の諸文明の人々にとって、よく生きるための助言は重要だったようだ。古代ギリシアの文献には、エウダイモニア（「幸福」を意味するギリシア語）に関する瞑想、金言、教訓があふれている。

紀元前五世紀からヘレニズム時代にかけて、ギリシアの哲学者らはさらに価値のある人生を送るために、自己を向上させるという課題に取り組んだ。プラトン*9は共通善に対する人々の義務を強調し、ソクラテス*10は自分自身のあり方を問うようにと呼びかけ、アリストテレス*11は、徳の高い人は人間として優れていると考えた。そして、ストア派の創始者であるキティオンのゼノン*12は、自然や周囲の環境と調和することで徳のある、よい人生を送ることができると示唆した。

高尚なものから低俗なものまで、哲学から自己啓発まで、生存が保障された後の人間の関心は、繁栄することや成長することに向けられていたのがわかる。自己啓発本というジャンルは、人類のそうした探求の延長線上にあると考えると、私の中の反感も薄れていった。

古代ギリシアの歴史家クセノフォン*13の著作からヒントを得て書かれた「王子たちの鏡」と呼ばれるジャンル*14は、王や著名人の行いについて見習うべき点と、避けるべき点を指摘するものだ。印刷機が発明されると、こうした本はより多くの読者の手に渡った。

やがてバルダッサーレ・カスティリオーネ*15の『宮廷人』（一五二八年）や、ジョヴァンニ・デッラ・カーザ*16の『作法書』（一五五八年）によって、人々に作法を伝える処世術本の時代が到来した。ニッコロ・マキャヴェッリ*17の悪名高き政治哲学書『君主論』（一五一三年）は、ディーワーンの哲学セクションでよく売れた。紀元前五〇〇年頃に書かれた中国の兵法書『孫子の兵法』*18は、ビジネス書のセクションでベストセラーになった。今の時代に、この場所で、なぜこうした本が流行したのか不思議に思う。

マルクス・アウレリウス*19の『自省録』が最近の中国でベストセラーになったという話もある。政治的にも個人的にも無力さを感じていた私たちにとって、こうした書物に描かれる主体性は、心に響くものだったはずだ。

古代ローマ人は、多様な自己啓発のための文章を書き残した。ギリシア哲学をラテン語に翻訳したキケロ*20は、ユリウス・カエサルの時代に最も多くの著作を残した一人であり、『友情について』、『老いについて』、『義務について』を書き、ローマ人の人生のさまざまな段階や文脈に応じた生き方やあり方に関する助言を残した。こうしたテーマは現在にも通じる。年を重ねるにつれて、私は友人関係や、責任を持つこと、自分自身や他人とどう付き合うかをめぐって思い悩むようになった。同じような悩みを抱く人が他にもいることは、「あなたを導きます」と約束する本が売れていることからも明らかだった。

たしかに、太陽の光の下に新しいものなどない。カーテンの下でもそうだ。

オウィディウス*21の『恋の技法』や『愛の治療』は、愛や人間関係、セックスへの執着にも古い歴史があることを教えてくれる。『恋の技法』は三部からなる教訓詩で、中心テーマは求愛とエロティシズムである。第一部でオウィディウスは、男性に向けて女性を手に入れる方法を、第二部では女性を手元に留めておく方法を伝授する。第三部では、女性に対して直接語りかけ、いかにして男を見つけ、失わないかを説いている。そして『愛の治療』では、この世のすべてがはかないものであることを意識して、恋愛の終わらせ方を読者に示す。これらの書物は、オウィディウスが生きていた時代から、その後何世紀にもわたって大きな注目を集めることになる。そして、こうした歴史上の断片は、古代エジプトのセバイト、古代ギリシャ・ローマの哲学者、そして私が批判の対象としていた現代の自己啓発をつなぐ糸となる。

テーマは一貫しているが、その形態は時代とともに変化する。本屋として、私は客たちから学ぶ。文学を学ぶ者として、私は自分の偏見を捨てて何かを学べるかどうか自信がなかった。友人のヤスミーンはいつもこう言っていた。

「人生が優しく後押ししてくれるなんて、ありうると思う？　ハンマーであんたの頭をかち割ることだってできるのに。」

「この本をどうぞ。読み終わったら一度話し合いましょう。」

マルチメディアと文房具の仕入れ担当で、(ディーワーンではよくあるように) ニハールのいとこでもあるネハーヤが言った。

「一体何なの? なんであんたが本を扱うの。」

私は尋ねた。

「あなたにと思って買ったの。大変そうだから、助けが必要だろうと思って。」

ネハーヤは二冊の本を私のデスクの上に残して、事務所から出て行った。私はプレゼントを吟味した。『RULES (ルールズ)』*22と『男はなぜクソ女を愛するのか』*23だった。裏表紙の推薦文と目次にざっと目を通した。

確かに私は本領を発揮できていないかもしれない。でもだからといって「大変そう」だなんて言われる筋合いはない。ただ時間が必要なだけだ。一番目の夫と離婚したのは一年前。違った、三年前だ! その上、彼は私が最後に付き合った男性で、それも携帯電話を持つ以前のことだった。それからずっと私はディーワーンの事業拡大に全力を注いできた。

心の傷を癒し、結婚生活のほつれによってぽっかり開いた穴を埋めるために、私はひたすら働き、文字通り「ミセス・ディーワーン」になった。赤字だらけの決算書が夢に出てきた。目覚めている間は、年間マーケティング計画の立案、英語書籍の購入と補充の監督、それから五歳と七歳の子どもたちを育てるのに大忙しだった。デートなんて考えたこともなかった。

それでもネハーヤの執念からは逃れられなかった。その点で、ネハーヤはいとこのニハールに似ている。

彼女の名前はアラビア語で「終わり」を意味する。ネハーヤの気質には、確かに終わりに突き当たったような焦燥感があった。ネハーヤはもともと押しが強く、自分の非を認めない性格で、誰よりもよくしゃべる。茶色い髪はしなやかで太く、鼻筋が通っていて、取引先や同僚を睨みつけるのにぴったりの威圧的な目をしていた。そして機械のように効率よく、またたくましい回復力をもって生きていた。

数日後のある晩、ネハーヤは突然思いついたかのように私をお茶に誘った。

「進捗状況を教えて。」

前置きもなく、彼女は話を切り出した。私がその問いの意味をすぐに理解するだろうと思ったようだ。確かに、私は理解した。

「ざっと目を通した。」

「それじゃあ、足りない。きちんと読まなきゃ。それから、従わなきゃいけないの。猜疑心や中途半端な気持ちは捨てて、示されたルールに従うの。」

「あなたも、あなたのいとこも、信じられない！」

私がそう言ってもネハーヤは動じなかった。私は続けた。

「前に誰かから自己啓発本を贈られた時に私は離婚したの。」

それは本当だった。私は自己啓発本を自分から欲しがったことなどない。それなのにどういうわけか、次々と押しつけられるのだ。

離婚の数年前、一番目の夫はリチャード・カールソンの『小さなことにくよくよするな！　しょせん、すべては小さなこと』*24を買ってきた。ディーワーンが私たちの結婚生活に過度なストレスを持ち込んでいると感じたからだ。私は腹を立てたが読んでみることにした。効き目は確かで、私は激怒した。

いつからこんなに支配欲の強い人間になったのか、自分でもよくわからない。人生があまりに不確実で、私はいつも怯えていた。人生は自分の思い通りにできるという考えは、都合のよい誤解だった。それでも誤解していたおかげで、私は自分の主体性を保つことができた。

カールソンは、私のように支配欲の強い人間は、自我の脆さゆえに完璧主義になると主張したが、確かに私たちは、間違ったり、批判されたり、弱気になったりすることに耐えられない。冷静に物事を考えられず、たとえば、洗濯物や税金、骨折、パイプの破裂など、あらゆる事柄を等しく重要なものと考えてしまう。そして少しでも計画が狂うと大惨事になる。

この本が提唱したのは、少しだけ変わることだった。たとえば、「一度に一つのことをする」というような話だ。腹が立った時の精神的な対処法も示されていた。たとえば、イラつく相手を、おむつを穿いた赤ん坊に見立てるというものなどだ。

自分の思考や行動を意識しているあいだは、「小さなことにこだわるな」というアドバイスが効いた。それは、本の効果や自分の可能性を確信するのに十分な期間ではあった。けれどそのうちに——多くの人々や多くの自己啓発本についても同じだったが——私は意識することをやめた。すると手引きは機能しなくなった。

「自己啓発本が離婚の理由だったわけじゃないでしょう。それに、もう何年も経っているんだから関係ない。」

ネハーヤは容赦なく言った。

「ネハーヤ、私はフェミニストなの。だから…」

「やめて。そんなことどうだっていい。私だってフェミニストよ。それに知ってる？　フェミニストは男を捕まえるための本を読んじゃだめだって法はないの。」

「私は男なしでは生きられないという類の女じゃない。」

「あなたがそんな女だなんて言ってない。ただ、デートのやり方は変化しているの。うまくやっていくために、読んでみたらどうかって言ってるの。」

ネハーヤは強引に話を進めた。

「この本は私の人生を変えたの。あなたの悪い習慣や悪い行動もやめさせてくれるはず。」

「私は簡単に手に入る知恵を疑うタイプなの。」

「殻を破って。自分で何とかしなきゃ。」

「もし私がたまたま自助《セルフヘルプ》できない人間だったら？」

私は冗談めかして言い、グラスに飲み物を注ごうと立ち上がった。本当は怖れていることを認めたくなかった。私を含め誰も救済し得ないのではないかという怖れだ。それに自己啓発というジャンルは、資本主義や家父長制のもとで、あるいは、その他すべての崩壊したシステムのもとで生きているからこそ抱く、根深い疎外感を和らげたり、隠蔽したりするためにつくられたのではないかという恐怖だ。個人の自己啓発は、自然や家族、コミュニティからますます孤立していく状況に対する見当違いの解毒剤なのではないか。

たとえ問題の根本的解決が得られないとわかっていても、私は何かを買うことの喜びを手放せない。私のビタミン棚には、腱を柔らかくする、爪を強くする、免疫力を高めるといった効能を謳う商品がたくさんある。ただ、まだ一錠も飲んでいないだけだ。

ディーワーンの自己啓発セクションを訪れる客は、痛みを伴わない治療を約束する本に群がった。こんなやり取りがあったことを覚えている。

「もうアメリカから本を持って来なくていいなんて本当に嬉しいわ。夫はディーワーンがお気に入りなの。行き来する時に飛行機に預ける荷物の超過料金を払わなくて済むから。」

『こころのチキンスープ』シリーズを何冊か手に取りながら、彼女は繕うように言った。ディーワーンで一番売上高が大きいスタッフの一人で、最近、新たに顧客担当の管理職に昇進したアフマドが、その女性客から数歩離れたところで、両手を背中の後ろで組んで立っていた。彼女の目がテーブルの上に置かれた本から本へと移っていくのを私は見ていた。やがてヴェールをまとったその女性は言った。

「これ、全部読んだわ。他にはどんな本があるの?」

「確認します。少々お待ちください。」

アフマドが申し訳なさそうに言った。客が何も持たずにディーワーンを出て行くことは屈辱に他ならないと彼は考えていた。

「そんなにがんばらなくても大丈夫よ。二〇〇八年までに出版された本は全部持っているから。」

「熱心ですね。」

「そうよ。私は深みのある人間なの。私の本の趣味は最高だと夫も言っているわ。」

「ご主人は眼識のある方ですね。ただ、おそれながら申し上げますが、こうした本についてもっと多くの方々と共有していただけたらよいのではと思います。力を分け与えられますし、癒しの効果もあります。これを世に広めることが私たちの務めなのです。」

私はアフマドが、チキンスープの教えを周囲の人々に伝えることは、彼女にとって「市民としての義務」であると優しく説得する言葉に耳を傾けた。

「誰かのお宅にお菓子やお花を持って行く代わりに、よい「気」をもたらすのです。誰もがあなたに一生の恩義を感じることでしょう。」

隣の棚の後ろに隠れていた私はただただ畏敬の念を抱いた。嬉しそうな客をレジに案内した後、書籍コーナーに戻ってきたアフマドは私に向かって敬礼の真似をした。

ディーワーンが成長するにつれて、徐々に私の仕事は仕入れ担当チームに取って代わられた。私が直接注文や販売をする機会は減り、全体の指揮を執るだけになった。

アフマドは客と仕入れ担当チームのあいだに立ち、不要なものを取り除き、必要なものをつけ加える役割を担った。彼は、店頭で客に話しかけ、足りない本や、新しいトレンド、消えつつある流行などを把握し、その結果を仕入れ担当チームのメンバーに伝えた。そして自己啓発本の注文を増やすことを提案した。私はぴしゃりと言った。

「寝椅子と精神科医をここに並べておいて、本屋から精神科病院に鞍替えすればいい。」

デスクに戻った私は、『こころのチキンスープ』シリーズについて調べ始めた。そして、それが単なる本のシリーズではないことを知った。そこには帝国があったのだ。これまで二五〇のタイトルが刊行され、アメリカとカナダだけでも合わせて一億一千万部以上が売れた。しかも、それは史上最も成功したペーパーバック・シリーズだった。

帝国の起源は慎ましいものだった。一九九三年、創始者である二人の講演者が、逆境を克服する人々の物語を集めて本にまとめて出版した。このプロジェクトは時間とともに変化し、拡大し、二〇〇四年にはペットフードを含む数々のブランド製品によって、二〇億ドル以上の小売の売上高を誇るようになった。

本の内容は悪意のないものだ。確かに説教臭くて恩着せがましいが、心は和む。ただ、ブランド化されたコンテンツが急激に増えていることが気になった。庶民的で心安らぐ物語を売りにしていたはずが、それとは正反対のことをやっているように思えたからだ。

私が女性だから握手をしなかったフランチャイズ会社の男のことを思い出した。彼はミニサイズのディーワーンや、独立したカフェ、ショッピングモールの店舗、大学の売店、季節限定のアウトレットなどを思い描いていた。私たちは彼を拒んだが、彼が描いたビジョンは実現したのかもしれない。『こころのチキンスープ』シリーズは、こうした拡大が、目的から外れた、しかし利益をあげる結果をもたらすことを象徴していた。

シリーズでは、ビーチ愛好家、NASCAR（全米自動車競争協会）の観戦者、更年期の女性、ゴルファー、西洋の主要宗教信奉者など、無数の読者に向けて本がつくられているが、ヒンドゥー教徒や仏教徒、イスラーム教徒のためのコレクションは一冊も見当たらなかった。ヴェールをまとったあの女性客はそのことを知っていたのだろうか。そもそも気にしたことがあったのか。

私は時々ディーワーンの店内を歩きながら、そこにある本を自己啓発的なレンズを通して眺めた。『高慢と偏見』*25は一風変わった「男の捕まえ方マニュアル」で、『イーリアス』は君主の鑑に関する道徳小説だ。『アラビアンナイト』はサバイバルガイドに他ならない。要するに、本は、どのような文脈に置くかによって見え方が変わるのだ。

ディーワーンのベストセラーで、フィクションと自己啓発本が混ざり合ったものを例にとろう。たとえばパウロ・コエーリョ*26の『アルケミスト』だ。私はこの著者を鬱陶しいと思った。チキンスープ風の彼の本の内容は、カレンダーやダイアリー、魂に訴える名言を集めた小さな厚表紙の本など、ブランド品や小物類に絶え間なく広がっていった。

もちろん、ニハールは彼の大ファンだった。そしてもちろん、そのせいで私はコエーリョのことがさらに嫌いになった。客は彼のグッズを買い続け、私は注文数を増やさざるを得なかった。自分が思っていたほど、客や市場のことを理解していなかったのかもしれない。他人から学ぶという精神と、この騒動が何なのかを知りたいという思いから、私はコエーリョの本を読むことにした。

前に購入した『妊娠中の心得』と同じように、『アルケミスト』との関係を否定したいがために、レジ担当にはまた、これは自分の本ではないと訴えた。その夜、家に帰ってゼインとレイラと夕食をとり、二人の大好きな『パンツマン』*27を読み聞かせ、アンコールの声が鳴り響く中で二人を寝かしつけ、それから日課の夜の読書に取りかかった。

表紙をめくって最初のページに目を通し、「はじめに」を読み飛ばすかどうか悩んだが、ざっと読んでみることにした。「この本を通して、私がこれまでに学んだことすべてを伝えよう」という言葉が目にとまった。それはさすがにやり過ぎだろうと私は思った。ただ、本を読んでみて、この大騒動が何であるのかを理解したかっただけなのだ。誰も私に、この本を読むと、劇的な啓示や魂の掘り起こしがあるなどとは警告してこなかった。

『アルケミスト』は、アンダルシアの羊飼いの少年サンチャゴの物語だ。彼は同じ夢を何度も見た。ジプシーの占い師はその夢解釈で、古代のエジプトで建設されたピラミッドの中で、宝物が待っていると告げた。この本は、サンチャゴの肉体的、精神的な旅の記録であり、最後に彼は、自分の夢、あるいは自分の運命が、はるかに大きなもの——宇宙の魂——に属していたことを悟る。

この本を読んで不愉快にはならなかった。それは教訓的で、多くを要求せず、単純で、繰り返しが多い。コエーリョがアラビア語の「マクトゥーブ」という言葉を多用していることも嬉しかった。

それは直訳すると「書かれている」という意味だが、運命や決定論への信仰を指す表現だ。それにラストシーンがいい。サンチャゴの宝は、ギザにある古代エジプトのピラミッドで発見される。エジプトに関するものすべてを誇らしいと感じるディーワーンの客たちの思いが、あたかもサハラ沙漠の春嵐《ハムスィーン》のように、私の猜疑心を吹き飛ばした。

両親は私に一生懸命がんばれば、がんばるほど、知的に、精神的に、感情的に、肉体的に、それから経済的にも、よい状態になるという強い信念を叩き込んだ。それで私は、簡単に手に入るものを軽んじるようになった。けれどこの本は、そうした考え方をしばらくのあいだ追い払った。そこには、「熱意について、愛と目的をもって成し遂げうることについて、そして信じられるものや望むべきものを求めることについて」書かれていた。

ディーワーンとの関係をめぐってこれ以上ぴったりな説明に出合ったことはなかった。

私たち三人の成功の秘訣は、愛と情熱にあり、自分たちの心に響くものを創りたいという共通の想いにあった。そこに本質的な真理が見出されたからだ。ただし当時は、店頭に置く本を精査し、棚に入れて、客たちに新たな有望作家を紹介しながら、そうした情熱の存在にほとんど気づいていなかった。それがなくなってしまったからこそ、その存在に気づいたのだろう。

店を成長させ、増殖させなければならないという狂おしいまでの衝動に、情熱は飲み込まれた。

結果として、本来の大切なものが薄まってしまったのだ。それでも、この混乱の渦中にあって、私は気づき始めていた。広い意味での「文化」を普及させることを目指した私たちの姿勢がいかに創造的で大胆なものだったのかを。私たちは、いろいろな場所で、多くの異なる形式を試みた。そして、どうしようもなくなるまで、あきらめなかった。

本を読み終える頃にはパウロの言葉の魔力は薄れ、自己啓発本への不信感が戻っていた。ディーワーンの読者や市場を理解しようとこの本を読み始めたが、結局、どちらからも疎外されたままだった。

良書とは、私たちの固定観念に問いかけたり、示唆したり、精査したりするもので、新しい固定観念を与えるものではないと思う。文学を学んだ私は、ヘルマン・ヘッセ*28の『荒野のおおかみ』やジェイムズ・ジョイス*29の『ユリシーズ』を読みふけった。どちらも滋養と栄養に満ちた文学作品だ。それに対して、自己啓発本はプリングルスのようなもので、楽しむのに労力を要しない。だから人気を得られるのだ。

ディーワーンのもう一つのベストセラー、スティーブン・W・アンダーソン*30の『トイレで時を過ごす』という古典要約集も、読者に楽をさせようと微妙なニュアンスを犠牲にしていた。それでも、この本のことは気にならなかった。この本は精神的な癒しや導きを読者に約束しているわけでも、自らの存在理由を隠しているわけでもなかったから。
本屋《ブックセラー》として、読者の知の領域に挑戦し、それを広げることが私の義務だった。経営者として、私はビジネス・パートナーのために、最大の利幅と販売量をもたらす義務があった。そして情熱あふれる読者として、本に対する愛と憎しみの内に身を置いた。

何年か前にパウロ・コエーリョに会ったことがある。ただし、その経験は何の変化ももたらさなかった。

二〇〇五年、彼はエジプトを訪れて、カイロ大学で講演した。ナギーブ・マフフーズの隣に座るコエーリョの写真が新聞の紙面を賑わせた。ディーワーンは選定書店として、すべての会場に赴き、何百冊もの彼の本を売り歩いた。そして、滞在が終わりに近づいた頃、私はディナーの席でコエーリョと隣り合わせになった。

さっそく、私は彼に、最近のカイロ大学での講演がとても面白かったと言ったが、彼はまったく無関心だった。きっと、カルト的な崇拝に慣れきっていて、私の熱意など印象に残らなかったのだろう。コエーリョは反対隣りに座っていた女性のほうを向いた。私はその場を離れた。

このやり取りは——心の中でしか会ったことのない人々とのやり取りの大半がそうであるように——残念なものだった。

二〇一四年までに、コエーリョの本はニューヨーク・タイムズのベストセラー・リストに三一五週以上掲載された。八〇の言語に翻訳され、存命の著者の作品として、ギネス世界記録になった。

私がディーワーンの書籍の仕入れと配架の作業を始めてから一〇年以上が経っていた。全部で一〇店舗を抱え、私は消耗し始めていた。仕入れ部門に対して、『アルケミスト』を含むパウロ・コエーリョの本は、新刊書でもないかぎり陳列台に置いてはならないというメモを送った。ディーワーンに入って、『ヴェロニカは死ぬことにした』*31や『一一分間』*32、『ポルトベーロの魔女』*33が目に入るとうんざりした気持ちになった。仕入れ担当者が怠けているのではと心配になった。かれらは、新しい本で客を驚かせ、喜ばせるというディーワーンの使命を支え、維持する役割を担っているはずだ。一方のコエーリョの本は、置いておくのにもっとも無難なものだった。不確かな世界の中で、確実さを約束したのだ。

「なんでこの本がこんなところにあるの⁉」

「大きな声を出さないでください。ここは書店ですよ。」

ダリアは両手を挙げてなだめるような仕草をしながら私を制止した。ディーワーンの仕入れ担当を束ねるダリアは、手ごわいネハーヤの指導と訓練を受けていて、そのことが言動に如実にあらわれていた。

「この忌まわしいものについて説明してくれたら落ち着くわ。」

私はダリアを睨みつけた。私たちは二五四番通り沿いにあるマアーディの新店舗にいた。この店が開店したのは二〇一三年のこと、大失敗に終わったマアーディの九番通り支店の閉店から数年後だった。

経営拡大の過程で私たちはいくつか大きな失敗をした。理想的とはいえない立地に出店し、早々に閉店したり、長々と営業し続けたりした。どちらの場合も、貸借対照表の上での損失は膨らんだ。それらの失敗を、私たちは惜しげもなく帳消しにして、そこから得た教訓を過大に評価した。ヒンド、ニハール、私の三人は、成功体験と同じように、災難も三人で分け合った。私たちは、互いの気持ちを大切にするあまり、相手を傷つけてはならないと思っていた。厳粛なビジネスマンならこうした配慮はしないだろう。けれども、私たちは厳粛でも、男《マン》でもなかった。

「あなたのメモのことですか？　これは新刊なので、あなたのルールによると陳列できます。」

「この業界では五カ月前の書籍は新刊とは言わないの。」

言い争っているうちに、自分がここ数年で、ダリアと彼女の仕入れ担当チームにどれほどの支配権《コントロール》を譲り渡してしまったかを思い知らされた。私は自分が一番好きだったものを手放したのだ。ダリアは、ディーワーンで一〇年以上働き、出世して、今や経営陣の中で最も重要な仕事の一つを担っていた。彼女が私よりも数字や表計算に詳しいことは知っていた。それでも私は、事あるごとに、彼女の仕事を覗き見て、膨大な報告書の数字を確認することにこだわった。

「もっとオリジナルな作家を紹介したほうがいいのでは？」

私は言った。

「今よりもっとですか？」

ダリアはまた別の報告書をぱらぱらとめくった。

「そうですね。ヒラリー・マンテルの『罪人を召し出せ』*34は、五〇冊注文しましたが、この九カ月で一〇冊しか売れていません。」

「あなたがハードカバーに賭けたからじゃないの？　ここがハードカバー向けの市場じゃないことはわかっているでしょう。」

私は容赦なく言った。

「予算と目標を与えておいて、それに見合うように行動するなとは言えないでしょう。」

「本を中央の陳列台に置いて、接客担当がうまく勧められるように、説明の仕方を教えてあげて。」

結局、私は懇願するような口調になっていた。

「すべての本は、棚に入るために家賃を払っているってネハーヤが教えてくれました。家賃を払わないものは退去させられるのです。」

ダリアは言い返した。彼女のアシスタントのサイードがその場に加わった。彼の視線は、ダリアと私のあいだを行き来していた。彼は明らかに、自分の上司とその上司のあいだの意見の食い違いを収めることに興味がないようだった。ダリアは続けた。

「マン・ブッカー賞を受賞したからといって、読者が気に留めるわけではありません。」

「本の販売は、結婚やサッカーと同じよ。それなりの技術も必要だけど、同時に認めたくないくらいの天命や運に左右されるものなの。」

私は間を置いてから交渉を持ちかけた。

「パウロの件、譲歩するわ。隣にヒラリーを置いてくれるならね。」

「取引成立ですね。一カ月だけで、その後は二人とも陳列台から去ります。」

ダリアはサイードを見てうなずいた。サイードは書記係のように静かな物腰で、私たちの交渉の結果をノートに記した。

自己啓発本には、それが書かれた時代の不安や悩みが反映されるようだ。二〇〇八年の恐慌と続く不況の後、経済面での手引書が急増した。消費主義や豊かさが広がると、断捨離の第一人者として知られるマリエ・コンドウ*35が活躍した。

私は自己啓発本という人気ジャンルに憤りを感じているが、それでも、本は私たちの助けになるという確信も抱いている。エジプト革命の前の一〇年間、自己啓発本の売り上げが急激に増えた。相関関係によるものか因果関係によるものかは別として、その空前の売れ行きは、このジャンルが主体的な問題解決を約束していたことと関係しているのだろう。政府からの助けを待つことに疲れたエジプト人は、自助が叶う場所を探していた。何もしないよりはましだったからだ。

ディーワーンの最初の一〇年間、アラビア語のコーナーでは、活力あふれる労働力となるべく、自分の能力を高めるための実用的なハウツー本が売れていた。これらの本は、「努力すれば人生はよくなる」という信念に基づいていた。

スティーブン・コヴィーの『成功する人の七つの習慣』*36のアラビア語訳が飛ぶように売れた。こうした西洋のビジネス本は、(アラビア語圏にいる)私たちを読者の対象に含んでいなかったが、ディーワーンの読者は、私のように、そのことに微妙な思いを抱いていたのだろうかと考えた。

私は自己啓発本を読むことをあきらめた。代わりに、ニハールの勧めで、前向きな思考《ポジティブ・シンキング》に関する本を読むことにした。明文化《マニフェスト》、視覚化《ビジュアライズ》、焦点化《フォーカス》を実践し、四半期が終わるたびに、次の四半期はもっとよくなるようにと祈った。それでも、何をやってもうまくいかなかった。

成功と失敗、利益と損失のサイクルを断ち切るのは難しかった。赤字が続く中で、ヒンド、ニハール、私の三人は、黒字に転換できそうな道筋について話し合った。ニハールは、さらにいくつかの店舗を閉めなければならないと言った。ヒンドは、収支が合うまでこのまま続けていくべきだと信じていた。私はどう考えたらいいのかわからなかった。疲れていた。夢は遠くにあり、自分の手ではどうにもできなかった。ディーワーンは私にとって重荷になっていた。私たちがあまりに多くを欲しがり、多くを手にしたことに対して、ディーワーンが報復しているのかもしれないと不安になった。それでも私たちは互いを支え合った。ニハールが絶望的だと感じる日もあれば、私がそう感じる日もあった。ヒンドはそんな私たちに、「すべては儚《はかな》いもの」と釘を刺した。

拡大した時と同じように、今度は急激に縮小していった。店舗を閉鎖し、従業員を解雇した。違約金や早期退職金も支払った。

最初の店舗はモハンデスィーン店だった。あまり思い入れのない店だったので、カイロ大学店の時のような痛みはなかった。それはまさに失敗としか呼べないものだった。手頃な文房具を置くだけのカフェにするなど、違う形でスペースを使えていたらよかったのにと思う。視野が狭く周りが見えなかったのだ。その後、小さな店舗の閉店が続いた。ゲズィーラ・スポーツクラブ*37内のキッズ・ディーワーン（書店のテナント候補が増えたために家賃が二倍になった）、それから、ショッピングモールのスタンドも閉めた。カイロ国際空港のディーワーンは、官僚主義に阻まれて低迷していた。政府の規則や規制によって、仕事をしたくてもできなかったからだ。自分たちで倉庫に商品を届けることはできたが、店内に商品を補充することは許されなかった。その作業については、始終嫌がらせをしていて、口先ばかりの免税店スタッフを頼らなければならなかった。

ついに、各店舗の簡素化に向けた計画を立てた。それぞれの地域や新しい客層に応じて、異なる展望をもつことなどできなかった。一つの型をつくり、それを信じることが必要になった。ただし、この整然とした経営計画も、大規模な政治的混乱によってかき乱された。まるで自動車事故のように、それは瞬時に、そしてスローモーションで起こった。

二〇一一年一月二五日、変化を求めたエジプトの人々が各地の広場を埋め尽くした。過去五〇年以上にわたって、いくつもの約束が果たされなかったことへの人々の苛立ちが手に取るようにわかった。

まだ「革命」と呼ぶには早過ぎる初期の頃、いくつかの抗議デモがエスカレートして、警察がゴム弾や催涙ガスで応じることがあった。私は母に電話をした。

「ママ、一人でいるのは危険よ。少なくとも今後の見通しが立つまで、私たちと一緒に暮らしましょう。」

「優しいわね、お父さんを思い出すわ。いつも心配ばかりしていた。お父さんがここにいなくてホッとするわ。不安で発作を起こすだろうし、わめき声を聞かされただろうから。」

「ママ、一人でいちゃだめ。」

「私は一人じゃないし、エジプトもそう。エジプトは守られている《マスル・マフルーサ》。今までもそうだったし、これからもそうよ。何もかもなるようになるし、最後にはすべてがうまくいくはずだから。」

「ママ、窓の外を見て。催涙ガスが見えないの？」

「あなたの問題は、目に見えるものに頼り過ぎていることよ。」


革命は大きな変化をもたらす。感情は高ぶり、不満と希望が一緒に膨らんでいく。古くからある断層が切り開かれる。整然としたものはない。明確なものもない。

二〇一一年の出来事を目撃したエジプト人の一人として、私は当初楽観的だった。ただし、経営者の一人としては、無政府状態になることの代償を恐れた。株式市場のＶＩＸ指数関係の仕事でもないかぎり、不安定な状況では儲からないからだ。ここ数カ月間続いている不安定な状況は、精神的にも経済的にも破壊的だった。

すべての都市でデモ行進や抗議運動が沸き起こる中、私たちは、スタッフの士気を保ち、各店舗を維持しようと努めた。それでも、抗議運動や外出禁止令、道路の封鎖は、残った七店舗と一〇八人のスタッフの不安を助長した。それに収益はなくなった。店を開けなかったからだ。

人々は本ではなく食料を買った。それでも私たちは、社会的責任を自覚し、資金繰りやバランスシートの悪化にもかかわらず、他の多くの企業が支払いを延期したり保留したりする中、給与の全額支給を続けた。

まるで困った時ばかり神に祈る不可知論者のように、自分が感じていることについて導いてくれる自己啓発本があればいいのにと思った。ムバーラク政権下のエジプトは不正に満ちていた。しかし私たちはそうした不正に慣れてもいた。そして未知の世界を恐れた。

不安定な状態は続き、抗議は一〇〇万人の行進《ミリオニャート》に発展した。中心地になったのがタハリール広場だが、その周辺のことを私はよく知っている。大学生の頃、毎日のように通ったからだ。それに『裸のシェフ』をモガンマアから救い出したこともあった。

多くの人々がタハリール広場で昼夜を過ごした。そこにはユートピア的小宇宙が形成された。人助けをする。今までとは違う国を夢見る。一九九〇年代に、私もエジプトがそれまでとは違う国になることを夢見て、女性器切除に抗議するため、タハリール広場に行ったことがあった。でも今回は行かなかった。エジプトに対する私の期待を代弁するような党派が見当たらなかったからだ。そもそも、誰が何を主張しているのか、よくわからなかった。

それに私には経営の仕事があった。利益が出なくても、私たちの店は第三の場所《サードプレイス》になっていた。

店頭は懺悔の場になり、人々はそこに集まり、語ったり、経験を比べたりした。ディーワーンに来れば、政治から逃れることも、それに加わることもできた。

私は自分自身に難問を突きつけた。

この状況下、ディーワーンの役割とは何なのか。

生き残るために、私たちはどう適応していくべきか。

ディーワーンはそもそも生き残れるのか。

一八日間にわたる抗議デモの末にムバーラク大統領は退陣し、三〇年間の支配に終止符が打たれた。明るい未来が待っているという幸福感が辺りに広がった。けれど、暫定政権による一年が過ぎ、二〇一二年に入る頃には、政治の甘さ（『君主論』をもっとよく読んでおくべきだった）や混乱が続き、私たちは苦境に立たされた。ようやく投票ができるようになったが、候補者は二人だけで、ムスリム同胞団のメンバーと軍の元将校という、おなじみの顔ぶれだった。地球が自転するように、私たちは振り出しに戻ったのだ。

最初の抗議行動から約一年半後の二〇一二年六月三〇日、ムスリム同胞団が候補者に立てたムハンマド・ムルシー*38がエジプト初の民主的選挙を経た大統領として就任した。とはいえ、ムルシーはエジプト人の一部にとっては大統領だったのだろうが、すべての人にとってそうではなかった*39。私にとっては違っていた。

私とスタッフのあいだでも意見がわかれた。かれらは、宗教的な理由か、現実的な理由で同胞団に共感を抱いていた。多くのスタッフは、同胞団のコミュニティ組織が教育や医療サービスを提供していた地域で育ってきたからだ。それは、政府が提供する貧弱なサービスをはるかに凌ぐものだった。基本的なニーズも満たせず、国民の運命をイスラーム主義者に委ねてしまった過去の諸政権に私は腹を立てた。

他の状況であれば耐えられたかもしれない。選挙で当選しても、一期や二期で姿を消すからだ。ところが残念なことに、エジプトの支配者はそうではない。かれらは神の手にかかるか、人間に蹴り出されるか、いずれかの圧力がないかぎり退位しない。私はエジプトにイスラーム主義者の支配が何十年も続くことを恐れた。それに、このどうしようもない事態を自分で変えることはできないこともわかっていた。またもや、何とかできるのは自分自身のことだけだった。

私は脱出計画を練った。一年後、ムルシーとその一派が民衆の反発と軍靴によって追放された時、私の計画はすでに始まっていた。オフィスの廊下では、イスラーム教徒のスタッフがコプト教徒の同僚に、人頭税《ジズヤ》（かつて非イスラーム教徒がイスラーム教徒の支配者に支払った税金）が免除されるといいな、と冗談を言っている声が聞こえた。私には笑えなかった。ディーワーンの未来と私の子どもたちの未来、どちらかを選ばなければならなかった。だから後者を選ぶことにした。ディーワーンにはこれまでの一五年間を捧げてきたからだ。

私たちの店に来る客の読書量が増えた一方で、私が仕入れた英語の本の売れ行きは落ち込んだ。英語の本を買う者は非国民だとすら思われていたからだ。ヒンドのアラビア語本の売れ行きは急激に向上した。

革命のはじめの頃、皮肉や風刺、不条理主義をあらわす作品が無限につくられた。それらは新しい無秩序と検閲からの解放の中で花開いた。その波に乗ったのがトークショーだった。誰もが自分の意見を持ち、それを表明しようとした。だから、誰もが口を出し、誰も人の言うことに耳を貸さなかった。過剰な表現の竜巻がエジプトに押し寄せると同時に、竜巻は自らを飲み込み、空回りして無に帰した。

二〇一四年頃から、人々のあいだに疲弊感が広がり、やがて幻滅に取って代わられた。購買パターンは変化し、スピリチュアル本の需要が明らかに高まった。私たちが失望の中にいることを痛感した。超越するものを扱う本は、燃え尽きた人々にとっての解毒剤だったのだ。

革命後の熱狂的な数年間、私たちはニュースを見過ぎていた。失敗が差し迫っているような気がした。私たちの「アラブの春」は、不満だらけの終わりのない冬へと展開していった。突然、誰もが二〇〇八年に出版されたロンダ・バーン*40の『ザ・シークレット』のアラビア訳を買っているように見えた。この本は思考の力で望みが実現しうると説く。革命後の数年間、この本の人気が再燃していた。パウロ・コエーリョの本との出合いの後、ニハールの懇請もあり、私はこの本を手に取った。

最初の数ページを読んで、この本が約束している事柄を直感的に理解した。聖書の「ルカによる福音書」にも、「求める者はみな手に入れ、探す者は見つけ、たたく者には扉が開かれる」という、同じような誓約がある。『アルケミスト』と『ザ・シークレット』は、人間の本質的な習性である「夢見ること」について語っていた。

私たちは夢を現実にしたいと思う。でもその後に何が起こるのだろう。夢が実現し、想像していたものを超えたら、その後はどうするのか。そこには名づけの問題がある。夢は具現化できない、あるいは具現化されたら夢ではなくなるのか。夢が現実になることは、もしかすると夢の喪失と呼べるのかもしれない。

私たちは自分自身を立て直したかった。国をつくり直したかった。お互いのことを知りたかった。それでいかに困難な状況にあっても信念を貫いた。苦い思いをすることを拒んだ。読書はそれ自体、そうした信念の表れだった。それは究極の自己啓発に他ならなかった。

「プレゼントがあるの。」

私はニハールに言いながら、ポール・アーデンの『大事なのは今のあなたじゃない。この先、どのくらい上を目指そうと思っているかだ』*41を彼女の両手のあいだにさし入れた。

「自己啓発本は嫌いだと思っていたわ。」

ニハールは驚いて目を輝かせた。

「嫌いというほどじゃない。それにこの本は自己啓発本じゃないの。アート&デザインのセクションのものなの。広告業界の第一人者が書いた本だから。」

ニハールが納得していないことはわかっていた。私は本を取り戻すと、ページをめくり、声に出して読み始めた。

「『どこに行きたいか、誰になりたいかというビジョンは、自分が持つ最大の財産である』だって。ご立派なこと。『目的《ゴール》がなければ、得点を入れるのは難しい』。天才過ぎるとバカになるのかしら。『間違いを犯さない人間《ペロスン》は、何も為しえない』。わざと綴りを間違えたのね。でもまったくその通り。私たちこそ生き証人だわ。それから、これが私のお気に入り。『失敗したら、もう一度失敗すればいい。ただし今度はうまく失敗するのだ』。」

ニハールはわかったようだった。私は彼女に本を渡した。

最後の言葉は、私の大好きな悲観主義者、サミュエル・ベケット*42からの引用だ。私は彼の言葉に従って生きてきた。

「挑戦したことがあるか。失敗したことがあるか。どちらでもいい。もう一度やってみるのだ。もう一度失敗すればいい。ただし今度はうまく失敗するのだ。」

この言葉はそれ自体、数奇な運命にあった。有名なテニスプレイヤーの腕にタトゥーとして彫られたり、シリコンバレーの技術者たちのネット上の経歴に登場したり。

何の話かと疑問に思うかもしれない。つまり、この言葉は、人生においてあらゆる事柄にあてはまるということだ。恋愛、結婚、ビジネス、友情、革命。そして、希望を持つことにさえも。

*1 ジェームズ・レッドフィールド(James Redfield, 1950年〜)はアメリカの作家、脚本家、映画プロデューサー。原題は*The Celestine Prophecy*（邦訳は山川紘矢・山川亜希子訳、角川文庫、1996年)。

*2 ノーマン・ヴィンセント・ピール(Norman Vincent Peale, 1898年〜1993年)の著作。原題は*The Power of Positive Thinking*(1952年)。

*3 アメリカの起業家トニー・ロビンズ(Tony Robbins, 1960年〜)の著作。原題は*Awaken the Giant Within*(1991年)。

*4 アメリカの作家ルイーズ・L・ヘイ(Louise Hay, 1926年〜2017年)の著作。原題は*You Can Heal Your Life*(1984年)。ほか邦訳『ライフヒーリング』など。

*5 アメリカの精神科医・作家のM・スコット・ペック(M. Scott Peck, 1936年〜2005年)の著作。原題は*The Road Less Traveled*(1978年)。

*6 アメリカ人の2人の作家、ジャック・キャンフィールド(Jack Canfield, 1944年〜)とマーク・V・ハンセン(Mark V. Hansen, 1948年〜)の著作。原題は*Chicken Soup for the Soul*(1993年)。

*7 サミュエル・スマイルズ(Samuel Smiles, 1812年〜1904年)はイギリスの作家、医師。著作 *Self-Help: With Illustrations of Character, Conduct, and Perseverance*（1859年）は日本でも『西国立志編』や『自助論』として1870年代から紹介されてきた。

*8 英タイトルは*The Maxims of Ptahhotep*、邦訳『宰相プタハヘテプの教訓』(尾形禎亮訳『古代オリエント集』筑摩書房、1978年)。

*9 プラトン(Plato, 前427年〜前347年)は古代ギリシアの哲学者。ソクラテスの弟子、アリストテレスの師。不完全な現実世界に対して、完全で理想的で知性的なものとしてのイデアを思考する必要を提唱した。

*10 ソクラテス(Socrates, 紀元前470年頃〜紀元前399年)は古代ギリシアの哲学者。自己にとってもっとも大切なものとは何かという問いについて人々と哲学的対話を重ねたと言われる。

*11 アリストテレス(Aristotle, 前384年〜前322年)は古代ギリシアの哲学者。人間と徳について論じ、生涯をかけて徳を高める必要を示した。

*12 ゼノン(Zeno, 前334年〜前262年)は古代ギリシアの哲学者。ストア派の創始者。

*13 クセノフォン(Xenophon, 前430年〜前355年)は古代ギリシアの軍人、歴史家。ソクラテスの弟子。

*28 ヘルマン・ヘッセ(Hermann Hesse, 1877年〜1962年)はドイツ生まれのスイスの作家。長編小説『荒野のおおかみ』の原題は*Der Steppenwolf* (1927年)。

*29 ジェイムズ・ジョイス(James Joyce, 1882年〜1941年)はアイルランドの作家。『ユリシーズ』の原題は*Ulysses* (1922年)。

*30 スティーブン・W・アンダーソン(Steven W. Anderson)の『トイレで時を過ごす』の原題は*Passing Time in the Loo*。

*31 英タイトルは*Veronika Deciding to Die* (1998年)。

*32 英タイトルは*Eleven Minutes* (2003年)。

*33 英タイトルは*The Witch of Portobello* (2006年)。

*34 イギリスの小説家ヒラリー・マンテル(Hilary Mantel, 1952年〜2022年)の歴史フィクション。原題は*Bring Up the Bodies* (2012年)。

*35 近藤麻理恵(1984年〜)は日本出身の片付けコンサルタント。米国在住。

*36 第4章注8、注26に既出。

*37 ザマーレクの中心にある1882年設置の会員制スポーツクラブ。

*38 ムハンマド・ムルシー(モルシー、ムルスィーとも表記される)(Muhammad Morsi/Muḥammad Mursī, 1951年〜2019年)は、ムスリム同胞団が2011年革命後につくった政党、自由公正党の党首を務め、2012年大統領選挙で選出された。その後、2013年の「6月30日革命」により政権を追われた。

*39 就任演説で「すべての人」のための大統領として働くと宣言していたムルシーが、結局同胞団のために尽力するばかりだったと批判されたことを揶揄しているのだろう。

*40 ロンダ・バーン(Rhonda Byrne, 1945年〜)はオーストラリアの作家・テレビプロデューサー。『ザ・シークレット』の原題は*The Secret* (2006年)。

*41 イギリスの広告クリエイター、作家ポール・アーデン(Paul Arden, 1940年〜2008年)の著作。原題は*It's Not How Good You Are, It's How Good You Want to Be*(2003年)。

*42 サミュエル・ベケット(Samuel Beckett, 1906年〜1989年)はアイルランドの劇作家、小説家。戯曲『ゴドーを待ちながら』(1952年)、小説『モロイ』(仏語1951年、英語1955年、邦訳初版は1969年、白水社)などで知られる。1969年ノーベル文学賞受賞。

*14 中世期における政治関連著作の中でも教育的な作品。鏡文学とも呼ばれる。

*15 バルダッサーレ・カスティリオーネ(Baldassare Castiglione, 1478年〜1529年)はイタリア・ルネサンス期の外交官で作家。『宮廷人』の原題は*Il Cortegiano*(1528年)。

*16 ジョヴァンニ・デッラ・カーザ(Giovanni della Casa, 1503年〜1556年)はイタリアの詩人、思想家。『作法書』の原題は*Il Galateo*(1558年)。

*17 ニッコロ・マキャヴェッリ(Niccolò Machiavelli, 1469年〜1527年)はイタリア・ルネサンス期の政治思想家、外交官。『君主論』はイタリア語では*Il Principe*(1513)。

*18 春秋時代後期の中国の書物。孫武(紀元前6世紀)の著作とされる。戦争に関連する異なる技術について、それがどのように軍事戦略や戦術に適用されるかを説明する。

*19 マルクス・アウレリウス(Marcus Aurelius,121年〜180年)は第16代ローマ皇帝。『自省録』の英訳タイトルは*Mediations*。

*20 マルクス・トゥッリウス・キケロ(Marcus Tullius Cicero, 前106年〜前43年)は共和政ローマの政治家、弁護士、文筆家、哲学者。著作の原題は『友情について』(*De Amicitia*)、『老いについて』(*De Senectute*)、『義務について』(*De Officiis*)。

*21 オウィディウス(Ovidius, 紀元前43年〜紀元後17年頃)は帝政ローマ時代の詩人。恋愛詩集で知られる。原題は『恋の技法』(*Ars Amatoria*)、『愛の治療』(*Remedia Amoris*)。

*22 アメリカの2人の作家、エレン・ファイン(Ellen Fein, 1958年〜)とシェリー・シュナイダー(Sherrie Schneider, 1959年〜)の著作。原題は*The Rules: Time-tested Secrets for Capturing the Heart of Mr. Right*(1995年)。

*23 フランス生まれのアメリカ人の作家シェリー・アルゴフ(Sherry Argov, 1977年〜)の著作。原題は*Why Men Love Bitches*(2002年)。

*24 原題は*Don't Sweat the Small Stuff...and It's All Small Stuff*(1997年)。

*25 イギリスの作家、ジェイン・オースティン(Jane Austen, 1775年〜1817年)の著作。

*26 パウロ・コエーリョ(Paulo Coelho, 1947年〜)はブラジルの小説家。アルケミストは宝物を探して旅に出る少年の話。原著はポルトガル語(1988年)。

*27 米国の作家、漫画家のデイブ・ピルキー(Dav Pilkey, 1966年〜)による児童文学シリーズ。原題は*Captain Underpants*、邦訳が木坂涼訳『スーパーヒーロー・パンツマン』シリーズとして徳間書店から刊行されている。

エピローグ

カイロを去る時、私は打ちひしがれ、ディーワーンがもっとシンプルだった頃のことを思い出していた。ヒンド、ニハール、そして私が、互いの人生に前向きな力を発揮していた頃。大切な人々やすべてを置き去りにしたという罪悪感に苛まれることがなかった頃。

私たちが築き上げたものについて褒められるたびに、私は自分が詐欺師であるかのように感じた。成功という点で利益は一番重要な尺度ではないかもしれないが、ビジネスではそうなのだ。ただ、真実はといえば、ディーワーンはビジネスではない。彼女は人であって、これは彼女の物語だ。

もし、もう一度やり直すチャンスがあるならば、影響力よりも収入を優先させることなど決してないだろう。今の私なら、利益を上げる書店よりも足跡を残す書店になることを選ぶ。私たちは失敗から学ぶために失敗する必要があった。前例のないことをする以上、高い代償を払わなければならなかった。

一つの店舗で満足すべきだったのかもしれない。ただ、ザマーレク店は、私たち全員のためには狭すぎた。

最初の五年間は混沌の中にあった。でもどういうわけか、立ててもいない計画の通りに物事が

エピローグ

進んだ。次の五年間は、私たちが立てた計画から大きく外れていった。そしてその後の五年間は、ただただ痛々しかった。

疲弊したニハールは休暇を取ることにした。ヒンドと私もそれに続いた。でも、ディーワーンを一人で放っておくわけにはいかない。私たちは彼女を何とかなだめようとした。

各部門から人を出して、五人のマネジメントチームをつくったが、うまくいかなかった。CEOを雇ってみたが、これはもっと失敗だった。

その後ついに、ディーワーンが望む形が整い始めた。ニハールは、ディーワーンの元社員の二人と付き合いを続けていた。一人は、シャヒーラの後を継いで数年間ザマーレク店のマネージャーだったアマル。もう一人はヘリオポリス店のアシスタント・マネージャーだったラヤールだ。

二人とも、職場を去った後も、街のあちこちにあるディーワーンのカフェでニハールに会い、昔を懐かしんでいた。三人は「もしも…」と、ある可能性について考え始めた。そうして、ゆっくりと新しい三位一体が形成されていった。

パートナーシップを大切にするニハールは、過去よりも未来に目を向けるというビジョンを共有することで活力を得た。それは、友情と情熱がもたらした幸せな偶然の一致だった。

二〇一七年、ニハール、アマル、ラヤールがディーワーンの役員に就任した。翌年、新しいビジョンのためのスペースをつくろうと、ヒンドと私は辞表を提出した。二〇〇一年にディーワーンを会社として立ち上げて以来、初めて、私たちは役員ではなくなった。

皆は今どこにいるのだろう。何人か居場所がわからない人もいる。設立した当初こそ、私たちはスタッフに甘かったが、時が経つにつれて寛容さを失っていった。「辞める」と脅しをかけてくる者がいれば、その場で辞めてもらった。全員がディーワーン・ファミリーの一員だと言いながら、必要不可欠な人材などいないとも伝えてきた。

私の運転手だったサミールも、一〇年間勤めた後に辞めると言い出した。何がきっかけだったのかは覚えていない。私に何を言われても、何をされても、神経の図太い彼は、まったく動じなかった。それなのに脅してきたのだ。私は自立することにした。それはずっと前から考えてきたことでもあった。

サミールは今でも、毎年クリスマスに電話をかけてきて、ゼインとライラの様子を尋ねる。私が少し荒っぽいことを知っているので、娘たちへの愛情としつけのバランスをとるようにと助言もしてくれる。彼はディーワーンの設立に関わった年月が、人生で一番実り多い時間だったと言ってくれた。

エピローグ

本の調達の名人アミールは、ディーワーンの最初の社員だった。アラビア語書籍の仕入れを担当し、アシスタント・バイヤーやデータ・アナリストのチームを育て上げた。一五年間勤めた後、自分の出版社を立ち上げるために退職することを決めた彼は、ヒンドとニハールと私に、典型的なお世辞を添えてそのことを伝えた。

「これはあなた方の勝利です。みなさんが僕にすべてを教えてくれた。これからはあなた方の仕事を引き継ぎます。」

私たちは彼の幸運を祈った。そして社会的、ジェンダー的、階級的な慣習を全部無視して、アミールは私たち一人ひとりの額にキスをした。私は泣いた。ヒンドはその仕草を、母を失望させまいとする息子の決意表明だと解釈した。

私はアミールの最初の結婚式にも、二番目の結婚式にも出席し、彼の父が亡くなった時には弔問にも行った。それでも、私とアミールはずっと上司と従業員という関係で、彼のことはよく知っているようで、まったく知らなかった。

本棚には訪れた客たちの影が残る。本やバッグとともに影が持ち去られることもあった。ディーワーンのバッグの苦い結末は、ミノウと私の関係を永遠に変えた。それでも私たちは今も友人のままだった。

ミノウは、写真とミクストメディアへの情熱を追求し続けている。彼女の作品は何度か国際的な展示会に出展され、ロンドンのヴィクトリア&アルバート博物館やアムステルダムのトロペン美術館に収蔵された。ロンドンとカイロを行き来する生活を数年間続けた後、彼女はカイロに戻ることにした。エジプト以外の国では作品をつくれないと気づいたのだ。エジプトは彼女にとって女神《ミューズ》だった。

何かを失うことは自然なプロセスであり、時には喜びに満ちたものにもなる。

マルチメディアと文房具の仕入れ担当だったネハーヤは、流通会社のジェネラルマネージャー、ダニーと出会った。彼は溢れんばかりの「生きる喜び」を身にまとった人物で、驚いたことに社交的なネハーヤをしゃべり負かした。二人の出会いの瞬間を私は目撃している。

在庫品を売ろうとするダニーに、ネハーヤが値引きを求めているところだった。どちらも相手は引かないだろうとわかっている様子だった。私は部屋を出て、ネハーヤの当時のアシスタントだったダリアに、価格についての緊急の相談があるという名目でネハーヤを連れてきてもらった。

「あなたに言い寄っているのよ。」

私はネハーヤに言った。

「何ですって?」

エピローグ

「言い寄り返しなさいよ。彼は面白い人だから。あなたを恐れていない。」

「そんなことをしている暇はないの。」

ネハーヤは呆れたようにこちらを見た。

「私だってそう。それでもあなたは私にデートの本を押しつけてきた。あなたが説教したことを自分でも実践しなさいよ。」

私は彼女をドアの方に向かわせて、こう告げた。

「覚えておいて。私は見ているからね。」

二人は一年後に結婚した。ダニーはサウジアラビアで仕事を見つけ、一緒に行くことにしたネハーヤはディーワーンを去った。私は二人の結婚を祝う夕食会を開いた。

「気の毒な人に神のご加護を。」

ヒンドは部屋の反対側からネハーヤとダニーを見ながら言った。

「引っ越しのこと？　結婚のこと？」

私は尋ねた。

「ネハーヤと結婚するなんて。神だけじゃなくて軍隊も必要になるわ。」

ニハールが続けて言った。私たちは同意をこめてグラスを鳴らした。ついにニハールは、場に応じた罵り言葉があるという私の主張を受け入れたのだ。

私がエジプトを去った時、エジプトも私から去った。

ロンドンでは、書店関係の仕事を探したが、カイロの本屋は、カイロにとどまり、現地の人々に読ませる英語の本を注文する場合にだけ重宝される存在なのだとわかった。

経験を生かすことはできなかった。英語の市場は明らかにもっとずっと洗練されていた。読者はどこの国でも読者だと思っていた。私は意気消沈し、同時に腹を立てた。

「ダーリン、今から言うことは、きっとあなたの不安を和らげて、あなたを自由にするわ。」

母は厳粛な面持ちで言った。

「あなたは無よ。それを認めて受け入れなさい。」

「ママ、私はもう十分ひどい気分だってこと、わかっているでしょう。」

「扉が閉ざされることに感謝するの。別の扉が開くだろうから。謙虚になりなさい。打ちのめされることを受け入れるの。あなたは無であり、無から有が生まれる。」

「どんなデタラメ本を読んでいるのか知らないけれど、もうやめて。」

「ニハールが素晴らしい本をくれたのよ。」

エピローグ

閉ざされた扉の話がもう一つある。二番目の夫と私は二〇〇九年に出会った。今度こそうまくいくという確信があった。

私たちは二〇一〇年に結婚した。五年後、私はロンドンに移住し、彼はドバイで仕事をするようになった。遠距離の夫婦生活はそれから一年ほど続いた。そして、二〇一六年の夏、ブルース・スプリングスティーン*1のコンサートから帰る途中、彼は私との離婚を切り出した。（かつて私はスプリングスティーンの熱狂的なファンだったが、この日の出来事のせいで今では二曲しか聴けなくなった。）

そして彼はドバイに戻った。それはちょうどゼインとライラがアメリカで一番目の夫との夏休みを過ごし終えて戻ってくる時だった。私は二人が無事に搭乗したことを確認してから、時間を見て一番目の夫に電話をした。二人にどう伝えるのがベストなのかと相談するつもりだった。

「電話をくれて嬉しいよ。話したいことがあったんだ。」

彼は堰を切ったように話し始めた。

「私もよ。どうしたの？」

「離婚するんだ。娘たちにも伝えなきゃならない。」

「また？　本気？　私もなの、なんてこと！」

「離婚ほど嫌なものはない。」

「これで私たち、合わせて六回離婚したことになるって気づいた？　あなたは四回。私は二回。どんなお手本になるんだろう。」

「回復力や忍耐力のお手本かな。そんなことはどうでもいい。ゼインとライラにとって重要なのは僕たちが元気だということ。だから、君は化粧をして、ヒールの高い靴なんかを履いて、空港に迎えに行くんだ。幸せそうにね。それに実際に幸せになるんだ。信じて。それが一番だって僕にはわかっている。」

一番目の夫は正しかった。

一週間後、私はドバイに飛び、エジプト領事館で二番目の夫と会って離婚届にサインをした。次の便でロンドンに戻り、ウエストエンドの劇場で上演中の『アラジン』にゼインとライラを連れて行くのに間に合った。

ジーニーをランプに戻せたらと思った。

二度目の離婚はしたくなかった。ただし、私にとって問題だったのは離婚そのものではなく、その回数だった。一回目の離婚は正当化できた。よくわかっていなかったのだから。でも二回目は？私に何か問題があったのだろうか、それとも私が結婚に向かないのか。

二度の妊娠の後、私は卵管を縛った。二度の離婚の後、私は二度と結婚しないと誓った。一番目の夫も同じことを誓っていた。エジプトで革命が起きた数年後、彼はアメリカに戻り、何度か

エピローグ

結婚し、その間、歴史を教え続け、ロックバンドで演奏し、娘たちの学業や社会生活を絶えず心配してきた。そして今、彼は初めての小説を書いている。この手記を読んだ後、彼は私に「君はまさに自分の自己啓発本を書いたんだね」と言った。

当初私は、ディーワーンの話は書きたくなかった。ヒンドも、ディーワーンのことを書くなんて、ひどい考えだと言った。それでもとにかくやってみればいいと背中を押してくれた。

この本の執筆はある種の悪魔払いだった。ミセス・ディーワーンとして二〇年間を過ごした後、私はようやく離婚することができたのだ。そう願っている。この経験は、これまで学んできたように、「失敗」とは違うものだった。

ザマーレクが沙漠に囲まれた川の中洲にある島だとすれば、イギリスも同じような島だ。ただ、天候は最悪だった。この島で、私は自分のことを移民だとも、離散した民の一人だとも思わない。一六歳の時、カミュの『異邦人』*2を読んで、その題名に自分を重ね合わせた。今、自分がどこにも属していないという考えによって私は解放されている。ディーワーンの棚にある本は、その場所に留まったり、移動したり、買われたり、置きっぱなしになったりしてきたが、私自身もその一冊のようだった。

ヒンドがロンドンに移ってきたこともあって、ここが私の故郷《ホーム》になった。ディーワーンの厨房で一五年間、多くのコックと三人のヘッドシェフに囲まれた後、ヒンドは料理学校に通うためにロンドンにやって来た。リースの料理とワイン学校*3で学んだ後、ル・コルドン・ブルーを卒業した彼女に、友人たちは「プロのシェフになりたいの?」と聞いた。ヒンドは静かに「私はただの料理人《コック》よ」と答えた。私はファトマやアブラ・ナズィーラのことを思い出しながら、自分を卑下するヒンドをたしなめた。

ヒンドはディーワーンから離れた。カイロに戻ると、彼女は家庭菜園に多くの時間を費やしている。無意識のうちにヴォルテールに相槌を打ちながら、二〇年来の運転手であるアッバースに見守られながら、ハーブを植え始め、やがて野菜を育てるようになった。

去年のクリスマスをカイロで過ごしたヒンドは、オレンジほどの小さなスイカを私にプレゼントしてくれた。前に私は彼女に、今度はもっとうまく失敗してねと言ったが、その通りになっている。

『カンディード』*4にはこんなセリフがある。

「私たちは庭に出て働かなければならない。」

父から教え込まれた勤勉の精神が、失望を伴うこの人生を、耐えうるものにしてくれている。

エピローグ

私とディーワーンの関係は、ヒンドの場合よりも流動的だった。私はディーワーンを、一番目の夫と同じように、執着せず、でも大切にしている。子どもを産んで母親になった時のように、ディーワーンは私を形づくり、私の中から飛び出していった。

もっと重要なことは、ヒンドとニハールと私の三人が、ディーワーンの外で、ディーワーンとは関係のない親密なつながりを維持してきたことだ。

ニハールはこの本の草稿を読んでくれた。彼女は初めて、ミノウと同じ反応を見せた。私は二人からの祝福を求めていた。するとやはりニハールはニハールだった。

「あなたを信頼している。あなたが見たもの、感じたものをそのまま書けばいい。」

そしてミノウはミノウだった。

「あんたがファシストのクソ女だからって、あたしまでそうなるわけじゃない。人生の中で、他人はあんたが何を言っていいのか、何を言ってはいけないかを教えようとする。でもあたしは芸術に徹する。」

私だけがこの物語を語れるのではない。私は自分の視点しかもっていない。

カイロに戻ると、いつもディーワーンで買物をする。どこかの店舗で私を見つけると、アフマドは私に売り込みのテクニックを試したくなるようだ。そして私は、展示を調整したい、本をアルファベット順に並べたいという衝動を抑えた。立ち入り過ぎたくないからだ。

昔からの馴染みの店では本を買わなくなった。ハッグ・ムスタファもハッグ・マドブーリーも亡くなってしまった。今では息子たちが家業を継いでいる。

カイロの思い出の中で燦然と輝いていたモガンマアも閉鎖された。中に入っていた多くの部門は、市内各地の行政機関やカイロ郊外に建設中の新首都に配置された。噂によると、この建物は高級ホテルとして再利用されるらしい。いくつかの書店が開店し、閉店した。チェーン店ができ、つぶれた。ディーワーンはまだ続いている。二〇二二年三月八日、ザマーレク店は二〇歳を迎える。

喪失は伝染するかのように皆の生活の一部になる。

父が亡くなった後、私は彼に話しかけた。二〇年経った今でも、私は語りかけている。父は私たちがこの世界でやっていけるよう鍛えてくれた。そこには、彼が予期した通りの醜さと、忘れていたであろう美しさがあった。

父を亡くした私たちは人生にぽっかりと穴が開いたのを感じ、それを埋めるための方法を探した。ディーワーンがその役目を果たした。ディーワーンの本棚は、父の教えや、愛と人生、夢にまつわる他の人々の教えを届け続けた。

エピローグ

毎年、母とヒンドと私は、モカッタムの丘のふもとにある父の墓を訪れ、父が眠る土の上にチューベローズと赤いバラを撒く。その時々に伝えたいことを私は話す。

今、書店は四つになったの。

七つになったわ。

今は一〇店舗よ。

七つに戻った。

あなたの孫娘が二人になった。

結婚には失敗したけど、離婚には成功したと思う。

二度もね。

母はロザリオを取り出して、父の魂のために祈る。ヒンドはラムズィとムラードに、ここがどこで、何を象徴しているのかを説明する。私はゼインとライラに「何か面白い話をして」と言う。あなたたちのおじいちゃんは、率直な女の子がこの世界で精一杯のことをしている話を聞くのが大好きだったから。


二〇一一年、カイロが革命に燃えた時、ディーワーンは九歳だった。

二〇一三年、エジプトで初めて民主的に選ばれた大統領、ムハンマド・ムルシーが権力の座から追放された時、彼女は一一歳だった。

ニハールが戻り、二人の新しいビジネス・パートナーの助けを得て、ディーワーンを生き返らせたのは、彼女が一五歳の時だ。

母は正しかった。エジプトは確かに守られている。

エピローグ

＊1　ブルース・スプリングスティーン(Bruce Springsteen,1949年〜)は米国のシンガーソングライター。

＊2　フランスの作家アルベール・カミュ(Albert Camus,1913年〜1960年)の小説。原題は *L'Étranger*（1942年)。邦訳は窪田啓作訳(新潮社、1951年)以来多数出されている。

＊3　ロンドンにある料理専門学校。プロのシェフ向けの専門コースと、一般的な料理やワインを学ぶコースがある。英語名はLeiths School of Food and Wine。

＊4　ヴォルテールの著作。第6章注24に既出。

謝辞

感謝すべきことも、感謝すべき人も、本当に多い。

数々のリスクに柔軟な対応をしてくれた、ユナイテッド・エージェントのキャロライン・ドーナイ。この本を誰よりも強く支持してくれた、ユナイテッド・エージェントのキャット・エイトケン。ジョージナ・ル・グライス、ルーシー・ジョイス、エイミー・ミッチェル、アレックス・スティーブンスと、外国向けの権利エージェント・チームの皆さん。『シェルフ・ライフ』が多くの言語に翻訳されることを可能にしてくれたことに感謝する。

ファーラー・ストラウス&ジルー社のミッツィ・エンジェルは、逸話や回想の中に物語を見出し、また、この本とその語り手を信じてくれた。

『シェルフ・ライフ』の編集を担当したモリー・ウォールズは、文章の書き方だけでなく、より重要な、文章を簡潔にする方法を教えてくれた。たくさんの草稿の余白で交わしたやり取りが懐かしい。

翻訳者のエミ・ゴトウと出版社のG.B.の皆さんに。この本を日本の読者に届けてくれた。

不可能な中で、多くを可能にしてきたすべての女性たちに感謝したい。指導してくれた人々、一緒に闘った気難しい女性たち、そして友人たち。誰のことを言っているのか、本人はわかるはず。

言語や法律、政治運動、歴史についての無数の質問に答えてくれた、サミール・エルカランシャーウィーとラギア・オムラーン。

アミール・ナーギー、シャヒーラ・ファトヒー、ミノウ・ハンマーム、ネハーヤ・ナーシド、ニハール・シャウキーに。私が忘れていた多くの事柄を覚えていてくれた。

シャヒーラ・ディアーブとサミール・タウフィークにはいつも励まされた。それに、たくさんの暴言にも付き合ってもらった。

母のファイザ。その秘められた知恵と、いつも私に闘うよう勧めてくれたことに。

姉のヒンド。一番厳しい批評家になり、救世主にもなってくれたことに。

甥っ子たち。ラムズィはうちの家族の文法警察をつとめてくれた。ムラードは、私が自分のことをあまり真剣に考えないようにと仕向けてくれた。

娘のゼインとライラに。仕事で二人との時間が奪われることを寛大に許してくれた。

私の初恋の人、エジプトに。私の最後の恋人、ディーワーンに。私から飛び出し、私をつくり変えてくれてありがとう。

ディーワーンをつくり上げた人たちとお客様たち、そしてスタッフの皆さんに。すべてを感謝します。

著者に聞く――日本の読者のみなさんへのメッセージ

二〇二三年三月一五日にナディア・ワーセフさんにインタビューをしました。

EG（後藤絵美）：翻訳を担当した後藤です。大学時代にアラビア語の勉強を始めて、大学院生の時にエジプトのカイロを訪れました。二〇〇三年九月から二年間、カイロ・アメリカ大学に所属して、その時、ザマーレクにアパートを借りました。ザマーレクは私にとっても故郷の一つです。

ディーワーンの思い出といえば、英語やアラビア語の本や、お洒落な文房具、最新のCDやDVDを探しに行ったり、暑さをしのいで疲れを癒すためにカフェに寄ったりしたことです。そこはまさにオアシスでした。

今日は、エジプトやザマーレク、ディーワーンのこと、フェミニズムや文学、宗教のこと、それから書店を営むことについてお話をうかがいます。よろしくお願いします。

NW（ナディア・ワーセフ）：こちらこそよろしくお願いします。

エジプトとザマーレク、七月二六日通りについて

EG：日本の読者にとって、エジプトと聞いて真っ先に思い浮かぶのは、ピラミッドやスフィンクスのあるギザ、二〇一一年革命の中心地になったタハリール広場、それから、中世期の宗教建築が残るイスラミック・カイロではないかと思います。ところが『シェルフ・ライフ』の舞台はナイル川の中洲にあるザマーレクという地区です。

ここがエジプトの中でどのような場所なのかは、本を読み進めていくとわかるのですが、あらためて、ナディアさんから、ザマーレクやその中心を走る七月二六日通りについてご紹介いただけますか。

NW：ザマーレクはカイロという大都市の中の、ごく小さな一部分です。私はここで生まれ育ち、仕事をしたり、結婚して家族をもったりしました。そうした意味で、ここは

個人的にも特別な場所です。

　ザマーレクはいろいろな意味で「るつぼ」です。この地区には一九世紀末に始まる植民地時代からの歴史があります。地元の人と外国出身者が隣り合って暮らす中で、人々は、日々思いがけない出会いを経験し、独特の景観や精神性を育みました。

　公立の学校、食堂、庶民的な喫茶店に挟まれるようにモダンなマンションやベル・エポック様式のヴィラが建っています。そんな矛盾に満ちた空間が私は大好きです。

　七月二六日通りは交通の便という点でも特徴的です。市内各所をつなぐ重要な位置にあるので、この通りも、その上の高架道路も、いつも混雑しています。そこに続く小さな通りも日常生活を営む人々でにぎわっています。それでも海外の読者の多くは、こうしたカイロがあることを知りません。ピラミッドやタハリール広場、イスラミック・カイロとは違うカイロの一つの情景を伝えたいという思いが私の中にありました。

EG：『シェルフ・ライフ』を通して、これまであまり語られてこなかったカイロの一面を見ることができるということですね。

ディーワーンについて

EG：ディーワーンを「第三の場所《サードプレイス》」と呼ぶ場面が何度かありました。これはどのような意味でしょうか。
NW：（家や職場とは別に）人々が集まり、ともに時を過ごす場所という意味です。ディーワーンは、ちょうどエジプトに古くからある喫茶店《アフワ》のように、人々が訪れて、ゆったりと時間を過ごす場所になることを目指していました。
　コミュニティをつくるのに必要なのが時間と多様性です。ディーワーンは毎日一五時間、すべての人に開かれた空間でした。それぞれの時間帯に異なる層の人々が集まってきました。朝九時に来る人はお昼の一二時に来る人や午後三時に来る人、夜七時に訪れる人とは違っていました。そうして異なる人々が自分自身のことや身の回りの世界のことを学べる場所になったのです。
EG：興味深かったのは、ナディアさんたちが、ディーワーンを一つの感情や精神をもった人格として扱っていたことです。その文脈で、ディーワーンは「数字は好きじゃない」という表現がありました。この点についてもう少しお話しいただけますか。それから、ナディアさんがディーワーンから「解放されたい」と思ったという点についてもお願いします。

NW：確かに私たちはディーワーンを一人の人間として見ていました。そして彼女は、私たちがお金儲けのビジネスとして彼女を扱うことが好きではありませんでした。

もともと私たちはビジネスパーソンではなく本屋《ブックセラー》でしたから、「数字」ではなく「言葉」にこだわりを持っていました。でも、だんだんと店舗が増えていくうちに、私たちは数字にこだわるようになりました。

理想と現実のはざまで、数字にこだわらざるを得なくなったということもできるでしょう。もっと多くの本を届けたい、そのためにもっと店舗を増やし、売り場を広げたいと思った時、売上が重要になりました。そうして、いつの間にか数字で頭がいっぱいになったのです。

私とディーワーンのあいだにはとても良好な関係がありました。ディーワーンは私の夢を叶えてくれました。

ところがしだいに、私たちは相互に依存し過ぎる関係になりました。状況はどんどん悪化し、ついに私は、ディーワーンとは物理的に離れる必要があると思うようになりました。それでエジプトを離れたのです。

この本を書く中で、ディーワーンが私にとってどれほど重要なものだったのか、ディーワーンとの関係を継続することが実際にどれほど難しかったのか、客観的に見られるようになりました。じっくりと思い出し、考えながら書くという作業を経て、これまでのことを受け入れられるようになったのです。

ジェンダーとフェミニズムの棚

EG：『シェルフ・ライフ』には、重要な気づきがあちこちにちりばめられています。たとえば、料理本の著者近影の服装やたたずまいが、男性と女性で違っていること。歴史を振り返れば女性の起業家は少なくないにもかかわらず、ほとんど言及されてこなかったこと。そのほかにも、私たちの周りにあるジェンダーに関係する疑問点が鮮やかに指摘されていました。

ディーワーンの本棚には、フェミニズムやジェンダーを扱うセクションがあったと思うのですが、この主題についてもう少しお話を聞かせていただけますか。

NW：『シェルフ・ライフ』の各章には、ディーワーンの棚にあるいくつかのセクションの名前をつけました。もともとは、章題の一つを「ジェンダー」にしようと考えていました。ところが書き進めていくうちに考えが変わったのです。というのも、すでに本の至るところでジェンダーが扱われているからです。たとえば、女性たちが女性であるがゆえに直面する困難や制約、彼女たちの自己意識について、いくつもの現実の出来事が書かれています。つまり、本全体がジェンダーの問題を扱っていたのです。だから、あえて章を立てることはやめました。

実際のディーワーンにもジェンダーやフェミニズムを扱う棚が一つ、時には二つありました。私にとってこのセクションは重要でしたが、その棚が発するメッセージやフェミニストとしての私の使命と、ビジネスのバランスが崩れないように気をつけていました。それは理想と現実のバランスということもできるでしょう。理想を押しつけようとしても現実は変わらないものです。

本棚にエジプトやアラブの女性に関する本ばかりを並べることがないようにしました。むしろ、たとえば「家父長制」や「フェミニズム理論」、「フェミニズムの歴史」など、トピックを決めて本を集めて、時々入れ替えるようにしていました。

EG：現実のあちこちにジェンダーが関わっていたということですね。私にとっての驚きは、エジプトやカイロの現実から浮かび上がるジェンダー問題が、日本に暮らす私にとっても身近なものだったことです。

おすすめのアラブ文学

EG：『シェルフ・ライフ』を通して、日本の読者は多くの未知の本に出合います。とくに興味をひくのは、古代エジプトに関する本と、アラブの文学作品ではないかと思います。その点で「古典」の章はまるで宝石箱です。ここに出てくるアラビア語の文学作品も、多くが英訳されていますね。

ナディアさんから読者の皆さんに、とくにお勧めの作品はありますか。私たちはどこからアラブ文学の世界に入っていけばよいでしょうか。

NW：好きなアラブ文学作品はたくさんあります。古典でいえば、ナギーブ・マフフーズやユーセフ・イドリースの作品があります*1。

現代の作品ならば、たとえばサルワ・バクルの小説『黄金の戦車』*2が好きです。これは『千夜一夜物語』を模したものですが、舞台は女性刑務所です。枠物語があり、その中に受刑者一人一人の物語が入っています。

ワギーフ・ガーリーの『スヌーカークラブでビールを』*3もぜひ読んで欲しいです。彼は一九六四年にこの小説を書き、その五年後に自死しました。バハー・ターヘルの『サフィーヤおばさんと修道院』*4もとても美しい作品です。

私自身が一番好きな小説の一つに、スヌアッラー・イブラヒームの『ザート』*5があります。これはとてもよく練られた作品で、ある章は新聞記事の切り抜きからなっていて、別の章はザートという名の女性の語りで構成されています。「ザート」という言葉にはアラビア語で「自分自身」という意味もあります。

最近、二人の若いエジプト人女性作家の小説を読みました。ヌール・ナガーの『もしエジプト人が英語を話せなかったら』*6とラシャ・アドリーの『編み髪の少女』*7です。二つの作品はどちらも革命後のエジプトが舞台ですが、まったく異なる趣を持っています。アラブ文学には今、本当によい風が吹きつつあります。

EG:ナディアさんのお話をきっかけに、日本の出版界がアラブやエジプトの現代文学の翻訳に関心を向けてくれるといいなと思います。

宗教と信仰、そして書店の役割

EG:日本の読者にとって『シェルフ・ライフ』は、いろいろな驚きに満ちた作品ではないかと想像します。意外に思う事柄の一つがイスラーム教の実践についてです。

日本はイスラーム教徒がとても少なく（人口の〇・二％以下）、イスラーム教の教義やそれを信仰する人々に関する情報が多くありません。「戒律が厳しい」「女性はヴェールを被っている」「日に五回必ず決まった時刻に礼拝する」など、一面的で誤解を含む情報が、多く耳に入ってくるようです。

日本の読者にとって、キリスト教徒の母親とイスラーム教徒の父親のあいだに生まれたイスラーム教徒で、柔軟で幅広い視野を持ち、宗教に対する一定の排他的な理解や実践の広がりに危機感を抱いているナディアさんの姿は、イスラーム教徒のイメージを（よい意味で）裏切るものだと思います。そこでお聞きしたいのが、ナディアさんにとって宗教とは、信仰とはどのようなものかということです。

NW:この本を書く時に私が願ったのは、これまでとは違うエジプトの姿を描きたいということでした。タハリールからも、ピラミッドやツタンカーメンからも離れたところで、普通の人たちがそれぞれ異なる形で生きている様子を、です。

たとえば私はアラビア語を話しますが、英語で書くことを選びます。私の母が一番得意なのはフランス語です。いずれも植民地的教育の結果ですが、それも私たちがエジプト人として過去から受け継いだ遺産です。確かに、エジプトやイスラーム教について、「それはこういうものだ」という規範的な声が聞こえてきます。でも、本当はエジプトやイスラーム教は決して一つだけではないのです。

私にとって、宗教や信仰とは、自分自身よりもはるかに大きな存在と結びつくことを意味します。よりよい人間になるために、よりよい人生を送るためにあるものです。私たちは何が本当に正しいことなのか、究極的には判断できません。でもそれを求め続けるのです。

宗教や信仰に関して、私は細かな部分にとらわれるのではなく、大きな視野を持つように心がけています。神は私たちよりもはるかに大きな存在なのですから。

EG：ナディアさんにとって宗教や信仰というのは、小さなルールにこだわることではなくて、大きな存在と結びつくことなのですね。

ディーワーンが生まれ育った二〇〇〇年代以降のエジプトでは、社会のあり方について、一定のルールや規範を絶対視し、他人にもそれを押しつけようとする、不寛容な人々が少なくありませんでした。そうした中、エジプトで書店を経営するというのは、どのような試みだったのでしょうか。そこには、社会を変えるための運動という側面があったのでしょうか。

NW：世界のどこにいようと、書店を営む人々は、世の中がゆっくりと変わるだろうと信じる楽観主義者なのだと思います。世界中の書店経営者は、使命感を持った人たちでもあります。書店の経営で大きな富は得られないとわかっていても、人々のためにできることがあると考えているのです。

私たちもディーワーンによって社会を変えたいと思っていました。一冊分ずつ、変えていきたいと。実際に、私たちの周りには不寛容な人々もいました。不寛容に打ち勝つ第一の方法は、自分自身が寛容になることです。それから、本が運ぶメッセージを伝えること。私自身、読書ほど自分の成長につながり、またこの世界について多くの知識を与えてくれたものはないと考えています。

ディーワーンを開いた目的の一つは、一冊分ずつ世界を変えていくことでしたが、同時に、別の目的もありました。それはエジプトを知るというものです。

外国語の学校に学び、英語を話す私たちのような存在を、誰も「エジプト人ではない」と言い切ることはできないでしょう。それでも私自身、エジプトについてもっと知りたい、エジプトともっと結びつきたいという願いを抱いてきました。

私は、ディーワーンで、本や映画、音楽を通してエジプトに近づくことができました。そして他のエジプト人や、世界中の人々に同じ体験をして欲しいと願ったのです。

EG：私も留学以来、ディーワーンに通うことで、エジプトに少しずつ近づくことができたように思います。そして今、『シェルフ・ライフ』という一冊の本を通して、日本の読者も、エジプトを身近なものとして体験できるようになりました。

日本の皆さんへ

EG：最後に、日本の読者の皆さんに、一言メッセージをお願いします。

NW：本を読んでください。それから、近所の本屋さんを大切にしてください。

この二つが私からのメッセージです。

そしていつの日か、ディーワーンに立ち寄ってください。

EG：ありがとうございました。ナディアさんにもぜひ、日本に来て、いろいろな「近所の本屋さん」に立ち寄っていただきたいです。

＊1　ナギーブ・マフフーズとユーセフ・イドリースは第2章注19と20に既出。

＊2　サルワ・バクルは第6章注57に既出。『黄金の戦車』の原題は*al-'Araba al-Dhahabīya Lā Taṣ'adu ilā al-Samā'*（英訳*The Golden Chariot*）。

＊3　第2章注40に既出。

＊4　作者は第1章注19に既出。原題は*Khālatī Ṣafīya wa-al-Dīr/ Aunt Safiyya and the Monestry*（1991年、英語は1996年）。

＊5　第6章注58に既出。

＊6　Noor Naga, *If an Egyptian Cannot Speak English*（2022年）。舞台は「アラブの春」の後のカイロ。エジプト系アメリカ人の若い富裕な女性と田舎から上京してきた革命家で写真家の貧しい青年が出会い、恋に落ちる。2人はアイデンティティや豊かさについて悩み続ける。ナガーは生まれてから7歳まで米フィラデルフィアで過ごした後、ドバイに移住。その後、カナダのトロント大学を卒業し、小説家としてデビューした。英語による小説『もしエジプト人が英語を話せないなら』を含め、受賞歴多数。

＊7　Rasha Adly, *The Girl with Braided Hair*（原題*Rashā 'Adlī, Shaghaf*, 2017年）. ラシャ・アドリー（1976年～）はカイロ出身の作家、美術史家。『編み髪の少女』の主人公ヤスミーンは美術史家で、18世紀末に始まるナポレオン侵略時代のエジプトの絵画に描かれた少女に関心を抱き、彼女について調べ始める。そうして200年の時を超えてエジプトに生きた二人の女性を中心に物語は展開していく。

解説

二〇年越しの出会い、ディーワーンとナディアと『ＳＨＥＬＦ　ＬＩＦＥ』

鳥山純子

ディーワーンに初めて入った日のことを私は詳しく覚えていない。2002年も終わろうとしていたころ、当時娘たちが通っていた保育園の先生に連れて行ってもらったような気もするし、大学院の友人ムスタファに連れて行ってもらったような気もする。ただカイロにこんなに素敵な場所があり、しかもそれが、私が行くことのできる場所であったことがとにかく嬉しかった。最初に訪れた時は、友人と一緒だったこともあって店の隅々まで観察することはできなかった。それでも、後で自分だけで戻って来よう、好きなだけこの場所を探索しようというアイデアに、私は一人笑顔になった。

　そうはいっても、私が実際にディーワーンを訪れる機会は限られていた。エジプト人の夫と二人の幼い娘を抱え学業の継続に奮闘していた私にとって、ディーワーンは片道一時間、タクシーに一五エジプト・ポンド（二〇〇〇年代初頭時の料金）払ってようやくたどり着けるおとぎの国だった。当時一五エジプト・ポンドあれば、おとな一人がレストランで食事をすることができた。私にとってディーワーンは、気が向いたときにふらっと立ち寄れるような場所ではなかったのである。けれどそれは、「ある」と知っているだけで心がウキウキするような場所だった。エジプトで暮らしながら洗練された空気に触れられる場所、町の喧噪から守られて安心できる場所。そんな場所は当時の私にとってとても大事なものだった。

　カイロには他にも洗練された施設はあった。海外駐在員の奥様や外国人観光客が利用するホテルのレスト[illegible]ロンモールもあれば、海外五つ星ホテルが展開す[illegible]もあった。しかし「エジプト・ポンド[illegible]」に暮らしていた当時の私にとって、それは私が出入りできるような場所ではなかった。なにより私には、そうした場所との接点がなかった。ただディーワーンは違っていた。ディーワーンは素敵だけれど本屋だった。本屋なら私が居たって何の問題もないように思われた。本屋には小さい時から馴染みがあった。そして何より、本を読むことが人生の中心だった私には、行って当然の場所だった。そうした思い込みと共に、私は気後れをする自分の尻を叩きディーワーンに通うようになった。

ディーワーンを楽しむのに言い訳じみた理屈で自己武装する必要はすぐになくなった。私には重すぎて開閉に全体重をかける必要があったドアを押し開けさえすれば、自分はその場にふさわしくないとか不釣り合いかもしれないとか気にする必要などない、私でも顧客として歓迎されていると感じることができる空間があった。確かに、「自分の縄張り」を主張するカフェの常連客の前を通る時は居心地の悪さを感じたし、そもそも価格設定が高くて私にはカフェを利用することはできなかった。また本の値段もカイロ・アメリカ大学の本屋よりも若干高く（とはいえ私にとっては大きな違いだった）、自分の専門の書物を探すにはセレクションが一般向け過ぎた。それでも私はディーワーンに行くのが楽しみだった。折を見て娘たちと一緒に彼女たちの絵本を買いに行ったり（子どもたちより私の方がいつも楽しんでいた）、友人の誕生日プレゼントにちょっと素敵なものを探しに訪れた。すると、どんなに小さなものを買っても、あの「ディーワーンのバッグ」に入れてもらえるのだった。私は少し誇らしい気持ちでそのバッグを手に取り家路についた。私にとってディーワーンは、エジプトで暮らすことを決めた時点で一度はあきらめた高い生活水準の洗練された空間と、エジプト人家族と共に暮らすローカルな生活空間という、二つのかけ離れた世界をつなぐ「どこでもドア」になった。

本書を読みながら、私はこうした記憶のフラッシュバックを経験した。きっとディーワーンを訪れたことのある多くの人々が、本書を読んで同じような経験をしていることだろう。なぜならディーワーンは、人のある時期の記憶を象徴することができるような、そんな場所だったのだから。本書はそんなディーワーンの創業者の一人ナディア・ワーセフによってディーワーンが作られた背景や思い入れ、あるいは経営の工夫や苦労が彼女の感情とともに詳細に描かれた一冊である。しかし不思議なことに彼女が語るディーワーンの物語は、ディーワーンに思い入れを持つ人々の記憶を邪魔するものではない。採録された物語は、むしろ読者一人ひとりの経験と重なりあって、個人的な体験を立体的に浮かび上がらせるものになっている。上手く説明できないが、初めから他の人がそこにいることを想定して書かれたような、他者の存在を誘い込むスペースが用意されているような、そんな語り口で物語は進んでいく。私の経験について言えば、著者であるナディアがディーワーンに託した思いと、自分の経験とが不思議に重なり、それが私をひどく感傷的にした。本書を読みながら私は、自分のような金払いの悪い客の一見取るに足らない小さな幸せも、ナディアたちディーワーンの作り手によってあらかじめ価値を与えられていて、居場所が与えられていたことに初めて気づくことができた。

恥ずかしながら私は、本書を読むまで当時自分が感じていた喜びやウキウキ感が、作り手とのコミュニケーションの中で育まれていたことに思い至っていなかった。私は私で自分勝手な思いや自分の生活で手一杯だった。しかしだからこそ、私は本書を今手に取れたことを感謝したい。私は、ディーワーンを通じて出会っていながら直接知り合うことはなかったナディアに、本書を通じて会うことができた。ディーワーンの創業者「ミセス・ディーワーン」としてだけでなく、ナディアにもまた多様な顔を持つ一人の人間としての人生があった。言葉遣いがちょっと乱暴で、人に苛立つことも多々ありながら、人一倍粘り強く物事をやり遂げるとてもチャーミングな女性。そんなナディアと、お互い自然体のままに、気後れすることもなく、変な自意識にも邪魔されず、ある意味最も好ましい形で出会うことができたのは本書のおかげである。

いうまでもなく、本書を通じてナディアに出会えるのはディーワーンに行ったことのある人だけではない。この本を手に取れば、誰でもナディアに出会うことができるし、本を通じてディーワーンにも連れて行ってもらえるだろう。こうした気前の良さこそ、著者ナディア・ワーセフの人柄なのだろう。本書を読んだ今、ディーワーンという場所がナディアをはじめとした、魅力あふれる女性たちの手によって作られたものであることがとても腑に落ちるのである。

解説

エジプト、カイロ、ザマーレク

竹村和朗

本書は、エジプトの首都カイロにあるザマーレク地区に二〇〇二年に誕生したディーワーンという書店の話であり、創業者の一人で「マダム・ディーワーン」と呼ばれたナディア・ワーセフというエジプト人女性のエッセイである。ナディアさんの筆致は感情に忠実で、読むとナディアさんがその折々に感じていた思いが直に伝わってくる。読者はそれぞれ、ナディアさんとともに、笑い、泣き、怒りをおぼえ、罵声をあげたことだろう。

とはいえ、エジプトという異国の地を舞台とする本書は、日本の読者にとってかならずしもわかりやすいものではないとも思う。たとえば、エピローグでナディアさんは「モカッタムの丘のふもとにある父の墓を訪れ、父が眠る土の上にチューベローズと赤いバラを撒く」と書いた。チューベローズは和名で月下香というように香りのよい白い花をつける。娘が父の墓に花をそなえる美しい光景であるが、皆さんはどのような場所を思い浮かべただろうか。「モカッタムの丘のふもとの墓地」といえば、エジプトに馴染みがある人にはある程度イメージがつくようなところなのである。

このように、ナディアさんがさりげなく書いている一つひとつの情景や出来事の背景に、エジプト社会に関する膨大な量の情報が隠されている。本書には、原著にない訳注が三〇〇近く付けられているが、訳者の後藤絵美さんが日本の読者への橋渡しのために用意したものである。ぜひ参照していただきたい。これに加えて本解説では、エジプト、カイロ、ザマーレクの地理や歴史を伝える。読者の皆さんが本書の情景を読み取る一助となれば、幸いである。

1 エジプト

エジプトは、アフリカ大陸の北東端に位置して、アジア側にもシナイ半島を持つ。この二大陸の境目にあるのが、スエズ運河である。一八六九年にこれを完成させ、各国の貴賓を迎えた華やかな開通式を執り行ったのが、オスマン帝国エジプト州総督にして、その世襲支配権を得た副王《ヘディーヴ》イスマーイールであった*1。彼は、一八六三年から七九年のさほど長くない在位期間に、その後のエジプトの行く末を大きく変えた。

イスマーイールは、ジョルジュ・オスマンによるパリの市街地改造に大きく影響を受け、カイロに新市街、現在「ダウンタウン」と呼ばれる地区をつくりだした人物である*2。しかしその急激な近代化事業は外国からの借入金に頼っていたため、対外債務の急増を引き起こした*3。一八七五年にはスエズ運河の持株をイギリス政府に売り渡したが焼け石に水で、翌年、国家財政は破綻した。イスマーイールはこれらの責任を負う者として一八七九年に廃位させられ、イタリアに亡命、イスタンブルで生涯を終えた。その後一八八二年にイギリスがウラービーの乱鎮圧を口実として軍隊を駐留させると、エジプトは長らくその支配下に置かれた*4。ナセルによる一九五二年の「共和政革命」は、イギリス支配とムハンマド・アリー朝支配の両方の軛からの解放をもたらし、「エジプト人によるエジプト統治」を実現した。こうした遺産の上に、「軍人たちの共和国」*5体制が成り立ち、現在にいたるまで続いている。

スエズ運河以上にエジプトを語る上で欠かせないのが、ナイル川である。「エジプトはナイルの賜物」とヘロドトスが述べたのは、ナイルの氾濫による堆積土の多さを指してのことであったが、年間を通じて降雨がほとんどない乾燥気候に属するエジプトでは、水資源はもっぱらナイル川に依存してきた。エジプトの国土面積は、約一〇一万平方キロメートルと広いが(日本の約三倍)、その中で人が住み、農耕に従事することができたのは、長らくナイル川の流域に限定されていた*6。

毎年九月頃に氾濫するナイル川の水を貯め、利用するための用水路や堰堤の設置は昔から行われていたが*7、この管理が徹底されはじめたのは、一九世紀初頭、前述のイスマーイールの祖父ムハンマド・アリーの治世下からである。ムハンマド・アリーは富国強兵の収入源として綿花(とくに超長綿)の栽培に目を付け、夏場の減水期に大量の水を必要とするこの作物の栽培を可能にするため、既存の水路を深くし、新たな夏用運河と水位を調整する堰を建設した。一九世紀末からは、エジプトを実質的に支配したイギリスがこの事業を受け継ぎ、二〇世紀初頭にアスワン・ダムの建設と複数の堰を加えて、ナイル川流域農地の大多数を通年灌漑に移行させた*8。一九六〇年代にナセルにより建設されたアスワン・ハイダムは、完全にナイル川の水をせき止めるとともに水力発電所を備え、工業化と沙漠の農地開拓の推進が期待された*9。

国家事業として進められた沙漠の農地開拓がどこまで成功したのかは議論の分かれるところであるが*10、少なくとも統計上は「耕作地」の範囲は増えている*11。ただし、都市化の急速な拡大を背景に、ナイル川流域の肥沃な農地が違法に住宅地に転換される現象には歯止めがかかっていない。加えて、沙漠地を利用した都市開発が一九七〇年代頃から勢いを増し、現在でもカイロの東とギザの西に、新たな街を次々とつくりだしている*12。

これらを念頭に置きつつ、次の地図1*13と表1*14を見ていただきたい。エジプトの全土は、二七の県に分かれており、県は七つの地域圏にまとめられる。たとえば、大カイロ圏にはカイロ県と西岸のギザ県だけでなく、カイロの北にあるカルユビーヤ県も加えられている。本文中に出てくるマルグは、カルユビーヤ県との県境に近いカイロ県の地区である。

面積が大きい県は、ナイル川流域ではなくもともと沙漠であったところである。ナイル川の西側に広がる西部沙漠に相当するのが、地中海側のマトルーフ県とスーダンとの国境に接するワーディー・ゲディード県で、合わせて国土の半分以上を占める。ナイル川の東の紅海に面した地域は、岩山からなる丘陵地帯をなしており、最大標高は一五〇〇

地図1. エジプトの県

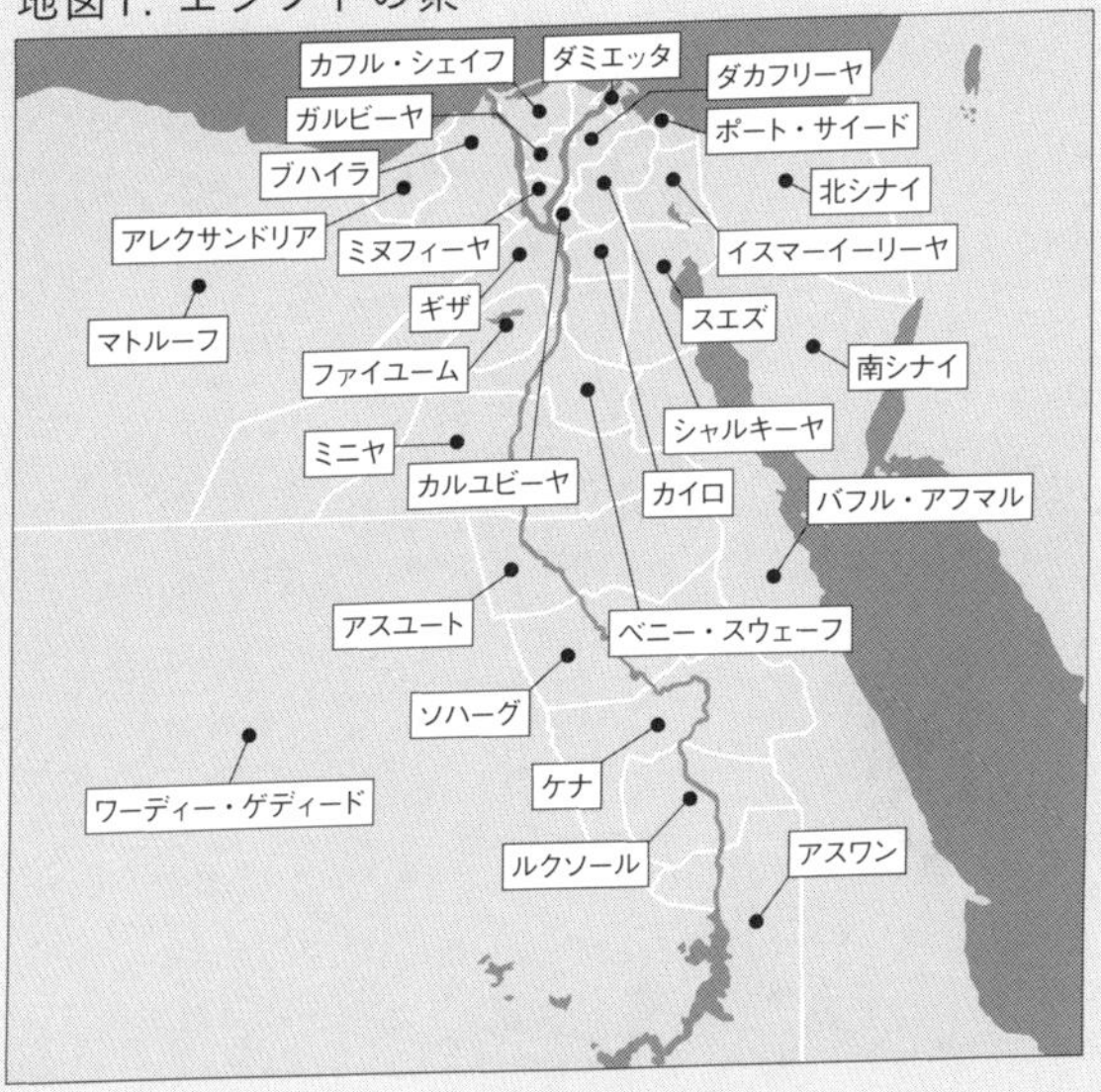

表1．エジプトの人口と面積（地域圏・県別、2022年）

地域圏	県	人口	全体比	面積(㎢)	全体比
大カイロ	カイロ	10,100,166	9.8%	3,085	0.3%
	ギザ	9,323,196	9.1%	13,184	1.3%
	カルユビーヤ	6,024,438	5.9%	1,124	0.1%
アレクサンドリア	アレクサンドリア	5,469,480	5.3%	2,300	0.2%
	ブハイラ	6,723,269	6.5%	9,826	1.0%
	マトルーフ	520,459	0.5%	166,563	16.5%
デルタ	ミヌフィーヤ	4,640,003	4.5%	2,499	0.2%
	ガルビーヤ	5,343,756	5.2%	1,942	0.2%
	カフル・シェイフ	3,645,111	3.5%	3,467	0.3%
	ダミエッタ	1,593,610	1.5%	910	0.1%
	ダカフリーヤ	6,930,797	6.7%	3,538	0.4%
スエズ運河	北シナイ	496,386	0.5%	28,992	2.9%
	南シナイ	113,795	0.1%	31,272	3.1%
	ポート・サイード	783,433	0.8%	1,345	0.1%
	イスマーイーリーヤ	1,419,631	1.4%	5,067	0.5%
	スエズ	778,970	0.8%	9,002	0.9%
	シャルキーヤ	7,744,815	7.5%	4,911	0.5%
北サイード	ベニー・スウェーフ	3,492,903	3.4%	10,954	1.1%
	ミニヤ	6,148,074	6.0%	32,279	3.2%
	ファイユーム	3,970,083	3.9%	6,068	0.6%
中サイード	アスユート	4,903,763	4.8%	25,926	2.6%
	ワーディー・ゲディード(新河谷)	261,167	0.3%	440,098	43.6%
南サイード	ソハーグ	5,547,268	5.4%	11,022	1.1%
	ケナ	3,531,018	3.4%	10,798	1.1%
	ルクソール	1,364,640	1.3%	2,410	0.2%
	アスワン	1,614,967	1.6%	62,726	6.2%
	バフル・アフマル(紅海)	393,551	0.4%	119,099	11.8%
	合計	102,878,749	100.0%	1,010,408	100.0%

メートルにのぼる。バフル・アフマル県がこれにあたり、全体の一割強を占める。シナイ半島を構成する二県は合わせて六%程度だが、モーゼが十戒を授かったというシナイ山があり、その標高は二二八五メートルである。

人口はカイロなど都市部に集中しているが、とくに「大カイロ」の三県は合わせて約二五%、全体の四分の一にあたる。第二の都市アレクサンドリアは、県別人口規模でいえば九位であり、周囲のナイル・デルタ諸県とさほど変わらない。カイロは別格としても、北部の三地域が人口の五割弱を占め、南部の三地域が三割程度であることから、人口分布は北に偏っているといえよう。これは、南部が歴史的に低開発地域であり、カイロやアレクサンドリア、スエズ運河地帯に出稼ぎ労働者を多く輩出してきたこととも関わる。文中に登場するヌビア人（アンム・ベシール）は、民族的マイノリティとみなしうる人々で、エジプトの最南部からスーダン北部に居住している。アスワン・ハイダムによって故郷がダム湖の下に沈んだために、移動を余儀なくされた人も少なくない。

このほかエジプトには大多数のスンナ派ムスリム以外に、人口の一割ほどのコプト・キリスト教徒など宗教的マイノリティがいるが、人口統計上ではそうした点は明らかにされない。いわんやナディアさんの両親のような宗教の異なる者同士の婚姻数の実態は不明である。

2 カイロ

エジプトはカイロで、カイロはエジプトである。謎かけのような言い方であるが、その答えは簡単で、ともにアラビア語でミスル（口語ではマスル）と呼ばれるように、この二つはしばしば同一視される。前節でみたように人口がカイロに集中しているだけでなく、政治権力と富、歴史・文化的な厚みがカイロに蓄積していることを意味する。しかし、エジプトの数千年の歴史の中で変わらずそうであったわけではない。むしろ、カイロがミスルとなり、その街並みが現在の形になるまでには、長い年月がかかってきたし、カイロはいまも自己改造の真只中にある。

エジプトに軍営都市（もとはこれがミスルと呼ばれた）が建てられたのは、六四二年のことである*15。預言者ムハンマドの死後、その後継者《カリフ》に率いられたアラブ・イスラーム軍は、シリアやイラクに侵攻してビザンツ帝国やササン朝の軍を打ち破り、エジプトの地に足を踏み入れた。当時エジプトはビザンツ帝国の属州で、首都はアレクサンドリアに置かれていた。カリフ・ウマルはシリアにいた遠征軍の司令官アムル・イブン・アル＝アースにエジプト侵攻を命じ、六四一年、アレクサンドリアは陥落した。翌年、イブン・アル＝アースは、現在のカイロの南西部にあたるナイル川岸に軍営都市《ミスル》をつくり、これを「フスタート」と名付け、ビザンツ文化・経済の影響が根強いアレクサンドリアに代わるエジプトの新たな首都とした。この司令官は、自らの名を冠したモスクを建て、歴史に名を残している*16。

フスタートに代わる新首都「カイロ」の建設は九六九年に始まった。シーア派の一派イスマーイール派の宗教運動にもとづき興されたファーティマ朝の第四代カリフ・ムイッズがエジプトを征服すると、フスタートよりやや内陸に新たな首都を建て、これを「アル＝カーヒラ」（征服者）と名付けた。後のカイロである。そこはモカッタムの丘に近い小高い場所であるためナイル川の水位変動の影響を受けにくく、またフスタートから離れているため、住民と宗教・宗派が異なる新たな支配者にとって都合がよかったのであろう。カイロは当初、カリフの宮殿や大広間、裁判所、兵馬の宿舎からなる行政上の首都にすぎなかったが、徐々に人が移り住み、店舗や水場、公衆浴場が設営され、都市化が進んでいった。現在スンナ派イスラームの最高教学機関とみなされるアズハル・モスクも、この時期に建てられたものである*17。

ファーティマ朝統治下の約二世紀間、経済の中心は依然フスタートにあった。これを転換させたのは、ファーティマ朝に代わりエジプトを支配したアイユーブ朝の創始者サラディンである。サラディンは一一七六年に、モカッタムの丘から突き出た一部に城*18を建てることを定めた。カーヒラの街区の南側城壁から約一キロ南東に離れた位置にあたる。サラディンは城と街区を新たな城壁で囲むだけでなく、城とフスタートをも城壁でつなげ、カイロの拡充を試みた。こうしてカイロがエジプト《ミスル》の新たな中心地となった一方で、フスタートは一三世紀頃から徐々に衰退していき、「古いミスル」（マスル・アディーマ）と呼ばれるようになった。現在でもこの名が区名に用いられている。

一八世紀末にナポレオンがエジプトを占領し、一九世紀初めにムハンマド・アリーが総督になったときのカイロの範囲は、カーヒラの街区からシタデルまでの地域であり、現在のバーブ・シャアレーヤ、ガマレーヤ、ムスキー、ダルブ・

アフマルに相当する。これに対してイスマーイールが新市街を建てたのは、その西側のナイル河畔だった。このような城塞《カスバ》を中心とした旧市街とヨーロッパ式の新市街の併存は中東各地にみられ、植民地支配を体現した「二重都市」と論じられることもあるが、カイロの発展はそうした二項対立図式をはるかに超えた複雑な様相を示している。

一九世紀以降カイロの居住地域は、まず南と北、北東、次いで東に拡大した。カイロの南東にはモカッタムの丘を含む丘陵地帯が広がっている。これとナイル川があるため、カイロの街が旧・新市街を超えて広がるときは、まず隣接する南北の農地に向かった。北では新市街と接する地域が計画的に宅地化された（たとえば王家の保養地であったショブラー*19）が、南ではフスタート南郊の農地が宅地転用され、巨大な庶民街ダール・サラームを形成した。

カイロの北東では、鉄道や路面電車に沿って住宅地が造成されていった。その先鞭をつけたのがヘリオポリスである。ベルギー人事業家のアンパン男爵*20は一九〇五年に時の政治家ヌバール・パシャの協力を得てカイロの北東に広大な土地を買い、翌年に住宅開発会社を設置、一九〇九年には路面電車を敷設し、高級住宅地として開発を進めた。ヘリオポリスはアラビア語で「新しいミスル」（マスル・ゲディーダ）という。これに隣接してナセル政権下の一九五九年にナスルシティ（勝利の町）が建設され、この地域の住宅開発を牽引した。

こうした沙漠の都市開発は、一九七〇年代以降に強く推進されてきた。たとえば、一九七八年にカイロの南の町ヘルワーン近郊に五月一五日市*21が建設されたが、これはサダト政権が各地に設置した新都市の四番目にあたる。一九九五年にはヘリオポリスから三〇キロ東に位置する場所にシュルーク市が建設された。同時期にナスルシティから二〇キロほど南東の広大な沙漠地が開発されはじめ、「新しいカイロ」（カーヒラ・ゲディーダ）と名付けられた。その広大な計画地の第五地区（タガンムウ・ハーミス）には、「新行政首都」が建設中であり、官庁は近々こちらに移転される予定である。この第五地区にはナディアさんが通ったカイロ・アメリカ大学が新キャンパスを建設し、他に先んじて二〇〇八年に移転した。カイロの中心は、ナイル川から数十キロ東の沙漠へと移動しつつある。

こうした変化は、二〇〇三年と二〇一七年の人口の変化に顕著に表れている（表2*22）。カイロの区は東西南北の

表2. カイロの区別人口（2003年と2017年）

部	区(2003年)	人口	全体比
東	サラーム	388,920	5.2%
東	マルグ	560,885	7.5%
東	マタレイヤ	285,218	3.8%
東	ノズハ	172,298	2.3%
東	アイン・シャムス	509,542	6.8%
東	ナスルシティ東	348,752	4.7%
東	ナスルシティ西	75,693	1.0%
東	マスル・ゲディーダ	134,934	1.8%
西	アブディーン	50,800	0.7%
西	ムスキー	63,260	0.8%
西	ワーイリー	175,370	2.3%
西	バーブ・シャアレーヤ	73,656	1.0%
西	西カイロ	123,909	1.7%
西	マンシアト・ナーセル	185,199	2.5%
西	中カイロ	158,345	2.1%
南	ヘルワーン	587,737	7.8%
南	バサティーン& ダール・サラーム	713,593	9.5%
南	ティビーン	153,548	2.0%
南	ハリーファ& モカッタム	208,676	2.8%
南	サイイダ・ゼイナブ	168,820	2.3%
南	マアーディ	163,421	2.2%
南	マスル・アディーマ	250,441	3.3%
北	ザイトゥーン	356,270	4.8%
北	ザーウィヤ・ハムラー	332,148	4.4%
北	サーヘル	365,562	4.9%
北	シャラビーヤ	270,925	3.6%
北	ハダーイク・エルコッバ	337,965	4.5%
北	ショブラー	90,022	1.2%
北	ロード・エルファラグ	191,234	2.6%
合計		7,497,143	100.0%

部	区(2017年)	人口	全体比
東	サラーム1	480,717	5.1%
東	サラーム2	153,771	1.6%
東	マルグ	798,638	8.5%
東	マタレイヤ	602,478	6.4%
東	ノズハ	231,237	2.5%
東	アイン・シャムス	614,271	6.5%
東	ナスルシティ東	634,811	6.7%
東	ナスルシティ西	72,181	0.8%
東	マスル・ゲディーダ	134,104	1.4%
東	シュルーク	87,285	0.9%
東	バドル	31,299	0.3%
東	新カイロ1 (タガンムウ・ハーミス)	135,814	1.4%
東	新カイロ2 (タガンムウ・アウワル)	90,668	1.0%
東	新カイロ3（カッタミーヤ)	70,885	0.8%
西	アブディーン	40,320	0.4%
西	アズバキーヤ	19,760	0.2%
西	ムスキー	16,653	0.2%
西	ワーイリー	79,292	0.8%
西	バーブ・シャアレーヤ	46,673	0.5%
西	西	25,498	0.3%
西	ブーラーク	48,147	0.5%
西	マンシアト・ナーセル	258,372	2.7%
西	中	166,679	1.8%
南	ヘルワーン	521,238	5.5%
南	5月15日	93,574	1.0%
南	マアサラ	270,028	2.9%
南	バサティーン	495,440	5.2%
南	ダール・サラーム	525,637	5.6%
南	ティビーン	72,040	0.8%
南	ハリーファ	105,231	1.1%
南	モカッタム	224,138	2.4%
南	サイイダ・ゼイナブ	136,276	1.4%
南	マアーディ	88,575	0.9%
南	トゥラ	128,743	1.4%
南	マスル・アディーマ	250,311	2.7%
北	ザイトゥーン	174,172	1.8%
北	アミーリーヤ	152,554	1.6%
北	ザーウィヤ・ハムラー	318,169	3.4%
北	サーヘル	316,421	3.4%
北	シャラビーヤ	187,201	2.0%
北	ハダーイク・エルコッバ	316,071	3.3%
北	ショブラー	76,694	0.8%
北	ロード・エルファラグ	145,632	1.5%
合計		9,437,698	100.0%

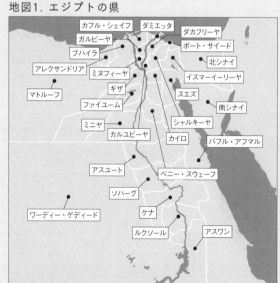

部に分かれるが、東部には開発中の新カイロやシュルーク市が加えられたほか、ナスルシティやマルグの人口も増えている。他方、新・旧市街の両方を含む西部からは人口が流出している。本書の舞台ザマーレクは、西部の西（西カイロ）区に含まれる。二〇一七年時点のザマーレクの人口は約一万五千人なので、カイロ全体のわずか0・16％に過ぎない。

3 ザマーレク

ザマーレクはナイル川の中洲、「島」（ゲズィーラ）である。多くの場合、「ザマーレク島」と呼ばれるが、単に「島」と呼ばれることもある。ザマーレク島の南にあるローダ島は、フスタートが建設された頃からほぼ現在の形で存在し、その頃から南端にナイル川の水位を測るナイルメーターが設置されていた。このローダ島に比べると、ザマーレク島はもうすこし曖昧で、水の底に沈んだり、小さく分かれたり、西岸とくっついたりしてきた。その形が定まったのは一九世紀に入ってからのことであり、ここにもイスマーイールが関わっていた[＊23]。

ナイル川の流れや水量は、年や時期によって大きく異なる。いまより東を流れ、新市街のあるあたりは水の底で、ブーラークやショブラーが島をなしていた時期もあった。一五世紀には現在のザマーレク島のある場所に、南に小さめの「ウルワー島」、北に大きめの「ハリーマ島」があった。一九世紀にナイル川に堰堤を設置して水量が安定した結果、この二つがつながり、ザマーレク島を形成した。名の由来はこの島に生えていた樹木で、ここに住み着いた農民が建てた粗末な小屋やその材木を指すアルバニア語の言葉が「ゾムロク」、その複数形が「ザマーレク」だという説が有力とされる。

イスマーイールはカイロの新市街を建設する中で、「ザマーレク島を作り出した」といえる。当時、ザマーレク島の西側の水の流れが浅く、ナイル川の水位の低い時には西岸のギザ側とつながってしまい、その結果東側の水位が高くなってしまう事態が起きていた。イスマーイールはこれを防ぐため、一八六五年からザマーレク島の西側を浚渫《しゅんせつ》し、一八七七年にはそこに橋も架けた（現在のガラー橋）。この結果ナイルの流れが変わり、ザマーレク島は南側が削れて北側に膨らみ、現在の形に近づいた。

イスマーイールがザマーレクに残したもう一つの遺産は

宮殿である。一八六三年に設営計画を開始し、ヨーロッパの著名な建築家を招聘して建てられた宮殿は一八六九年に完成した。これは、前述のスエズ運河の開通式が行われた年にあたる。式典に参加したフランス皇后ウジェニーはこの宮殿に迎えられ、新造されたカスル・ニール橋を渡って新市街に行き、オペラハウスの柿落《こけら》としに参加したという。

以後この宮殿は迎賓館の役割を果たすようになったが、イスマーイールがエジプトから追放されると、宮殿はスイス人のチャールズ・ベーラーが経営するホテル会社に買収され、ゲズィーラホテルと命名された。このベーラー氏の会社は、島北部の土地分割と開発を担い、木々に取り囲まれた邸宅を多く設計した*24。宮殿は後にシリア出身の実業家ハビーブ・ルトフッラーの手に渡り、さらに一九六一年に国有化されて国営のオマル・ハイヤームホテルとなり、その後一九七〇年にマリオットホテルになった。

マリオットホテルは、七月二六日通りの東側のナイル川に面した場所にあり、東岸のタハリール広場から川岸を歩いてザマーレクへ向かうと、五月一五日橋の向こうに見える建物である（以下の島内の地理については、次頁の地図2を参照のこと）。ディーワーンは、橋を渡り、マリオットホテルを通り過ぎ、七月二六日通りに入ってすぐ、通りの北側にある。通りの上には、ザマーレクの上空を通過してモハンデスィーンに通じる五月一五日道路橋が架かっており、ザマーレクに用のない車やバスは七月二六日通りに降りることなく、高架の上を通り過ぎてゆく。

東西に走る七月二六日通りの南北にザマーレクの居住区が広がる。二〇世紀初頭に建てられたと思しき瀟洒な邸宅が多く残るが、数階から十数階建てのマンションもある。島の中ほどには、ゲズィーラ・スポーツクラブが場所を占めている*25。このスポーツクラブは、イスマーイールの息子タウフィークが「ヘディーヴ・スポーツクラブ」として開いたものが名を変え残ったものである。さらに南に下ると、一九〇七年設立の「アハリー・スポーツクラブ」とエジプト初のサッカースタジアム、一九六一年建設のカイロ・タワーが見える。

島の南、カスル・ニール橋に通じるタハリール通りに面した場所には、一九七一年に焼失したオペラハウスに代わり、日本の政府開発援助を受けて建設された新オペラハウスがそびえている。タハリール通りの地下には地下鉄が走っており、オペラハウス駅がある。過去には新市街のサ

地図2．ザマーレク

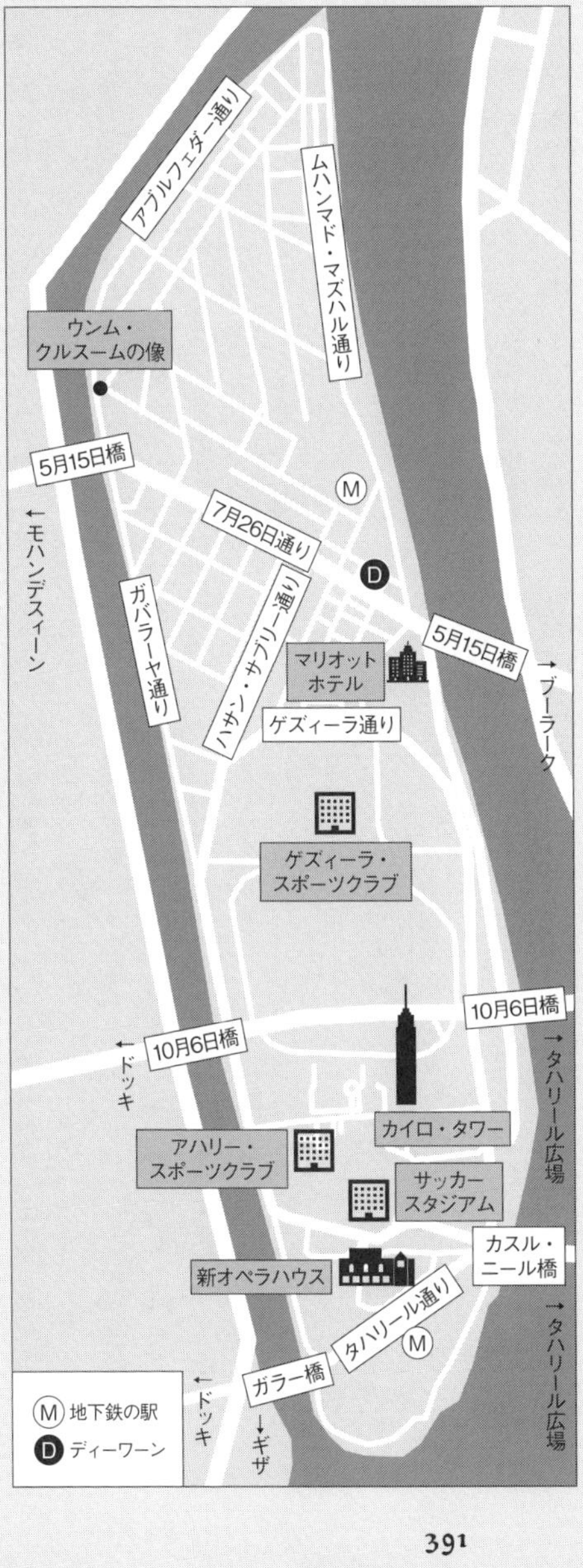

アド・ザグルール広場から路面電車が走り、タハリール通り（当時はカスル・ニール橋通りまたはイスマーイール通り）を通って、ガラー橋を渡りギザに向かった。本書第二章の記述によれば、七月二六日通り（当時はフアード一世通り）にも路面電車が走り、東西の川岸をつないでいたようである。

　路面電車の線路が自動車道路にとって代わられた後、カイロの空には高架が張り巡らされ、電車は地下を通るようになった。カイロの地下鉄には、現在三つの路線がある。第一号線はカイロの南と北東、ヘルワーンとマルグを結ぶ。第二号線は、カイロの北、カルユビーヤ県のショブラヒーマ駅からナイル川の河底をくぐり、ギザ県にあるカイロ大学に通じる。第三号線はアタバ駅（旧オペラハウスがあったアタバ広場の下）から東はヘリオポリスの入り口まで、西はザマーレクの下を通り、ナイル川西岸のモハンデスィーンに達する。

地下鉄ザマーレクの駅は、ディーワーンより少し北に入ったところにある。カイロの街は南北の農地から周囲の沙漠へ、より外側へと膨張しているが、その一方で公共交通機関はふたたびザマーレクをカイロの他地域へと結び付けた。この変化は、ザマーレクに新たな息吹を吹き込むのだろうか。それは、ナディアさんが目指したモダンな本屋が生き残る場所となるのか、それとも、ザマーレクを庶民の奔流が飲み込み、裕福で教育のある階層を清潔で秩序立てられたゲーテッド・コミュニティに追いやることになるのか。

近代エジプトの西洋化と植民地化の光と影が交わる中で形作られたこの島は、これまでエジプトを語る視点にはならなかった。カイロの歴史と現在を語る者は、ザマーレクに立ち寄り、あるいはザマーレクに住んでいたかもしれないが、ザマーレクについて語ることも、ザマーレクから語ることも、ほとんどしてこなかった*26。ナディアさんは、その稀有な例外である*27。ザマーレクから眺めるエジプトは、異種混淆とアイデンティティのもつれをまざまざと見せつける。それも含めてエジプトなのだ、と伝えているようである。

＊1 第6章注17を参照のこと。スエズ運河の中ほどにある町は、運河掘削時につくられた新しい町で、イスマーイーリーヤ(イスマーイールの町)と呼ばれる。スエズ運河の地中海側の港は、イスマーイールの前任者で、スエズ運河計画を始めたサイードの名をとって、ポート・サイード(サイードの港)と呼ばれる。スエズ運河の紅海側の港は、そのままスエズである。

＊2 新市街の西側にあるタハリール(解放)広場は、1952年革命のあとに現在の名称に変えられたが、当初は「イスマーイール広場」などと呼ばれていた。Humphrey Davies and Lesley Lababidi, *A Field Guide to the Street Names of Central Cairo*, Cairo and New York: The American University in Cairo Press, 2018, pp. 210-212.

＊3 山口直彦『新版 エジプト近代史——ムハンマド・アリー朝成立からムバーラク政権崩壊まで』(明石書店、2011年)。これら事業の予算や支出、外国債の発行、財政破綻の過程については、石田進『帝国主義下のエジプト経済——19世紀エジプトの植民地化過程の分析』(御茶の水書房、1974年)に詳しい。

＊4 第1章注5を参照のこと。

＊5 鈴木恵美『エジプト革命——軍とムスリム同胞団、そして若者たち』(中公新書、2013年)。2012年に唯一の「文民」大統領となったムルスィーについては、第8章注38を参照のこと。

＊6 西部沙漠にはいくつかのオアシス集落が点在している。Hiroshi Kato and Erina Iwasaki, *Rashda: The Birth and Growth of an Egyptian Oasis Village*. Leiden: Brill, 2016は、そうしたオアシスの村の一つの歴史的・社会的展開を詳しく分析している。

＊7 ナイル川の氾濫水を区画ごとに溜めて灌漑することを「ベイスン灌漑」という。長沢栄治『エジプトの自画像——ナイルの思想と地域研究』(平凡社、2013年)の第6章「ベイスン灌漑に関するノート」に詳しい。

＊8 長沢前掲書の第4章「エジプトの灌漑制度の歴史と現状」を参照のこと。

＊9 環境的観点からのハイダムの評価については、長沢前掲書の第8章「「ナイルの賜物」の行方」を参照のこと。

＊10 アスワン・ハイダムの周辺を開拓するトシュカ計画を題材とした拙著『ムバーラクのピラミッド——エジプトの大規模沙漠開発「トシュカ計画」の論理』(風響社、2014年)を参照のこと。

＊11 拙著『現代エジプトの沙漠開発——土地の所有と利用をめぐる民族誌』(風響社、2019年)、26-28頁。

＊12 拙著「沙漠郊外という「夢」——現代カイロの郊外開発」鈴木恵美編『現代エジプトを知るための60章』(明石書店、2012年)、262-267頁。

＊13 大統領府のウェブサイト(https://www.presidency.eg/ar/%D9%85%D8%B5%D8%B1/%D8%AE%D8%B1%D9%8A%D8%B7%D8%A9-%D8%A7%D9%84%D9%85%D8%AD%D8%A7%D9%81%D8%B8%D8%A7%D8%AA/)より筆者作成。2023年5月20日最終閲覧。

＊14 人口はエジプト中央動員統計局(CAPMAS)のウェブサイトより(https://www.capmas.gov.eg/Pages/Publications.aspx?page_id=7195&Year=23448 2022年1月1日推計)、面積は以下のウェブサイトに示された数値を用いて作成した(https://www.statista.com/statistics/1230748/total-area-of-egypt-by-governorate/)。2023年5月20日最終閲覧。

*15　カイロの都市発展については、André Raymond, *Cairo: City of History*, Cairo: The American University in Cairo Press, 2001を参照した。現代のインフォーマルな住宅開発については、Yahia Shawkat, *Egypt's Housing Crisis: The Shaping of Urban Space*, Cairo and New York: The American University in Cairo Press, 2020が、エジプト全土における過去数十年の沙漠開発の流れについては、David Sims, *Egypt's Desert Dreams: Development or Disater?*, New Ed., Cairo and New York: The American University in Cairo Press, 2018が参考になる。

*16　第2章注13、第6章注52にもその名が現れる。

*17　第6章注39を参照のこと。

*18　これが現在シタデル(Citadel, アラビア語でqal'a)と呼ばれているものである。第7章注9、10も参照のこと。

*19　ショブラーの近代的な街並みは「小アレクサンドリア」と呼ばれた。Muḥammad 'Afīfī, *Shubrā: Iskandarīya Ṣaghīra fī al-Qāhira*, Cairo: al-Hay'a al-'Āmma li-l-Kitāb, 2016.

*20　アンパン男爵については第4章注1を参照のこと。

*21　ザマーレクの橋にも用いられるこの日にちは、サダト大統領が1971年にナセル主義政治からの転換を発表した「修正革命」の日にあたる。なお、10月6日は同じくサダト政権下で起きた第四次中東戦争の戦勝記念日にあたる。この勝利を経て、サダトは1979年にイスラエルとの平和条約を結んだ。しかしこのことが国内のイスラーム主義者の反発を買い、1981年の10月6日戦勝記念パレード中に暗殺された。本文プロローグ冒頭の暗殺事件はこれを指す。

*22　2003年人口はKaram Sa'īd ed., *Muḥāfaẓa al-Qāhira*, Cairo: Markaz al-Dirāsāt al-Siyāsīya wa-al-Istrātījīya, 2005, pp. 74-75に所収のCAPMASデータより、2017年人口はCAPMASのウェブサイト(https://www.capmas.gov.eg/Pages/Publications.aspx?page_id=7195&Year=23354)より、筆者作成。2023年5月20日最終閲覧。

*23　ザマーレク島の歴史については、'Alā' Shaqwīr et al., *Jazīra al-Zamālik: al-Qīma wa-al-Turāth*, Cario: al-Jihāz al-Qawmī li-l-Tansīq al-Ḥaḍārī, 2020を参照した。

*24　プロローグ注4に現れるベーラー・マンションはこのベーラー社による建物か、この時期に建てられたヨーロッパ風の建物を指すものと考えられる。

*25　第8章注37を参照のこと。

*26　カイロをさまざまな研究者が多角的に論じた二巻の論集Diane Singerman and Paul Amar eds., *Cairo Cosmopolitan: Politics, Culture, and Urban Space in the New Globalized Middle East*, Cairo and New York: The American University in Cairo Press, 2006とDiane Singerman ed., *Cairo Contested: Governance, Urban Space, and Global Modernity*, Cairo and New York: The American University in Cairo Press, 2009においても、ザマーレクを正面から扱った論考はなかった。ただし、カイロの建築やザマーレクを生きた者の自伝的著作は少なからずある。Samir W. Raafat, *Cairo, the Glory Years: Who Built What, When, Why and for Whom...*, Alexandria: Harpocrates, 2003やChafika Soliman Hamamsy, *Zamalek: The Changing Life of A Cairo Elite*, 1850-1945, Cairo: The American University in Cairo Press, 2005を参照のこと。

*27　ナディアさんが有するもう一つの特徴である、エジプトに生まれ育ち、家庭内では口語アラビア語を用いながら、教育を英語で受け、外国企業や国外で活躍する「外貨の世界」を生きるエジプト人の姿は、カイロ・アメリカ大学で教鞭を取った人類学者マーク・ピーターソンの著作Mark Allen Peterson, *Connected in Cairo: Growing Up Cosmopolitan in the Modern Middle East*, Cairo: The American University in Cairo Press, 2011に窺うことができる。

訳者あとがき

本書はNadia Wassef, *Shelf Life: Chronicles of a Cairo Bookseller* (New York: Farrar, Straus and Giroux, 2021) の全訳である。かつてG.B.にお勤めだった山田容子さんに翻訳のお誘いをいただいたのは、二〇二一年夏のこと。Eメールで届いた企画書のファイルを開いた瞬間、息をのんだことを覚えている。それがカイロのザマーレクにある書店、ディーワーンの物語だったからだ。

二〇〇三年、エジプトに二年間留学する機会を得た私は、カイロの中心部、ダウンタウンと呼ばれる地区にアパートを借りて、日々道行く人のファッションを観察して過ごすことを夢見ていた。そこで語学学校で紹介された不動産屋のアシュラフさんに、不慣れなアラビア語を交えながら「ダウンタウン（ウィストゥル・バラド）に住みたい」と訴えた。しかし彼の守備範囲は、ナイル川の中洲にあるザマーレクだったらしい。彼は私に地図を見せながら、ザマーレクを指して、「ほら、ここが本当のカイロの真ん中（ウィストゥル・バラド）だよ」と言った。

ザマーレクは閑静な住宅街である。巨大な街路樹が葉を茂らせているおかげで、暑い夏の日でもそれなりに涼しく、さわやかな風を感じる。私は北の端の近くに住んでいたが、散歩や買い物、それから日本学術振興会（JSPS）のカイロ・オフィスでの勉強会などのために、七月二六日通りまで歩くことがあった。そういう時、ディーワーンに立ち寄った。

この書店の創業者が自分と同世代の女性たちだったことは、山田さんが送ってくれたファイルを見て初めて知った。ナディア・ワーセフさんとヒンド・ワーセフさん姉妹の名前を見て思い出したのが、留学中に購入した『ナイルの娘たち――エジプト女性運動一九〇〇～一九六〇年』(Hind Wassef and Nadia Wassef eds., *Daughters of the Nile: Photographs of Egyptian Women's Movements, 1900–1960*, Cairo: American University in Cairo Press, 2001) だ。これはエジプトのフェミニストの女性たちの姿やその活動の場面をとらえた貴重な写真を収めた本である。以前から、キャプションも解説も、英語とアラビア語で併記されていることが不思議だった。『シェルフ・ライフ』を訳し終えた今、この本にこめられた意味が前よりもわかる気がする。

『シェルフ・ライフ』を訳しながら、いくつもの驚きや発見があった。外国語で教育を受けたエリート層に属する著者が、「言語的な孤児」という意識を抱き、祖国をもっと知りたいという渇望を持っていること。イスラーム教徒の父とコプト教徒の母に育てられたイスラーム教徒の著者の、柔軟で真摯な宗教観のこと。そして、エジプトに生きた／生きているたくさんの女性たちのこと。ここ数年、私は大学の授業でイスラーム教や中東社会のジェンダー問題、それから、イスラモフォビアと呼ばれる嫌悪や差別にまつわる問題を扱ってきたが、そこで伝えたい、伝わってほしいと願ってきた事柄の多くが、この本に詰まっていた。本書が、「一冊分ずつ」世界を変えることを期待している。

本書の訳出に際しては、著者のナディアさんや、編集を担当してくださったG.B.の坂尾昌昭さんと相談しながら、加筆や省略、改行の追加や、より日本語らしい表現への変更を行った。下訳ができた時点で、現代エジプト研究を専門とする竹村和朗さんに全体を読んでもらい、間違いの指摘や、注への加筆をいただいた。そして竹村さんに加えて、中東ジェンダー研究の専門家である鳥山純子さんに解説文を書いていただけたことは本当に幸運だった。

こうした共同作業を経て、そして編集や印刷、製本、流通、書店での選定など、たくさんの作業を経て、本書は店頭に並ぶことになった。関係の皆さまに心から感謝したい。本書に、誤訳やわかりにくい部分があるとすれば、それはひとえに訳者の力不足のためである。お詫びするとともに、今後一層精進することをお約束したい。

本書には、「翻訳された文学に触れる中で想像力が養われ、強化される」という表現と、「翻訳がうまくなかったために、言葉の墓場へと追いやられた本も数多く目にしてきた」という一文があった。今はただ、本書が前者の一助となることを願うばかりである。

二〇二三年五月

後藤絵美

執筆者紹介

後藤絵美（翻訳）

東京外国語大学アジア・アフリカ言語文化研究所助教。2003年から2年間、平和中島財団奨学生としてエジプトに留学。カイロ・アメリカ大学ジェンダー・女性学研究所に所属した。現在は近現代のイスラーム思想・文化の多様性や変化について研究している。主著『神のためにまとうヴェール――現代エジプトの女性とイスラーム』（中央公論新社、2014年）。

鳥山純子（解説）

立命館大学国際関係学部准教授。1998年に渡埃、エジプト人男性との結婚、娘二人の育児をしながらカイロ・アメリカ大学で修士修了。お茶の水女子大学で博士号を取得した後、現在はエジプトやモロッコにおける女性たちの「普通の幸せ」について、教育、格差、ジェンダーを手掛かりに研究している。主著『「私らしさ」の民族誌――現代エジプトの女性、格差、欲望』（春風社、2022年）。

竹村和朗（解説）

高千穂大学人間科学部准教授。2002年から2005年までエジプトに滞在し、タハリール広場にあったカイロ・アメリカ大学大学院で学んだ。2009年から2012年まで松下国際スカラシップを得て再びエジプトに滞在し、沙漠開拓地の一つであるブハイラ県バドル郡でフィールドワークを行った。主著『現代エジプトの沙漠開発――土地の所有と利用をめぐる民族誌』（風響社、2019年）。

Andrew Mason

ナディア・ワーセフ

2002年に共同で設立されたエジプト初のモダンな書店ディーワーンの創業者の一人。ロンドン大学バークベック校でのクリエイティブ・ライティングの修士号(2017年)、ロンドン大学東洋アフリカ研究学院での社会人類学の修士号(2000年)、カイロ・アメリカ大学での英文学・比較文学の修士号(1996年)の三つをもつ。ディーワーンを共同で設立する以前は、「女性器切除対策プロジェクトチーム」や「女性と記憶フォーラム」で調査やアドボカシー活動に従事していた。2014年から2016年に『中東版フォーブス』の中東で最もパワフルな女性200人に選ばれたほか、『タイム』、『モノクル』、『ビジネス・マンスリー』などの雑誌でも取り上げられている。2022年のウーマン・オブ・ザ・イヤー賞(UNICEF & Look! Magazine)の"Woman for Women"部門を受賞。二人の娘とロンドン在住。

STAFF

営業	峯尾良久、長谷川みを、出口圭美
本文デザイン	酒井由加里(Q.design)
カバーデザイン	森田千秋(Q.design)
イラスト	こかちよ(Q.design)
校正	株式会社東京出版サービスセンター

SHELF LIFE
シェルフ・ライフ
カイロで革新的な書店を愛し育て、苦悩した記録

初版発行　2023 年 7 月 28 日

著者	ナディア・ワーセフ
翻訳	後藤絵美
編集発行人	坂尾昌昭
発行所	株式会社 G.B.
	〒 102-0072 東京都千代田区飯田橋 4-1-5
電話	03-3221-8013 (営業・編集)
FAX	03-3221-8814 (ご注文)
URL	https://www.gbnet.co.jp
印刷所	株式会社シナノパブリッシングプレス

ISBN 978-4-910428-32-1